岂不怀归

三和青年调查

田丰 林凯玄 著

海豚出版社
DOLPHIN BOOKS
CIPG 中国国际出版集团

图书在版编目（CIP）数据

岂不怀归：三和青年调查 / 田丰，林凯玄著. -- 北京：海豚出版社，2020.7（2020.10重印）
ISBN 978-7-5110-5287-2

Ⅰ. ①岂… Ⅱ. ①田… ②林… Ⅲ. ①民工－城市化－研究－深圳 Ⅳ. ①D422.64

中国版本图书馆CIP数据核字(2020)第105336号

岂不怀归：三和青年调查
田丰　林凯玄 著

出 版 人 王　磊

责任编辑 王　水　张　镛
特约编辑 王宇昕
美术编辑 周伟伟
内文制作 王春雪
责任印刷 于浩杰　蔡　丽
法律顾问 中咨律师事务所 殷斌律师

出　　版 海豚出版社
地　　址 北京市西城区百万庄大街24号　邮编 100037
网　　址 www.dolphinpress.cn
电　　话 010-68996147（总编室） 010-68423599（销售）
印　　刷 山东韵杰文化科技有限公司
开　　本 920mm × 1270mm　1/32
印　　张 9
字　　数 210千
印　　数 20001-25000
版　　次 2020年7月第1版　2020年10月第4次印刷
书　　号 ISBN 978-7-5110-5287-2
定　　价 58.00元

目录

写在前面的话

第一次听说“三和大神”，是在朋友小聚的饭局上。一个朋友问我：“你知道最近深圳有一群‘三和大神’吗？”我一脸茫然，疑惑地看着他，因为在此之前根本没听说过这回事。回到家打开电脑，在网络上搜索“三和大神”，才发现原来这是存在了相当长一段时间的“人群”。之所以称其为“人群”，是因为在我当时的理解范围内，实在无法接受处于这种生活状态的一群人存在，甚至有时会觉得“三和大神”仿佛和我们生活在不同的世界。

身为研究者，我显然不能接受这种主观臆断的想法。我会时不时地在网上搜索关于“三和大神”的消息，每次看到相关报道，也会保存或收藏起来，总想着有一天会去做三和的研究。等待的时间似乎很漫长，直到凯玄的到来。有一次与凯玄聊天时说起“三和大神”是中国城市化过程中的负面典型，却一直没有真正的研究介入，而他恰恰对此感兴趣，更难能可贵的是，凯玄也愿意去三和做田野。由此，我们师生组成了一个非正式的研究团队，凯玄转化为局内人，融入和体验三和生活，我则是作为局外人，观察和了解三和青年。我们从网络得知，那里的生活环境异常恶劣，非一般人所能忍受，还可能存在一定的人身安全问题。在开始三和青年田野研究之前，我跟凯玄确认过多次，问他怕不怕，甚至到他临走前，我还在说“现在后悔还来得及”。凯玄则毅然踏上了他的三和之旅，对三和青年长达半年的研究就此展开。

这项研究开展得非常困难。第一个困难在于我以定量研究为主，在定性研究和人类学的田野方法上，并无特别好的研究基础。在做三和青年研究之前，我内心是忐忑的，因为不知道最终能够通过这项研究获得什么发现，能够得出什么样的研究结果。换言之，与以往所做的研究不同，这项研究是带着美好的愿望和憧憬上路，却对可能产出的成果没有任何预期和奢望。时至今日，我依然认为，三和青年的研究最突出之处就是研究本身不带有任何的预设、假定和理论束缚，而是竭尽所能地描述一个真实的三和青年群体的状态。

第二个困难是缺乏支持的研究条件，极为考验研究者的执着和坚持。三和青年的选题决定了我们基本上拿不到任何科研基金的资助，只有白手起家、贴钱科研，通过各种拆东墙补西墙的方法筹集经费。没有科研基金资助的好处也是显而易见的，我们不需要受任何条条框框的限制，也不需要拿出一个八股文式的研究报告或论文，能够深切体会研究的自由、放手去干也是研究过程中的一个意外收获。

没有经费诚然是不小的问题，但更大的问题是，在不可能展开大规模调研的情况下，极少数研究者在一个复杂社会环境中调研是需要耐心和决心的，是需要执着和坚持的。在研究过程中要忍受孤独几乎是所有研究者的必修课，但对于一个刚刚入门的学生而言，孤独也可能意味着迷失，调研过程中凯玄多次提到不知道观察什么、记录什么。

现在想来，如果能有足够的经费支撑，有一个小团队相互配合，三和青年的研究或许会更加深入和透彻。

第三个困难则在于林凯玄。凯玄并不是社会学专业出身，以前也没做过类似的参与式研究。把他放到一个陌生的环境当中，他能否把事实说清楚，进而发现事件背后的逻辑，找到并发现最关键的人物和现象，这是很令人担心的事情。从研究开始，我与凯玄就保持着频率极高的互动，凯玄利用夜里的时间把观察到的内容转化为文字，并通过微信传递，我看过后再提出一些需要深入观察和思考的问题。从最后的研究结果来看，这项研究需要观察分析的主要内容基本上都覆盖了，且有一些观察结果只有极少数在三和深入生活相当久的人才能获得。尤其是随着对三和了解的深入，我们发现网络传播的信息并不准确，三和青年是一个构成非常复杂的社会群体，而网络上的信息往往竭尽所能地从极端视角看待他们。因此，能不能突破网络媒体给人们造成的三和青年刻板印象、达到真正学术研究的目的，反而成为这项研究的一个重要目标。

第四个困难是这项研究在很大程度上得不到政府部门及三和青年的必要帮助和支持。以往很多研究都是在政府部门的帮助和支持下打开调研的通道，但从政府作为社会管理者的角度来看，显然不希望此类情况被广而告之。对于三和青年而言，他们虽然多处于落魄的生活境地，但对外来研究者仍带有强烈的戒备和警觉心理，对任何外来者的接触、对话或访谈都非常抵触，毕竟他们也不想让三和之外的人知道自己的窘境，尤其是这些信息有可能传播到熟悉自己的家人、朋友那里。所以，研究三和青年只能通过长期不断的观察，才能获得想要的结果。而在此之前，研究所投入的时间、精力、经费都像是在赌博，不知道会不会收获有价值的结果。

上述困难也让我们把研究直接定位于对三和及三和青年最真实、客观和准确描述的基础上，尽可能深入三和青年群体中去透视和理解他们对生活、工作的选择，以及通过这一选择而聚集在三和背后的逻辑和意义。这一研究定位并非退而求其次地躲避社会学研究中更普遍使用的、从宏大理论到社会现实的叙事模式，而是试图在以往社会学研究的套路之外，寻找一种看似浅层却更具坚实基础的叙事模式，让社会学研究更加多元化，形成以描述基本事实为基础的社会学研究方式。

当然，很多研究者可能认为把事实说清楚的白描方式并不是真正的社会学研究。这或许不是最好的研究，却是中国社会剧烈变革过程中最缺乏的研究。可以说，此次研究的设想很大程度上也来自现有社会学对社会事实白描的忽略。一个研究者的视角和方法，决定了他的研究成果、研究取向和论述方式。2012 年，我在美国斯坦福大学做访问学者时，读了威尔逊的《真正的穷人：内城区、底层阶级和公共政策》一书。威尔逊在谈到研究底层阶级的方法时指出："对底层阶级近来问题剧增现象的富有创见的解释，有赖于耐心细致的经验研究。单凭人口普查数据和其他二手资料，是远远不够的。必须以经验数据来扩充这种信息，以更好地反映聚居区底层阶级的体验，以及塑造了而且还将继续塑造这种体验的一般社会状况。要实现这一目的，就必须采用不同的研究策略，从调查到民族志乃至历史的方法，都可派上用场。"[①]

与此同时，在读《真正的穷人：内城区、底层阶级和公共政策》这

① [美] 威廉·朱利叶斯·威尔逊：《真正的穷人：内城区、底层阶级和公共政策》，成伯清、鲍磊、张戌凡译，上海人民出版社，2007 年版，第 27—28 页。

本书时，我也产生了两个疑问。第一个疑问是，为什么中国始终没有出现类似于美国黑人社区和巴西贫民窟的底层社会。当然，我们可以猜测是中国的社会条件和社会制度使得底层社会难以出现，比方说，中国的土地集体所有制的特点，中国有强大的中央政府以及非常有执行力的地方政府。或许还有我们以前所看重的乡土情结，当人们在城市无法生活下去的时候，更可能会选择回到农村，而不是混迹于城市的底层社会。但是，这些是真的吗？中国以前出现过很多城中村，城中村中外来农民工的生活、工作及生存处境，跟底层社会也有一定的相似之处，只不过没有像黑人社区和巴西贫民窟那样持续走向极端而已。三和的出现会令研究者眼前一亮，这并不是说我们发现了研究的曙光，而是找到了更接近于极端的典型案例。必须承认，中国目前仍处于城市化的时代，在城市化过程中，大量的人才、资源、资本向大城市集中，北京、上海、广州、深圳这些大城市都是城市化的典型代表。深圳出现了三和青年这一群体，北京、上海、广州会不会出现类似的典型案例？至少目前三和可能是我们能观察到的最接近美国黑人社区和巴西贫民窟的底层社会。而发现和研究底层社会的最终目的是要更多地思考底层社会形成的原因，了解底层社会人群的生活状况，以及探寻将来如何面对和解决底层社会问题。

第二个疑问是，为什么中国缺少对社会事实的白描研究，尤其是中国社会处在剧烈变革之下，很多社会现象转瞬即逝，在深入的系统性研究尚未完成之前，某个现象背后的社会事实可能就已经消逝了。基于社会事实的白描研究则有助于研究者抓住转瞬发光的一刻，带来不错的研究成果或者对社会事实的记录。还有一些社会现象是短期内难以加以清晰透彻研判，且在经典社会学理论中难以找到准确参照体系的，比如互联网和青少年研究中的诸多现象。对于上述情况，拄着理论的拐杖去寻找理想中因果关系的研究模式都不太适合，不如抛开种种桎梏，使用白描研究的分析方式打开局面。当前，寻找社会学研究的空白地带与挖掘现有理论的潜力是同等重要的，即便空白地带的白描研究可能很浅。

三和青年的研究也是在回答我多年前的这两个疑问。我相信三和青年的出现并不是偶发的孤立现象，而是和经济社会发展变迁以及青年人群特点的变化紧密相连。三和青年的出现离不开工业化发展，以及中国在整个工业化背景下的人口流动。众所周知，深圳从地处边陲的小渔村走向国际化的大都市，仅仅用了 30 余年。在此期间，深圳发展早期所依托的主要是外来加工的劳动密集型企业，而劳动密集型企业带动的工业化是中国改革开放以来充分体现人力资本优势的工业化社会发展特色。由此，深圳劳动密集型企业提供了大量的就业岗位，需要大量的产业工人，吸引了来自全国各地的农民工聚集。大规模的人口流动导致深圳长期以来习以为常的人口倒挂，最有趣的是，深圳与其他大城市有着巨大不同，其人口结构在最夸张的时候达到了二八倒挂，也就是说，十个人中只有两个户籍人口，却有八个流动人口，连那两个户籍人口中，土生土长的深圳本地人也凤毛麟角。因为本地人的数量极少，深圳可以说几乎没有本土文化，基本看不到北上广等大城市存在的排外现象，不排外的特色决定了深圳的管理模式与其他大城市相比有很大进步空间。也就是说，相对于北上广等大城市，深圳是一个更为开放、自由、包容，且敢于探索的城市。时至今日，虽然深圳早在多年前就提出了产业升级、腾笼换鸟的发展路径，但仍有大量外来农民工居留，即便这些农民工并不一定能完全融入城市，深圳也有足够的城市包容性让他们得以生存。

城市的包容性决定了人口流动的特点。从一般的人口流动理论来讲，人口流动具有双重选择性：第一重选择性是什么样的人群会向外流动，什么样的人群会流入深圳；第二重选择性是什么样的人能够融入深圳，长期居留。在双重选择性之下，当然会有一些人因无法融入这座城市而离开深圳。这些离开者究竟去了哪里？是回到老家，抑或去了更大的竞争空间？

从三和青年作为底层社会代表的角度来看，结果更可能是一部分无法融入深圳、被淘汰的青年人群并没有离开，而是试图继续在深圳低成本地存活。深圳经济社会发展也为他们的低成本生存提供了一定现实条件和生存空间，至少在高速经济建设过程中不可能平均化地共同发展，相当数量的“低端”岗位需要有人承担，这就给三和青年提供了足够的就业机会。这些低端就业机会不仅为三和青年维持底线生活提供了收入来源，还构成了三和青年群体特征的经济基础。其实从社会流动的视角来看，深圳的农民工流动不仅仅是人口的地域流动，还包括职业流动和身份流动，属于中国改革开放几十年来最为常见的社会流动模式。这一流动模式所具有的经济上接纳、社会上孤立、身份上排斥的特点，导致大量流动人口难以获得合理的社会保护。流动人口在遇到问题时，只能依靠自身力量解决。比如三和青年经常提及的被黑中介、黑工厂“坑”的问题，表面上是劳资纠纷，实质上可能意味着社会歧视和欺凌。黑中介、黑工厂之所以敢向流动人口下手，是一个选择性的结果，而正是由于流动人口应对劳资纠纷的手段不多，难以获得有效的社会保护，黑中介、黑工厂才屡屡得手，而流动人口也自然成为城市中的弱势群体，进而沦为城市社会底层，底层社会的出现是目前社会流动模式的真实体现。

调研显示，很多三和青年并不是一来到深圳就直接成为三和的一员，他们来到三和之前都经历过一些艰难往事。可想而知，最初来到一个陌生的大都市，每一个三和青年也和别人一样，怀揣梦想和憧憬，想要获得更好的生活，但是在现实面前，他们发现自己难以融入大都市。虽然他们可以作为廉价的劳动力融入整个城市经济社会发展进程中，但大城市并没有把他们当作经济社会发展的"必需品"，而是把他们作为"替换品"。且不说没有在城市应有的社会保障，他们连基本的劳动权益也很难得到有效的保护，这也是流动人口社会融入困境在全国范围内长期没有得到根本解决的问题，而三和给人们提出了一个问题：为什么在老一代农民工的时代并没有产生大城市底层社会，而在"90后"和"00后"农民工的时代，却产生了三和这样的城市底层社会，并形成了一定的聚集效应？

从深圳的发展进程来看，农民工的代际差异十分明显。在同样面临工价被压低、劳动时间延长、劳动保障降低、劳动环境恶化等劳动权益被侵害的问题时，早期的农民工由于外出务工目的性很强，且多肩负家庭使命，在消息闭塞的情况下，只能忍气吞声。而"90后"和"00后"人群身上有很多新时代烙印，他们负担的家庭压力小了很多，至少不需要承担家庭支柱的压力，能够自己养活自己对他们的父母而言已经是极大的满足。更重要的是，"90后"和"00后"身上带有强烈的权利意识和抗争意识。权利意识方面，当他们遭遇不公平的对待，比如克扣工资、工作环境差等情况时，会主动维权。但他们也面临与上一代人同样的困境——缺乏有效的自我保护手段。在缺乏手段的情况下，"90后"和"00后"农民工选择了一种新的抗争模式——在大都市里“混吃等死”。在访谈中，三和青年经常说的一个道理就是：不想工作的原因是不愿意被剥削、被克扣、被歧视。这正是中国改革开放以来，工业化过程中把农民工“非人化”对待的结果。用马克思的话说或许是异化，“非人化”却又不同于在第一次工业革命时期的异化，因为“非人化”背后更多是制度因素和资本因素的有意为之，而非市场因素和资本因素自发形成，故此，其复杂性应该远胜马克思所讨论的异化。

深圳经济腾飞时代的社会复杂性超过以往，三和青年聚居的城中村的复杂性与以往相比也丝毫没有减少。城中村始终是社会学家研究中的重点议题。我的导师李培林研究员多年前就专门写过《村落的终结：羊城村的故事》一书，对城中村的剖析拓展了人们对城市化进程中本地农民和外来农民工生活变迁和生涯转变的理解。我们的研究在某种意义上也承接了老一辈社会学家对广深地区城中村研究的传统，有所不同的是三和聚集的外来农民工更多，本地农民基本上已经脱胎换骨，融入了大都市。让人汗颜的是，三和的研究和羊城村的研究无论是在理论水平上，还是在人物、事件的剖析上都有明显差距。这也是要特别指出的一点，我们近乎浅显的研究尚不足以向老一辈社会学家致敬，只是尝试做一些探索性的研究。

对于生活在三和的“90后”和“00后”，还有一个不能不提的话题：期望。从三和青年的经历可以看到，他们最初对社会、对工作、对生活都有一些期望，如果大城市没有排斥这群人，他们可能不会聚在高楼林立的深圳边缘的城中村里。甚至可以认为对三和青年而言，没有排斥，就没有抵制。他们试图抵制中国城市化和工业化背后不合理的制度逻辑，他们不愿意做生产线上一个可替换的零部件，而想去做一个活生生的人，或者说他们试图活出理想中的模样。在缺少技能、没有收入并且被排斥的情况下，抵制进工厂、抵制工作的结果只能是成为在生存线上挣扎、混吃等死的躯壳。之所以成为躯壳，最重要的原因恐怕还是期望难以实现。他们最大的期望可能也就是成为大城市里被公平对待的普通人，这对绝大多数农民工而言都相当难以实现。毕竟，中国的经济城市化、土地城市化和人口城市化之间是脱节的，尤其是本应伴随着城市化的市民化进程更是极其缓慢，并非是今日的中国没有经济能力解决市民化问题，而是因为中国始终把经济发展摆在优先于社会发展的位置，其后果则可能是遭到社会发展滞后的报复。可以预言，在未来较长一段时间内，社会发展滞后对经济增长、城市发展的负面作用必然难以消除，其中典型的影响就是当下农民工职业化的严重滞后。

农民工职业化是一个沉重的话题，一方面，政府针对农民工开展的培训工作不可谓不多，却收效甚微，大部分地方政府的农民工培训都流于形式；另一方面，相当部分外出务工的“90 后”和“00 后”农民工的职业技能水平与经济结构转型和产业结构升级之间出现脱节的状况。在三和青年中，这一点尤为突出，真正接受过职业培训，拥有职业技能的青年所占比例微乎其微。当然，有职业技能的年轻农民工沦为三和青年的可能性也比较低。可是，对于没有职业技能的“90 后”和“00 后”农民工而言，一旦他们出现懈怠和厌倦情绪，就更容易陷入困境。在研究过程中，我们对三和青年职业变化以及在工厂内表现的观察不足也是一个令人遗憾的地方，对于三和青年来说，他们来到三和之前的经历与所受影响是不可忽视却又无法直接观察的。研究者所能观察到的只是少数三和青年具备一定的职业技能，而大部分三和青年只能从事体力劳动——这与他们的父辈是相似的。可惜的是，时代发生了变化，纯粹的体力劳动已经不能给三和青年带来理想的生活，深圳产业结构升级与农民工职业化落后之间的矛盾不能不说是一代人乃至几代人之痛。

抛却长达几代人的痛点不谈，三和青年的聚集更是这个时代物质充沛、物流发达催生的产物。试想，如果在一个物质紧缺的时代，三和青年不可能在大城市中获得成本低廉且足以维持生存的生活资料。物质充沛是前提，而物流产业的发展则从两个方面给他们提供了“活路”：一是三和青年从事的日结工作很多来自物流行业，物流行业需要大量临时工，而三和青年恰恰是最廉价的劳动力；二是只有在物流发达、成本较低的时代，三和青年所需要的各类低价产品才能够被配送过来，否则仅仅是物流成本，他们都难以承受。可以说，物质充沛和物流发达为三和青年提供了必要的生存条件，或许这是万物互联时代意想不到的效应之一，而万物互联的另一个不可忽视的负面效应则来源于手机。

即便收入很低，三和青年使用手机购物和支付也是普遍现象，但手机并没有帮助他们联入世界，反而更像是帮助他们脱离了这个世界和时代。他们在手机上自娱自乐，在手机上消磨时间，在手机上完成工资结算等。手机的存在让三和青年对外部世界的依赖程度下降了很多，工作以及吃穿住行的大部分行为都可以用手机实现。而手机最初的功能——联通世界、联系家人、联络感情，反而被忽略了，大概是因为三和青年连接外部世界的需求已经下降。他们有时主动逃避外面的世界，甚至躲避家人，其原因可能是感到羞愧，或害怕家人担心。

三和青年工作和生活方式的形成离不开深圳得天独厚的气候条件。按照深圳气象局的介绍：“深圳属南亚热带季风气候，长夏短冬，气候温和，日照充足，雨量充沛。年平均气温 23.0℃，历史极端最高气温 38.7℃，历史极端最低气温 0.2℃；一年中 1 月平均气温最低，平均为 15.4℃，7 月平均气温最高，平均为 28.9℃。”这种气候条件对三和青年再适合不过，试想在北方城市露宿街头，可能就要“路有冻死骨”了。气候还给三和青年带来诸多便利：不需要沉重的行囊，无须在衣着上过多花费，还可以在露天环境下解决洗澡、洗衣等个人卫生问题。换言之，除了特定的社会环境之外，在中国大城市底层社会的产生过程中，自然环境也是重要条件。

以上对三和及三和青年林林总总的描述并非想要面面俱到，而是想表达可以用来解读三和及三和青年的视角实在是太多了，任何一个解释路径或许都能写成一本专著，而我们只是用能够想到的解释路径浅尝辄止地阐释，试图以最简单、最直接的方式关心三和青年现象，关注底层青年的命运。中国的影视剧特别喜欢的一个叙事逻辑就是国家命运和个人命运互相融入，在三和青年身上似乎还可以加上城市命运，三者之间有融合的部分，也有背离的部分。三和青年看起来与深圳经济社会发展脱节，却真实地融入了整个城市跨越式发展的进程中。残存在城市角落里的底层社会的这群人，需要政府和社会的保护和关爱，而社会学研究者应该做的是关注现实的社会问题，并描述和分析问题背后的故事。

* 本书部分地名和公司名称为化名。

第一章　三和人力市场

第一节　清早的日结

“日结来了，叼毛[①]快点起！快点！先上车，我先过去了。”

一阵喧嚣打破了三和早上 5 点钟的寂静，睡在两大人力市场外部走廊下的三和青年被叫喊声唤醒，他们或是转过头继续睡，或是扭动着身体坐起来，望着快速奔走的人们默不作声。尽管没人开口说话，但几乎每一个三和青年在听到“日结来了”后，都在心里快速地盘算着：他们需要在极短时间内做出判断——兜里的钱是不是还可以撑过这一天，今天有没有日结的活儿，日结的活儿累不累……

所谓日结，即“一日一结”，工作完成后立刻付工资。以下四种状况均可称为日结：①早上开始工作，晚上回来，工作时间 8 ～ 12 小时，工钱 110 ～ 200 元，具体钱数按照工作性质和工作时间以招工时约定的数目结算，工作结束后由带队者当场发放，或是回到三

①三和青年常用的一种称谓，又指对性格的一种表述，如“你个叼毛”，意思是：怎么可以做出不合规则的事。该词含轻蔑意味，它的产生源于三和特殊的社会环境：三和青年彼此之间既熟悉又陌生，熟悉是因为在做日结时需要相互配合，日常生活中也经常碰面；陌生是因为既不知道彼此的背景，又不知晓姓名和年龄。有人以“叼毛”称呼他人以示融入，而初到三和的人可能因被称为“叼毛”而心生不满。

和由中介及带人者发放。②晚上开始工作，第二天早上或上午回三和，工作时间 8 ～ 12 小时，工资结算方式与第一种情况相同。③工期相对长时，如工期 3 天或 5 天，工期结束统一结算工资，这样的情况不能算作日结；如果每天结束之后结算当天应得工资的 80% ～ 90%，保留一小部分工资以施加一种持续做完工期的压力，也可以不要剩余的一部分，第二天不再继续工作，就是日结的另一种形式。④工时不必要求满 10 小时，只要工作在一天内可以完成并结算工资的，也可称为日结，如工时为 4 小时或 6 小时，结束后立刻结算工资，这种状况按小时结算工资。

在对日结和自身状况有合理且清晰的判断后，有的青年换个姿势

图 1–1 老牌人力公司“三和人力资源集团”自入驻景欢市场，一直发挥着劳务输送的作用

顺势躺下继续睡，把头扭向墙面，不再理会“外界”的喧嚣，有的青年则迅速起身，冲着喊声方向一路小跑。跑起来的人根本来不及收拾，只能边跑边用手将油腻的头发简单理顺，双手在脸上胡乱抹几把，或许并不是为了让自己看起来精神，只是为了能够从睡梦中醒来。考虑到他们此时依然睡眼惺忪、蓬头垢面，简单操持打理的方法只能作为一种心理安慰剂，并不可能真正改变个人形象。对此早已习以为常的招工者多抱着视而不见的态度，因为这些青年在深圳只是随时可以替换的“工具”，只要把“工具”拉到工厂、工地，或者任何需要人的地方，他们就算是完成了分内的工作，至于“工具”的品相，反倒无所谓。对于用人单位而言，在民工荒的大背景下，很难找到勤勉吃苦、招之即来的工人，花点钱通过中介解决临时的用工问题是一种双赢的选择。

忽然间，人们仿佛从地底下冒出来一样，不管三七二十一，一路小跑地向招工者聚拢过来。先跑到的人气喘吁吁、不多言语，直奔招工者打个照面，顺手把还没停稳的车的后门打开，上车先抢个位置，然后坐下没精打采地耷拉个脑袋。聚拢在车边“严阵以待”的青年一个个抢先登车，他们应该是兜里没了银子，才会如此急不可待。不多会儿工夫，车上密密麻麻坐了不下十人。又过了一会儿，从住宿区和网吧里陆陆续续跑出来一些人，他们看上去颇为疲惫、面带倦容，穿过狭长的小巷和铁栅栏小门，迅速地跑到日结招工处，为的是能够分一杯羹。“管他做什么的，反正就是那几个：快递、工地、保安。”“别管能不能做得了，先抢了再说。”两个青年一边跑一边谈论着，显然他们已经没有选择，今天必须做日结，否则就要彻底进入“挂逼”状态。车停稳后短短几分钟内，一辆七座面包车就挤进去十几人，后车轮出现了明显的下沉，最后几乎是把人硬塞进去。等“装满人”之后，七座面包车吃力地冒起一团黑烟冲向马路，在车来车往中消失在三和青年的视野里。

快递、工地、保安是日结工作选择最多的三种类型。其中，快递日结以工资低、劳动量大和连续劳动时间长而被很多人嫌弃。快递日结工资最低 9 元每小时，最高 16 元每小时，所做工作为扫描、打包装、装卸货，工作时间至少 10 小时，可分晚上工作和白天工作。晚上工作一般为晚 10 点至次日早 8 点，或 0 点至上午 10 点；白天工作为早 9 点至晚 6 点。工作审查要求宽松，既可以用自己的身份证件，也有人借用他人的证件，其他行政区的快递工作要求持有本人证件，但在招不到人的情况下会降低要求，比如既可以带手机钱包，也可以穿拖鞋短裤。快递日结的“福利”是包一餐（晚上夜宵、白天午餐）、包来回，工资结算或是工作之后当场结算，或是回到三和后找中介拿钱。在无其他工作可选择的情况下，快递日结是人们的首选，因为快递日结每天都会招很多人（少则 20 人，多则 50 人）。在很多青年达不到其他工作的要求又没有收入来源时，快递日结便是他们最容易赚到钱的工作。还可以选择其他日结和还有一定经济基础的青年基本不会选择快递日结。

工地日结分为大工地和小工地。大工地是指那些大型工程的工地工作，到大工地所做的是工程即将结束时的清理工作，如捡拾散落在各处的残余废料（三和青年称之为打扫卫生）、搬运装卸工地需要的施工材料等。这类日结需求人数较多，但是工资较少（140 ～ 180 元），不过可以偷懒。还有在工程量大、时间紧迫和正式工人还没来得及调换的时候需要有工地工作经验的人作为替补上工作架的操作，一天的工作时间为8小时，超过8小时按照加班时间计算，工资按照招工时商定的数目结算，通常为日结160～220元。小工地是指工程量小、人员需求少的工地，所做工作比较实在，如室内装修，就是刮掉墙上的杂余物、搬运装修材料和搅拌泥浆等，一般老板只招看着体格强壮能干活的人，也就是说对工作者有一定要求。小工地的工时一般为8小时，偶尔加班，工作较自由，要求的人员较少，以2～4人为宜，工资为日结180～220元。

保安日结多是充当维持现场秩序的非正式工作人员。这种工作并非每天都有，而是在特定的时间需要特定的人群，如深圳会展中心开

图1–2 三和人力市场内部张贴各种招聘广告供务工者选择

展时就需要很多安保人员。保安日结有身高和穿戴要求（身高1米7以上，穿戴保安服和保安鞋，保安服由专门的管理者发放，保安鞋需要自已购买），工作时间多为12小时，工资为130～160元。保安工作既轻松又可以偷懒，深得三和青年喜爱。

跑得慢的、没抢到日结的人瞪着眼睛望着远去的面包车咒骂道："他妈的，又晚了一步，应该早点起，明天晚上直接睡'海新大酒店'[①]。"懊悔中又带着期盼，眼睛转向另一个方向，身体紧绷、伸着脑袋，期待再来一个招日结的招工者，似乎做好了随时登车的准备。也有部分三和青年在人群中不慌不忙地走动或是静静伫立一旁，若有所思，在其他青年争抢日结的过程中，他们也纷纷围在人群外，却没有"势在必得"的姿势，还时不时表现出戏谑的模样，像是在嘲笑那些争抢日结的人。"又没抢到啊，今天别去了，一起'挂逼'吧！""等会儿应该还有其他的，不去没钱吃饭了。"挤在人群中没抢到日结的人没好气地说。

说到这里就不得不解释一下这个三和青年使用频率最高的词汇：挂逼。挂逼的意涵非常丰富，可以用来描述自身和他人的状态，以及用来形容任何事物。挂逼程度最高的就是死亡，如某某"大神"挂逼了；程度低一点的，就是有些人因为犯事被公安带走；最基本的需求满足不了，没钱吃饭、住宿，也是挂逼，有时可能是短暂的，一旦有了一点钱，挂逼状态就会消失。最末一种情况是三和青年最常使用的。

挂逼有时还包含自嘲和自我保护的意味，三和青年见面说的第一句话是"我挂逼了"，这意味着已经没钱吃饭、睡觉；即使赚到了钱也

---

①三和青年对睡大街的委婉说法，"海新"指海心新人力市场，因为在这里睡觉的三和青年较多，又与一旁的观华宾馆形成对照，因而被戏称为"大酒店"。

图 1–3 三和青年分化为两类，较大一部分人询问着日结工作的情况，少部分人无所事事地坐在一旁

会这样说，其目的是掩饰和伪装自己，既可避免钱财被他人所借，又可以在某些情况下得到他人的帮助。三和青年还会在比较便宜的事物前加上“挂逼”二字，像挂逼水（2 元一大瓶）、挂逼面（最简单的面，有几片青菜，5 元一碗）、挂逼床位（15 元一晚）、挂逼手机（几十元甚至几元一部）、挂逼女（站街女，因为政府严格治理，已经没有了）等。还有在工作前边加上“挂逼”的，如挂逼保安、挂逼快递等，因为是三和青年（他们属于第三种状况，一种挂逼的生活状态）所做，所以有了这样的称呼。特殊的时候，挂逼在某种程度上还等于一种消遣娱乐方式，是中性的意思，例如有人会称去附近的龙华公园闲逛玩乐为

“去公园挂逼”。

只要再来招日结的，人们又会迅速地蜂拥而上，把招工者团团围住，动作稍慢就很难再挤进去。聚集起来的三和青年手上拿着各式各样的证件[①]，只要感觉岗位合适就随时交证件、上车出发。之所以如此急迫，一是因为并不是每天都有足够数量的“优质”日结，尤其是自己喜好

图 1–4 人力公司既承担着外来人力的输送工作，也承担着三和青年的日结招聘和工资结算工作

①一般指能证明身份、履历等的文件。在三和，证件一定程度上脱离了这种意义，成为仅能证明有生命人存在的物件。日结所要求的证件既可以是能准确证明务工者身份的证件，如身份证和居住证（包括有磁与无磁的），又包括通过非正规渠道获得的他人证件。各类证件是三和青年获得日结工作的必要条件。招工者清楚三和青年的处境，也为自身获得更大的经济利益，不会要求必须上交本人有效证件。招工者在工作前收证件，一是为约束三和青年做完相应工作，二是给予公司人事部门合理解释，三是便于发放工资。

的日结工作并不是每天早上都有，所以他们要努力抢机会。二是考虑到一旦错过早上的日结，这一天可能就得在忍饥挨饿中煎熬，饿肚子的滋味可真不好受。俗话说，早起的鸟儿有虫吃，早上五六点钟就奔向三和市场的人大部分都是真心冲着做日结来的，过了这个时间，早上的日结招工基本结束，聚集起来的青年渐渐散开，三三两两议论着各种事情。这就是一大清早的三和市场。

三和市场是位于深圳市龙华区[①]的大型人力招聘市场，通常人们说三和时都会把旁边的海心新人力资源市场算在内，这两个人力资源市场因为坐落在龙华街道，合起来又被称为景欢市场[②]。由于三和市场历史悠久，已经存在了很长时间，内内外外知道三和市场的人远比知道景欢市场的人多，所以景欢市场的官名反而不太为人所知。在三和市场，除了三和人力资源集团这一老牌的人力招聘公司之外，大型的人力公司还有华晖人力、兰聘人力、琪宏人力和天洁集团（其中天洁集团属于海心新人力资源市场中一家大型人力公司），加上新成立的云长虹人力公司等十余家人力公司，共同组成景欢市场中最主要的经营活动——招募劳动力。

除了人力公司，景欢市场内还有 6 家商店、7 家不同类型的餐馆、1 家彩票店和 2 个打印店，以满足整个市场的基本运营需求。从市场正门出来，走过门口的铁架桥就可以到达最近的一座公共厕所。虽是公厕，却要收取一定费用（小便 1 元，大便 2 元），这对三和青年而言是

---

①深圳市龙华区位于深圳地理中心和城市发展中轴，毗邻六区一市，北邻东莞和光明新区，东连龙岗区，南接福田区、罗湖区、南山区，西靠宝安区。

②景欢市场是深圳龙华区东环一路和三联路交会处的一个固定地域划分。景欢市场区域内有两大人力市场——海心新人力资源市场和三和人力资源市场，还有较小的深圳领地人力资源市场。

一笔不小的开支，所以他们很少去公共厕所。三和青年的解决方式很多，周围有近百栋住宿楼和几十家网吧，三和青年可以熟门熟路地满足衣食住行娱等需求。市场角落里存放着数百辆共享单车，仿佛是共享经济给三和青年带来的福利，但很少看到有人扫码骑车，被破坏的共享单车倒是很多，废铜烂铁般堆在一起。

早上 6 点半左右，随着海心新人力市场开门，人们纷纷拥入招聘大厅。有的人到里面拉张凳子坐着，静静地闭目养神；有的人抢到靠近插座的位置给手机充电；还有的人溜达着看看有没有合适的小时工，准备找正式工作的务工者也挑选着各个工厂；最早到来的天洁集团的员工也在准备着张贴各工厂的招聘启事。不到 8 点，所有人力公司都已经开门，有的业务员忙着整理各种招聘启事，有的业务员在培训新来的招工者如何解释招聘启事上的内容，还有的站在门口盯着过往的青年，他们像是在打猎，静静地积蓄力量等待“猎物”到来。

第二节　中介和商品

随着时间的推移，景欢市场里的“主角”就发生了变化，早已习惯挂逼生活和日结工作的三和青年不再是主体人群，居住在三和之外的务工青年，还有初到三和（一个星期以内）、想要找临时工和小时工的青年逐渐多起来。因为到 7 点半之后，招日结的非常少了，即使有也都是一些生面孔，很少有三和青年有兴趣去做陌生人的日结。还有几个三和市场的主要“配角”也出来活动：买卖手机等电子产品的、买卖微信号的、代办公司的（做法人[①]）等。

景欢市场内，各个人力公司、业务人员以及务工者从早上 8 点到下午 1 点左右一直处于极为活跃的状态。各个人力公司开启“狩猎”模式，彼此存在着既合作又竞争的关系，通常各家人力公司都有各自的合作工厂，所招人员的工作性质和工资也不同。如果遇到同一家合

图 1-5 人力公司把最好的招工价格展示出来，以吸引务工者

①代办公司或是代领营业执照的通俗说法，是做公司的挂名法人代表，但没有任何资金和权力，这是三和青年走向“三和大神”的主要影响因素之一。按照三和青年的解释，一些隐藏在背后的老板想开公司，但因为种种原因身份信息无法注册；还有一种外人的解释是背后老板想用他人身份成立公司，以公司名义贷款后一走了之。主要面对的人群是刚到三和的青年，他们不知其中套路，于是走上歧途。有些不想干活的青年，也会心存侥幸地做法人。

作工厂，人力公司就可以合作，共享工厂发过来的信息，“把某某电子厂的招聘启事拿几张给另一家人力公司”。同一个工厂通过不同人力公司招工，与工厂内部招工和安排工作的部门还有一定的关系，不同部门常联系的也大多是不同的人力公司，所以共享信息的情况并不常见。可以这么解释：一家工厂与这家人力公司合作的是 A 部门，与另外一家人力公司合作的是 B 部门，这样既不会激化矛盾，还可以拓宽招工门路。虽然有的人力公司的员工之间会交流，但从深层利益关系考虑还是竞争关系要多一些，因而合作极为罕见。相互竞争的关系也导致每个人力公司都有自己的地盘，在“拉人[①]”过程中互不干扰，只能在自己地盘范围内活动。有穿着带“三和”字样衣服的员工去招日结，到其他人力公司门外招的话，就会受到其他公司员工的言语提醒，“这里是某某公司的地方，不允许在这里招”，他们也只能灰溜溜地走开。

“就在这里找吗？这家不想去还有好几家也在招，这家就非常适合你，先交了身份证，把行李拿到里面，不要走！”“我再去其他地方看看，看看有比较好的吗。”找工作的人像是在逛商场，都会比较一下工厂之间的差别，寻找中意的岗位。看到这些犹犹豫豫的务工者，招聘者就会鼓动他们：“不要随便溜达了，这几家就非常适合你，马上就走了，快点交身份证吧。”有的人力公司为了吸引务工者，把招聘启事放到道路上（按照规定是不允许摆放出来的），其工作人员也会到公司门外“拉人”。见到提着行李的人，他们会主动迎上去问：“帅哥找工作吗？过来

①各人力公司工作人员招工时的状态和动作。说是一种状态，是因为人力公司的员工以各种表现方式吸引注意，如佩戴扩音器、直接把招工启事拿在手上，进而把务工者引到公司内展示的工厂招工启事前。说是一种动作，是因为工作人员确实做了相应动作，如帮求职者提行李，尽可能将工作最好的一面展现给务工者，进而“成功拉人”。

看看，都是好部门，工资高，活儿又轻松。”总体来看，劳务公司之间并未出现恶性竞争，是否应聘这家人力公司所合作的工厂完全取决于务工者自己。

如果一个人真想找工作，总会在这里找到一份，每家人力公司至少有 10 ～ 20 家合作工厂，有的甚至更多。占地面积较大的三和人力资源集团，只有一楼经营工厂派遣及合作工厂的招聘业务，工厂主要以劳动密集型产业为主，招聘岗位对应的人工需求多为低技能外来务工人员。二楼和三楼作为工作人员办公地点可以咨询相关的工作问题，并在招聘信息栏中张贴各类招聘信息，针对人群有一定门槛 ，一般对年龄、学历、经验和技术有一定要求，且招聘人数较少。三和青年由于自身条件限制，基本上被排斥在二楼、三楼之外，丧失参与机会，这也一定程度上决定了三和青年的境遇——虽然距离三和市场很近，却难以近水楼台先得月，无法获得向上流动的就业机会，只能长期处于社会底层。海心新人力资源市场的一楼也不属于其内部经营范围，早就把摊位租赁给了二中介，故而在海心新一楼看到的招聘人员并不是其内部员工，而是二中介。

与中介相比，二中介不与工厂发生直接关联，可以用一种方式表述：务工者—二中介—中介（人力公司）—工厂。在海心新招聘大厅里存在着这种关系，有些摊位已经出租给二中介，一些工厂的招工由二中介负责，等招聘结束二中介把已经招到的人交给中介（人力公司）负责人，再由负责人统一安排务工者进厂等一系列工作，二中介可以获得一定的“人头费”①。二中介并不属于人力公司的正式员工，他们在

①工厂按照中介招聘人数多少给其提取的好处费。中介招人越多，获得的人头费就越多，所以会用尽方法吸引务工者。

这里招聘一是可以赚取人头费，二是可以借助人力公司的热度招日结，这样他们又属于中介。

他们借助海心新人力资源市场的招聘平台和资源运营自己的“人力资本”，海心新在他们的人头费中提取一部分，他们还要交一部分租金，二者之间存在一种利益上的合作关系。这种利益关联决定了人力市场、人力公司和应聘者之间的关系：人力市场和人力公司都在招聘过程中赚取收入，应聘者则是它们的“猎物”；人力市场和人力公司在某种意义上是利益共同体，且存在稳定、持续的合作关系，因而在出现纠纷时，人力市场管理方会倾向于保护人力公司的利益，对人力公司的一些违规行为可能会视而不见。同时，漠视应聘者的应有权益导致

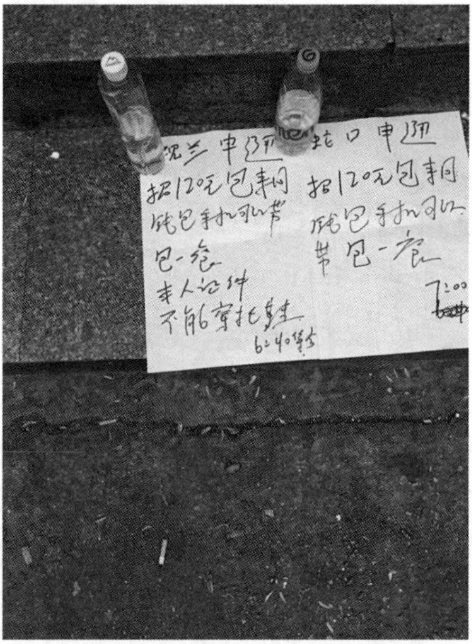

图 1–6 摆在路边的快递日结招聘启事

了应聘者在招聘过程出现纠纷时成为被宰割的一方。

人力市场里，每天的招聘现场都人山人海。8点左右，外来务工人员前来找工作，在10点左右达到高潮，人头簇拥在各个摊位，各人力公司内外一片热闹景象。在海心新的招聘大厅内外，通常都能聚集上百人询问工作岗位情况，30多个工作人员分布于市场内外。市场里面摆开长桌，桌子内侧坐满了招聘业务员，外侧挤满了前来找工作的人，他们关注着桌子上的招聘启事。

招聘业务员手里拿着身份证，一边高声叫喊着，一边用身份证敲打桌子："× 工厂招工，× 元1小时，报了名的12点或12点半在这里集合。快来看看啦，龙华工资最高的工厂！"桌子被工作人员敲得噔噔响，为的是引起人们的关注。此时的招聘大厅内，应聘者穿梭在各个人力公司和簇拥的人群中，寻找着自己偏好的工作，比较着各种工作岗位的待遇。有时候从人群外围是很难挤进去的，只能随着人们的脚步慢慢挪动，在确定好想要进的工厂之后把身份证交给招聘业务员。交身份证的行为在人力市场内极为普遍，且成为一种约定俗成的规矩，这一行为像是一种契约关系的达成，但交身份证本身又是一种不对等的契约关系，因为只有应聘者交了身份证作为"抵押物"，而人力公司给出的只是口头承诺。一旦出现人力公司违约或者不认账的情况，应聘者就会束手无策，这也是曾经上当受骗的三和青年经常把人力公司骂为"黑中介"的重要原因。特别是产生违约和纠纷之后，应聘者往往没有任何证据证明自己曾经交过身份证或曾与人力公司达成口头契约。

人声鼎沸、热闹非凡的招聘大厅内出现了相对"寂静"的场景，某些三和青年的表现与人力市场的热闹场面显得格格不入，他们悄悄躲开喧闹，慢慢退到角落，仿佛不属于这里，或许只有悠悠欢快转动的风扇陪伴着他们的沉寂，带来丝丝凉意。有些人坐在凳子上盯着手机玩游戏，有些人静静发呆，甚至有人倚着墙睡觉。他们之间不聊天、不说话，每个人都是孤立的个体，旁边的热闹景象似乎根本不会打扰到他们，这些人就是典型的三和青年。他们在失去了大清早日结的机会之后，再来到人力市场并不是为了找工作，而是为了在此歇息、乘凉。还有一些是刚从夜班日结回来的三和青年，昨夜工作了一个通宵，回来之后没地方休息，招聘大厅就为他们提供了这样一个理想的免费休息的场所。市场管理人员早已司空见惯，并不会费力气赶他们出去。

转到招聘大厅外面的走廊，通常都能看到传说中的“海新四大金刚”

图 1–7 海心新还发挥了休息场所的作用

在活跃地给应聘者介绍工作，他们招揽着来来往往的务工者，费尽口舌地推荐。“四大金刚”既属于二中介，又属于中介。白天他们租用天洁集团的摊位招工，此时属于二中介。他们比正式员工积极，因为能赚取更多的人头费。因为平时就租住在巷子里，他们与三和青年接触得更频繁。晚上他们更为活跃，所有快递日结都由这四个人承包，不允许其他人在此地招人，此时的他们便属于中介性质。他们把招聘的青年用自己租的车运送至快递公司，工资也由他们发。优点是“四大金刚”并不会私自扣留三和青年的证件，也不会无故减少工资。他们的存在可以保证有很多的日结工作。

其他人力公司的招聘业务员也都站在走廊里卖力地招揽，当中最卖力的是湘华晖人力公司和华晖人力公司的工作人员。他们在市场外面招揽务工者，只要看到拿着行李包的人路过，都会主动迎上去，天花乱坠地介绍招聘工厂和工作岗位，正如推销人员推销商品一样，表现得非常客气。湘华晖人力公司和华晖人力公司名称相近，彼此存在联系，但成立时间和法人代表不同，表现出不同特点。规模上，华晖人力公司紧邻三和人力集团，规模较大，工作人员较多，外来务工者的选择更多；湘华晖人力公司处在三和青年聚集较多的地方，规模较小，仅有四五名工作人员。认可度方面，三和青年较少接触华晖人力公司，所做评论较少；湘华晖人力公司处境相对艰难，三和青年评价其为“最黑中介”。因楼上是公厕，曾有三和青年跳楼事件发生，不明事由的人容易将责任归咎于湘华晖。

湘华晖人力公司里有一位俗称“黑妹”的业务员，因为肤色较黑，且容易和三和青年起冲突，才被起了“黑妹”的外号。她每次招揽务工者都把表情和眼神发挥得淋漓尽致，见到提着行李包和穿着稍微正规的青年，会迎上去问："想找工作吗？这里有很多好岗位，过来看看吗？"若看到对方没有在这里找工作的意愿，她稍稍瞥一眼，进而将注意力转向其他人，嘟囔一句："出来就是赚钱的，在这儿来回转悠能赚到钱啊？都没见过这样的。"显然"出来就是赚钱的"这种比较通行的观念在"黑妹"眼里极具说服力，然而三和青年并不接受这种说法，因而时不时地会看到黑妹与三和青年相互嘲讽。

在介绍工作的过程中，每个中介都有自己的方式，有的人一上来就大肆吹嘘手头工作岗位的优点，不仅工资高，还有各种福利，当然住宿区里的免费 Wi-Fi 也是重点突出的内容。有的人从心理上攻破，打感情牌，先是和你套老乡、聊家常拉近关系，再介绍工厂和岗位的好处。在看到别人对他们介绍的工作不感兴趣时，中介通常都会说："出来都是挣钱的，多少都得挣点钱吧，找个地方睡觉也好。"无论他们采用何种方式和手段，目的都是先哄骗务工者过去，因为只要有人进厂，他们都会有相应的介绍费和提成。介绍费和提成是三和青年最鄙夷的，也是他们解释的自己不愿意进厂工作的重要理由：坚决不接受中介的盘剥。而没有中介的盘剥，就很难找到正规工作，除非是进厂直招。

三和人力集团和兰聘人力公司有进厂直招工作岗位的招聘业务员，这些招聘业务员大多是工厂派来的，一般是负责人事管理和企业招工的工厂正式员工。一些人力公司会刻意突出自己与工厂的合作关系，比如华晖人力在一些招聘启事上直接注明"华晖派驻某工厂"。在工厂直招模式下，人力公司免费招聘人员且免费送到各工厂，表面看来招聘公司没有从中获取利益，但直招模式背后的猫腻可能更多。从了解到的情况看，大多数人力公司并非直接和工厂联系，中间通常还会有一道中介，人力公司把招揽来的务工者送到工厂，工厂里的另一个中间人就会按照人头给予相应费用。进厂的一系列流程就由人力公司、中间人和工厂共同完成，所以真正和工厂有直接联系的是中间人，他们是否从中获利要视情况而定。

人力公司工厂直招—中间人—工厂的运作模式，按照三和青年的话来说是“又被卖给了其他人”，语气中夹带着无奈的愤愤不平。但在三和附近的劳务市场里，务工者确确实实像商品一样被转手倒卖，没人顾及务工者怎么想。正如“黑妹”所说，“出来就是赚钱的”，只要能赚到钱，似乎什么样的过程和行为都可以被忽略。在赚钱至上的想法驱使下，没有人会考虑应该如何保护作为“商品”的务工者。

像商品一样被转手倒卖，最关键的环节是在人力公司和务工者之间。三和青年对于人力公司作为中介表现出不同态度，当然对中介的态度某种意义上也就是对工作的态度。有人说：“没有这些中介早就饿死了，不通过中介从哪儿得到这么多招聘信息，只靠自己去厂里找非常费事。有人还嫌这个中介黑那个中介黑，只要有这些中介就可以找到工作，先别管是做什么，不至于饿死就行。”

事实的确如此，在劳务市场中，真正垄断就业信息的是中介和人力公司，只有获取了招聘信息，人们才可能找到“合适”的工作。表面上看，中介和人力公司通过贩卖信息获利，但贩卖信息的前提是有数量充足的务工者成为信息交易背后的实物商品。当然，数量充足对于深圳而言并非难事，也恰恰因为数量充足，才导致中介和人力公司有恃无恐地做出一些违规的事情来，毕竟务工者作为商品在早期的东南沿海地区是供大于求的，进而形成了诸如押身份证之类约定俗成的规则。

对于中介获利，有些人表现出另一种态度：“三和的中介都是黑中介，即使是想要进厂也肯定不会通过这些中介，而是经熟人介绍或是自己到工厂直接应聘。”“现在列出来这么高的工资，肯定不好做，都是套路，专门套新来的人。”“工厂最黑了，不好好干活就扣工时，发工资的时候就明显地区分出来，你又不知道里面的操作。”其实，他们所说的中介“黑”，主要表现在工资保障方面。如果三和青年干了活，却没能拿到起初商量好的工钱，甚至一分钱都拿不到，就是遇到了所谓的典型黑中介。三和青年这样说，似乎只要是有合适的工作他们就会好好做，实际上，黑中介的说法多数时候只是一种体面的借口。有些人甚至这样解释他们不进厂的原因：“自己熟悉的人所做的工作自己不想做，介绍过去之后几天又出来了。”可见熟人介绍的工作也不一定符合三和青年的“口味”。

事实上，“黑中介”的产生很多时候与招聘广告的设计和工作方式的安排有很大关系。在三和人力市场中，招聘广告的设计颇有“玄机”，字面信息很巧妙，成功抓住了人们的心理——首先关注工资，再关注工厂、岗位等一系列信息，所以每张广告都把工资列在最显眼的位置。更为有趣的是，工资并不是按月显示，其他地方的招聘广告上工资一般都是一个月多少钱，而这里是一小时多少钱。小时工资的计算综合了工作表现和工作量，招聘公司都会把最高标准公布出来。可想而知，玩命干才能获得的工资最高标准和一般情况的真实收入之间存在着比较大的差距，这也是中介“黑”的主要原因。

第三节　工期和进厂

三和市场中的招聘广告通常把进厂的工作分为几档，一般分为工期 7 天、工期 15 天、工期 1 个月及以上三档，工资数额和结算方式均有所不同。无论工期长短，一般工作不满 7 天的不结工资，连续工作 7 天以上就可以找中介或者工头借支，想提前辞职可以按照实际工作情况结算工资，只是每小时的工钱会少很多，有时还会扣除车费和体检费①。连续工作满 15 天的，在原来工资基础上每小时加一两块钱。连续工作 1 个月以上的，不仅会按照最高工资结算，还有工时补贴，即一定的金钱奖励。做满 1 个月如果愿意继续做，可以再签合同。如果到人力市场中去看，几乎每张招聘启事下方的角落里都写有“工期 1 个月”的字样，其实这些都没有太大作用，是为了规避人们看到工期而放弃应聘，所以才把工期放到不被注意的角落。在三和，“工期”有两种解释。其一是最少工作时间，如要求干满 1 个月才能结算工资，中途辞职不能按最高数额结算工资。还有一种情况，如要求工期至少 7 天，没做满 7 天就退出的，按约定可以不结工资，但是这几天可以借支，很多三和青年借支 3 天工资，拿到身份证后立刻退出。其二是最长时间，如工期要求最多 7 天，如果未能如期完成，将征求工作者的意见适当调整工资，没做满工期就离开的也只能拿到借支的钱。借支比工资少 40%～50%。对于三和青年来说，选择较多的是第二种类型的工作，即使没能做满工期，也可用借支的钱生活一段时间。

很明显，工期越短，务工者的工资越低、保障越差；而三和青年们最喜欢的日结则是工期最短、工资最低、保障最差的那种。此外，工期短的工作在身份确认方面要求往往比较低，而打算进厂做长期工的，

①进厂小时工的体检很简单，一些工厂只要求身份证有磁、无案底、身上无文身等，要求稍严的要验血、检查视力、做胸透等。众多三和青年不进工厂的原因之一是体检无法过关，所以很多人只能选择工资较低、无须体检的工厂。

图 1-8 临近中午，选定工作的青年蓄势待发，等待上车进厂

一般在招聘过程中先交身份证，把身份信息录入系统，之后进厂办理各种手续的时候发还，这期间身份证都由中介保存。由中介保存有两个比较充分的理由：一是这段时间内办理各种手续都需要以身份证作为基础信息，比如办理各类社会保险；二是把身份证作为抵押物，确保务工者不再用身份证去寻找其他工作。

进厂的务工者还会面临一种常见的情况：借支。进厂之后的工资都是按月结算，一般正式进厂的务工者每个星期都可以借支 300 ～ 500 元："可以先借支几百吗？现在都没钱了，进厂体检和充饭卡都没钱。""可以先借你点，但是身份证要押一段时间，工作满一个星期就给你。"这里的中介招工几乎都有借支情况发生。其实并不是所有人都需要或是想要借支，而是存在下面几种情况：一是进厂之前已经没钱了，需要借支维系生活；二是为了满足自己的嗜好，比如吸烟、喝酒等；三是有些人希望手里能存点钱，以备不时之需。

根据以往的研究，借支行为在工厂务工者中经常出现，但三和的特殊之处在于发生借支的关系方不是工厂，而是中介。当务工者确定想要进的厂并把身份证交了之后，就需要在中介场所接受培训，中介就会给务工者讲清楚岗位情况，并询问务工者是否确定选择这个岗位，是否需要更换等。等一切确定好之后就等着工厂派车来接人进厂，当然接送的车辆都是免费的。但能不能进厂并不是中介说了算，还需要通过工厂安排的体检，如果体检通过就直接进厂；如果体检没通过，可以免费坐车回来。如果可能，第二天再由中介安排务工者换另外的工厂去体检，直到找到接收的工厂为止。在此期间会产生一些中介费用，一般而言，务工者能够成功进厂并工作到一定的时间期限，就可以免除一切中介费用。如果持续工作的时间较短，还可能需要从应发薪资中扣除中介费、体检费、交通费等费用。当然这种操作通常不会直接告知务工者，这也是引发中介与务工者之间纠纷的原因之一。

在务工者进厂的过程中，中介扮演的角色不仅是信息提供渠道，有时候还是劳务派遣的主体。一般而言，进厂时和哪一方签订劳务合同，也决定了工资是由哪一方发，中间还存在着工资计算的问题。工厂所开的工资与招聘中介所介绍的工资不一样，有中介在做进厂准备培训时说："如果工厂里面有人问工资是多少，就按照我们给你们说的，小时工都是与我们劳务公司签的劳务合同，工资也由我们发。体检你们放心，都是自己人，发张表自己填上就行。你们可以加我的微信，想要借支了，想要辞职了，在工资上出现问题了，都可以发微信或者打电话给我，我直接找带班[①]处理。”根据这位培训人员[②]所讲的情况，务工者所做的小时工是与劳务公司签合同，劳务公司根据工厂发过来的工时计算和发放工资。“现在说的几号发工资就几号发工资，绝对不会拖欠，我们等工厂里把你们的工时发过来，核对之后就给你们发钱。如果对自己的工时有疑问，也可以向我们反映，我们会处理好。一般都会有带班和你们在一起，你们的工作状况我们也会了解。”

可见，在这样的劳务派遣模式下，人力公司与务工者之间并不是简单的信息供给服务关系。务工者通过中介或者人力公司获得工作信息、找到工作，而中介或者人力公司通过与务工者签订劳务合同，把务工者送到工厂之后从工厂人事部门提取一定的人头费，还要赚取中间的工资差价。表面看来，工厂和中介之间的委托代理关系为务工者提供就业机会，无形中却相对剥夺了务工者的部分劳动价值，更容易让务工者受到伤害。比如在工时计算上出现问题，中介和人力公司的处理方式多是找各种理由解释。这也就是中介和人力公司表面上不收劳务介绍费，却能够让工作人员尽职尽责地扯着嗓子吆喝的原因，是背后丰厚的提成以及人头费激励着他们努力叫卖。当然，中介和人力公司也承担着一定风险，比如所招务工者不能确保100%进厂，在三和市场经常能够见到给工厂送工人的车辆返回时会带一部分人回来，这部分人多是体检没有通过，只能等明天再试试能不能进其他工厂。

①管理务工者的人力公司员工，负责进厂安排、日常联系、工作管理、工资发放。务工者遇到任何问题都可以向带班反映。工厂只与人力公司签订相关合同，务工者只与人力公司签订劳动合同。

②负责讲解务工者进厂工作的相关岗位职责及注意事项的讲解人员，是人力公司的领导级人物，与工厂人事部门关系较密切，熟悉工厂环境。

对于三和青年来讲，他们与中介的关系与外来的务工者存在着区别。在长期厮混之后，三和青年已经充分了解了不同人力公司和中介的信用，也形成了一定的选择倾向。三和青年更多地选择三和、华晖和海心新三家人力公司，原因有三：一是这三家人力公司的经营范围比较广，提供的工作类型多，容易找到合适的短期工作；二是这三家公司名气大，经营比较规范，长期定点招聘，一般也不会出现严重的坑蒙拐骗行为；三是因为很多人选择这三家公司，观望者产生了从众心理，这三家公司也因此积累了一定口碑。

在三和、华晖和海心新三家人力公司中，三和青年比较乐意跟随海心新人力公司，因为这家公司不仅提供正式工作，他们的员工在下班后还招各种夜间日结，并且由于长期的"合作"关系，有一定的信用保障。这里涉及人力公司的内部管理问题，如在招聘大厅里叫喊的工作人员也并非都是正式员工。在海心新招聘大厅，你会看到穿黑色短袖T恤的工作人员，T恤上有招工公司的名字，而有些人则穿着橘红色马甲，马甲上印有"招工"字样，这些都属于人力公司的非正式员工。所谓非正式员工就是这些人虽然为人力公司服务，却不是完全属于人力公司管理，也可以从事其他招聘工作，只不过与人力公司之间存在着合作关系，能够通过招揽务工者拿到一定的人头费。这些非正式员工就利用关系，私下接一些日结或临时性的工作，并且在人力公司下班之后继续以私人关系招聘日结的或是临时性的务工者。人力公司的非正式员工以"海新四大金刚"最为典型，在其他的人力公司则不会过多地出现这种状况。还有一些合作工厂负责直招的招聘人员也会穿着人力公司的衣服穿梭于人群之中，但他们很少会在日常工作结束后继续招日结。

比较有趣的是，不管是招正式工的还是招日结的招工者，手里都拿着厚厚一沓身份证，像是今天又招到很多新人。难道真的每天都有那么多人报名工作吗？实际情况并非如此，招工者手里拿着的身份证大多是之前招工时留下的，有一些人找中介借支生活费需要押身份证，甚至有一部分没能力偿还借支的钱或是直接拿钱“跑路”[①]的，他们的身份证就落到了招工者手里。招工者拿着这么多身份证是为了制造一种错觉，让你认为已经有很多人报了名，进而因害怕错失工作岗位而急于报名。另外，手里拿着一沓身份证也是区别招工者身份的工具，让务工者知道他们的身份与其他人不同。同时，这也向务工者表明交身份证是一种“规矩”。总之，拿着一沓身份证有利于招到更多的人，这在海心新招聘大厅里表现得尤为明显。但并非所有招工者手里都拿着这么多身份证，有些人力公司的员工就只能依靠三寸不烂之舌劝说务工者。

对于务工者而言，人力市场里可供选择的工作类型几乎应有尽有，大体可分为日结、临时工、正式工三种，三者之间存在着几个方面的差异。

第一是工期方面。日结并不一定是做满一天，它既可以是一天（10～12小时），也可以是几小时（按小时计算工资），总体来讲工期较短，工资较低，没有任何保障。临时工与日结有相类似之处，一般也是根据天数结算工资，即使列了一个小时的工资，也只是根据一天的工资和

①即逃跑，在三和有以下几种情况：一是工作还未开始，人已消失，如三和青年还没开始某项工作就发现与招工时说的情况不一致，就会偷偷跑掉，多发生于未抵押证件的前提下。即使抵押了证件，也可以要回证件离开，但要冒被招工老板拉进黑名单的风险。二是工作一段时间后，感觉无法坚持，偷偷离开。三是对于工期长的无聊工作，一些三和青年做了几天，借支了一部分钱，也拿到了证件，便跑了。四是在工作中犯了错误，如打伤他人等，为躲避高额赔偿费而跑掉。

工时计算出来的，因为务工者关注的不仅是一天多少钱，还关注一小时多少钱。临时工工期稍长，一个星期、半个月、一个月不等。而正式工与临时工最大的区别在于工期最少一个月，不过做满一星期就可以辞职，这样也能领到工资，只是工资比较少。

第二是工资方面。三者虽然都是按照工种和工作类型的技术要求、工作强度计算工资，但是因为时间上的不同，工资也就有所区别。日结的相对较少，临时工会稍微增加一些，长期工分为几档，所结算的工资不同。“要是能干一个月的，就按照最高的结算，做一段时间如果想要接着干也可以在工资上商量。”这是招临时工的业务员常说的一句话。日结的工资干完活当场就发，或是回到招日结的业务员那里领取；临时工是做满工期结算工资；正式工须做满一定时间，可以借支。其中最有意思的是日结工资数额会出现季节性变动，从侧面显示了有些时候招聘的困难程度。

第三是体检、面试方面。日结基本不用考虑这些，报名就可以做；临时工也不需要体检、面试，有些特殊岗位需要核对身份信息；正式工就要有体检和面试，但是在招工过程中，有些工厂也是不需要体检和面试的，直接入职工作。进厂做正式工且不需要体检就能吸引很多务工者，因为如果需要体检、面试，就有被淘汰的可能。在某些情况下，务工者与劳务公司签订劳务合同，体检和面试在劳务派遣公司进行，这导致很多体检流于形式，也在一定程度上方便了来三和的务工者找到工作。

第四是工作地点方面。日结工作基本上分布在深圳的其他区，或就在龙华附近，大多是车接车送，没有接送的日结会报销往返费用。临时工的工作地点就会相对较远，有时也有附近的地点，基本上也包

图 1–9 在人力公司内看电影是三和青年的一种休闲方式

来回。进厂的正式工则要考虑工厂位置，务工者一般选择深圳或是龙华附近的工厂。“这个岗位要去某某区，离这里这么远，不想去，想找个近点的地方。”他们都有自己的考虑，最主要的想法就是如果工作地点比较近，发现难以坚持的话可以随时回来，有时骑着共享单车就回来了，还不耽误再找下一份工作。如果工作地点很远，还要自己花几元至十几元坐公交车或地铁回来，感觉很划不来。

第五是工作环境方面。日结工作主要就是三种：快递、工地、保安，选择了做什么工作，工作环境就是相对固定的。临时工和正式工则需要对工作环境有比较多的了解：是不是空调车间、空调宿舍，能否带手机钱包，站着上班还是坐着上班，流水线上管理得严不严，等等。总体来看，日结和临时工相对自由，正式工受到的制度约束较多，但工作环境相对好些，因为厂方希望获得长期、稳定工作的务工者，以确保生产有序开展。

第六是招工者对务工者的选择方面。日结的招工者根据工作要求选择人员，例如招工地日结的不要瘦小的务工者，有时只选择之前做过的相对熟悉的人，即使没有证件也行；招保安的对身高和身份证明方面有一定要求；招快递包装和装卸的就不再挑人，报名交证件即可；招酒店招待的要穿戴干净的人。临时工和日结的状况相似，甚至不是本人的身份证件也可以作为临时身份证明，与日结的差异在于有时要求和管理比较严格。有些临时工的招工者非常清楚三和青年适合哪些工作，三和青年与招工者之间“常来常往”，比较熟悉。“你有干净衣服吗？要换身衣服，不然别人和你一起工作都受不了，没有就算了，穿拖鞋不行。”“你就不用报名了，我们不招打混[1]的。”招正式工就必须要求务工者有本人身份证，有时候身份证消磁了也不行，还有招聘条件的限制，满足相应条件才可进厂。

严格意义上讲，在人力公司招聘的正式工与临时工没有太大区别，招聘的正式工到工厂里也是小时工，和临时工一样按照小时计算工资。区别主要在于进厂正式工的最低工期是一个月，虽然只要做满一星期就可以借支，也可以辞职，但工资会相应减少；临时工的工期是事先规定好的，做满工期才能结算工资，也是每天都可以借支。其实，押身份证是日结比较普遍的做法，这既是为了避免务工者跑路，也方便干完活发工资时，直接喊身份证上的名字。进厂的小时工在办理好各种手续之后，即可取回身

① 又称“打酱油”、耍滑头，指务工者在工作期间能偷懒就偷懒的行为，多发生在工作人数多又不是流水线工作的情景中。

份证；做临时工的一般也只有在发生借支的情况下才会被押身份证。

第四节　午后到深夜

三和人力市场送务工者进厂的时间一般是中午12点、12点半和下午2点，具体会根据不同公司和工厂的约定而定。快到中午12点的时候，已经找到工作的务工者纷纷提着行李聚集在市场门口，等待着人力公司安排他们上车。这个时间也是比较热闹的，上百人拖着行李箱急急忙忙地从人群中穿梭而过，赶到约定好的上车地点，或者坐在车上等待。有些人脸上洋溢着笑容，“终于找到工作了，可以挣钱了”。这些似乎没有影响到三和青年，他们对此日复一日的情景习以为常，或许早年间他们也曾欢天喜地地登上开往希望的汽车。当然他们不会错过这个凑热闹的机会，零落散布地站在高一点的台阶上，漫不经心地观望着，像是在欢送这些急迫赚钱、高高兴兴进厂的务工者。直到这些外来务工者离开之后，三和市场重新回到相对安静的状态，人们各自寻找着可以休息的地方，一旦找到就开始迷迷瞪瞪地打盹，等着下午和晚上的日结招工者。

下午两三点钟是深圳夏季最闷热的时候，花花草草都被晒得耷拉着，人们在这样的天气里也不愿意做事。三和市场里基本上看不到人力公司工作人员“抢人”的身影，也听不到他们的喊叫声，仿佛上午喧嚣的一切都销声匿迹了，只剩下一些人懒散地坐在台阶上。然而此时的三和更像是在积蓄爆发的力量，而不是沉浸于无聊的静默。

当太阳渐渐西下，经过休整的青年纷纷走出闷热的网吧，或从拥挤的床位、坚硬的石板上起身，穿过一条条小巷子从各角落汇聚而来。傍晚时分聚集的人数会受到天气的影响，雨天极少有招工者前来，加上地理空间的限制，众多三和青年停留在网吧、床位和各种小商店的走廊下，人群聚集缓慢；如果是凉爽的好天气，则迅速聚集，甚至可以用摩肩接踵来形容。

当太阳彻底沉下去，聚集起来的人数达到了高峰，一天没工作的出来溜达，早上去做了日结的也都回来了。这时，即使身无分文也不碍事，还能够找到晚上的日结工作。当然，其中一些人饿了一天了，他们真有做日结的急迫需求。晚上的日结工作只有快递日结和工地日结，从时间上看都是要求工作一个通宵，第二天早上有车送回来。晚上的明星人物“海新四大金刚”登场了，很多青年都会围在他们身边，因为只有他们招通宵的快递日结。饥肠辘辘时也不再过度挑剔工作的环境。

晚上的工作对“海新四大金刚”来说轻松很多，只要把自己写的招工牌子摆出来，就会有人主动交证件（是不是本人证件无所谓）。晚上的日结有时对穿戴有要求（不允许穿短裤和拖鞋），有时就没有任何要求。“四大金刚”和三和青年之间已经建立了相互信任的关系，虽然通宵日结的工资稍微低些，但保证第二天早上肯定拿到钱，这样既可以得到工钱，还不用担心夜里没有地方睡觉，对一些人来说也是不错的选择。

快递公司为什么只选择“海新四大金刚”招通宵日结呢？一个主要原因就是快递公司与“四大金刚”形成了长期合作关系，达成了默契，每天都会由“四大金刚”提供通宵日结的务工者资源。“海新四大金刚”和三和青年也形成了默契，每天晚上都有三和青年来做通宵快递的日结。人们有时候也会怀疑为什么其他招通宵快递日结的不来这里,让“四大金刚”垄断了市场，其实只要稍稍提高小时工资就会有很多人去别处报名。“可能让其他的招工者过来吗？其他人一来就会打乱三和的市场，他们就不可能赚到钱了。他们怎么发财的？还不是招日结啊！”虽说“四大金刚”垄断了三和通宵快递日结的市场，工资任由他们定，但是如果比早上日结工资少很多的话，也不会有人做。有的三和青年算了这样一笔账：快递公司给务工者的工资是一小时十七八块钱，而“四大金刚”招的是一小时 11 ～ 13 块钱，一个人一小时的工作他们就赚五六块钱，一个人一个通宵做 10 小时,每个人头“四大金刚”就能净赚五六十块钱。每次都会招五六十人去做通宵日结，可以想象他们睡一晚上就赚了这么多钱，很多三和青年说是自己的辛苦劳作养肥了“海新四大金刚”。

招通宵快递日结的“海新四大金刚”实际上并非人力市场的正式员工，虽然白天他们招工可以获得一定的人头提成，但也要受到市场管理者的行为约束。一位高高胖胖的市场管理老头指着“四大金刚”中的一个说：“介绍业务到指定地点，不要站在走廊里！”看到对方没有动，市场管理老头静静地站在边上，斜着眼睛撇着嘴看，“四大金刚”看见之后就点头哈腰地回到原来指定的位置。虽然不是正式员工,但“四大金刚”获得了一定的熟人关系，尤其是在不明就里的三和青年眼里，他们就是海心新的人，海心新的信誉给“海新四大金刚”带来了很大好处，三和青年也相信他们。只要工钱有一定的保障，即使押身份证也无所谓，所以“海新四大金刚”能招到很多做日结和临时工的青年。

同时，“海新四大金刚”也会建立与三和青年之间的亲密联系，表现出对三和青年的关心。“大帅，我报了名，但不允许穿拖鞋，现在又没钱买。”大帅是“四大金刚”之一，他看看小伙子问：“之前干过吗？”

三和青年回答说："跟着干了很多次了！"大帅上下打量了他一下，说："走走，到老太婆[①]那边挑一双，我帮你买。"

除了人力市场内部员工可以依靠公司信誉来招三和青年做日结之外，其他的招工者都是从外面来招日结的，但是外来的招工者在规定时间内不能到特定的地方去，比如：海心新人力资源市场门前有招快递日结的，从外面来的招工者只能在靠近公交站台的地方招人，只有等正式员工下了班，其他的人才可以随意选地方招人。所以在工作时间，无论是市场内的招工者还是外来的招工者都只能在指定地方招工，虽然没有明文规定，但是一定要遵守这样的规矩。在招聘过程中，也有一些公司的员工过来招聘，一般都是招正式的保安（地铁保安、小区保安），他们只在距离人力公司有一段距离的地方固定招聘，首要条件是能够长时间稳定地工作，此外还需要满足一些特定的条件。有些招工者在招聘过程中有一些让人啼笑皆非的做法：每天都来，却严格控制招工人数，招两三个人就走。问他为什么，他答道："自己来招的，一下招这么多人，明天干啥啊？每来一天都有工资和提成，所以一天只招几个。"

时间推到晚上 8 点之后，人力市场一天的招聘基本结束。三和这不大的一片区域又增添了白天猫在各处的新主角，那些买卖手机等电子产品的人和那些收微信[②]的青年开始登场。他们穿梭在人群中，不停叫喊着："兄弟，有没有手机要卖？买个挂逼机[③]自己用？有没有微

①在三和卖衣服、鞋子的一位 60 多岁的女性，没人知道她的真实姓名。

②即收购微信号。在三和，微信号也是一种商品，卖掉自己的微信号时可删除全部好友，但要绑定手机号。收购者根据微信号使用时长估价。具体情况后文将详述。

③指挂逼青年使用的手机，由"电子一条街"的商家出售，价格便宜，多为 60 ～ 120 元，甚至有 5 元、10 元的仅能接打电话的老年机。挂逼机有此名号也因为它容易坏，毕竟经过商家的"处理"，好零件已被换作"挂逼"零件。

图 1–10 下雨的夜晚，众多青年站在走廊下避雨

信卖？短期的也要。”

三和市场进入了另一个热闹的时段。再看待在一旁的三和青年，他们近乎整齐划一地坐在台阶上，要么几个人说话，要么玩着手机，要么静静发呆，还有的躺在地上或是靠着墙壁睡觉，就这样无所事事地打发时间。直到晚上 11 点之后，市场里的人逐渐变少，协警[①]也下班了，有些喜欢赌博的青年就聚在一起，开始玩“百家乐外围”[②]。

①协助处理治安事务的人员，无行政编制。协警也是务工者，并非经由正规考试选拔，但都接受过培训。该工作相对轻松，工资每月不足 4000 元，工作内容为在所负责区域内巡逻。协警对三和青年具有一定威慑作用，但三和青年认为他们不过是换上制服的“挂逼仔”，常与协警对着干。

②一种赌博方式，是令三和青年最快、最彻底挂逼的途径。具体情况后文将详述。

他们小声讨论着："这把押闲，这把押庄，前几把都开闲，这把肯定开庄。"估算好之后，就把钱交给庄主。押中的人欣喜若狂，输多了的则十分愤怒，急于翻盘的人会当场抵押手机，可往往越输越多。

夜里一两点，路上的车明显少了，周围安静下来。再看三和，还有一小撮人在玩，而大多数人都已睡去，或躺或坐，千姿百态。三和的一天结束了。第二天早上5点，安静将再次被打破，开始重复昨日喧闹的故事。

日结是理解三和青年及三和社会生态的关键环节，是三和人力市场参与各方博弈的利益平衡点。这主要表现在两方面。第一，日结是各方获取预期收益的规则设计。就招工企业而言，日结降低了管理、薪酬、社保等用工成本，尤其是对于一些有阶段性用工需求的企业，日结更是为其创设了灵活的用工机制；就中介而言，日结保证了一支有着经常性求职需求的劳动力队伍的存在，为其创利提供了无尽的来源；就三和青年而言，日结既为其生存提供了基本保障，也为其在时间分配、岗位选择上提供了更大的自由空间。第二，日结也是各方破坏规则以实现利益最大化的途径。追求利益最大化是经济学对于经济行为主体的行动目标的基本假设。良性的对于个人利益最大化的追求，应当是行为个体在符合法律、道德且不损害他人利益的基础上，通过自身资源优势获得自己所能得到的最大利益的行为。但在三和人力市场各方的博弈中，我们看到，对规则的破坏成为其各自追求利益最大化的途径。就招工企业而言，巧立名目克扣工资的行为时有发生；就中介而言，夸大招工岗位优势淡化其劣势成为常态；就三和青年而言，拈轻怕重、消极怠工，甚至拿钱跑路并不鲜见。

因此，日结在提供给参与各方灵活、便捷、自由的获利规则的同时，也埋下了一次性交易下的责任缺失、信任缺失的隐患。而这种缺失反过来更强化了日结这一用工形式的存在。尤其在对人力市场有着较大依赖的三和青年看来，日结成为中介和招工企业规避和降低权利侵害风险的最有效的手段。

第二章　住宿与“住宿”

第一节　南区和北区

深圳属于亚热带气候。一般人工作劳累一天，下班之后回到家里洗去身上的臭汗，躺在床上美美睡一觉，是多么幸福的一件事。但是对于三和青年而言，回家显然是完全不切实际的幻想，就连洗去臭汗，躺在床上美美睡一觉多数时候也是一件奢侈的事。在大街上找一个地方、垫块纸板睡觉是最低配置；有点钱住在小旅店脏兮兮、油腻腻的大通铺上睡觉属于基本配置；兜里银子再多点，搞一个大床房单间，虽然没有空调，也算高级配置了；如果能住进狭小的空调房，再买上一块冰镇西瓜，那肯定是 VIP 配置。当然，三和青年享受 VIP 配置的机会寥寥，大多数情况下是在最低配置和基本配置之间轮换。三和青年有时候说："租床位比睡大街感觉更好，有 Wi-Fi，有风扇。"而没钱的时候，他们也只能坦然面对睡大街的窘境。

一辆公交车稳稳停在景欢市场公交站，这是距离三和市场最近的公交站。景欢市场共有 13 路公交车，每天给三和补充着足够的人流量。M263 路、M392 路、M424 路公交车经停站包括龙华汽车站——那里有龙华区另一个规模较大的人力市场，还有数路公交车，如 E37 路、

图 2-1 住宿楼下摆着一块价位板，由住宿青年根据自身需求选择，2～6 楼均为住宿区

M173 路、M212 路等，连接着地铁 1 号线、4 号线、5 号线等地铁线，M233 路、M534 路、M424 路公交车连接着部分工业区，为外来务工人员来三和提供便利。

无论是从龙华汽车站直接过来，还是在其他市场找不到合适工作的青年都能搭乘着公交车汇聚三和。只见三四个青年提着行李吃力地走下公交车，四处张望，在寻找着什么。这时，四五个招揽房客的小旅馆老板拿着招牌迅速跑到青年身边，每人迎上一个青年，仔细介绍着住房类型：“住宿吗？有单间有床位，15 块钱一天，有 Wi-Fi 上网。单间 30、35 的都有，还有电视。”看青年人不搭理，又说道：“不想住床位，有单间，配独立卫生间。”旅馆老板拿的牌子上标注了租房的三大标准：床位 15 元；标准间分别为 25 元、30 元、35 元，并配有热水器、电风扇、彩电；豪华房分别为 35 元、40 元、50 元，并配有热水、风扇、彩电、独立卫生间。有的小旅馆还有 60 元的双人间，这肯定不是给三和青年准备的，因为这些人全是男性，根本不会去住双人间。

旅馆老板介绍着不同价位的住宿环境，任由新来的青年挑选。大多数时候，提着行李的青年瞥了一眼之后摇摇头表示不住，加快步伐继续向人力市场走去，也有些青年会停住脚步看一下招牌上的价格，眼睛眨了一眨表示思考，最终还是委婉地拒绝了："我先去找工作，等会儿再说。"小老板们见怪不怪，毫不迟疑地迅速转向其他人，又做着重复的介绍，但此刻正值找工作的高峰期，鲜有人关注住宿。刚来三和的人都把找工作看作一件不太难的事情，都以为自己很快就会离开人力市场。

小老板们忙碌了一阵之后没有招到房客，根据他们的经验，在人力公司外聚集了前来找工作和部分从外面做临时工或日结回来的三和青年，这部分人住宿的可能性更大，所以他们在一拨新来的青年离开后，立刻把"战线"转移到招聘市场。

即使在人力市场内招揽住客也是充满竞争的，小老板们在人群中穿梭"物色"青年，"住宿吗？单间床位"，见到背包的青年就重复这句话。只有一位老大爷在一张小藤椅上悠闲地坐着，脚下放着招揽住客的招牌，见到有青年背着行李提着包走过，他拿起招牌晃晃以询问青年是否住宿。老大爷并不多费口舌，有曾经在他那里住宿的三和青年说现在他的床位少，能招到就好，招不到也无所谓。

为了招满小旅馆所设的单间和床位，小老板们几乎都是全家齐出动。除了看店的人之外，通常父母亲负责在公交站台招人，儿女负责在市场内招人，在自己住宿的楼下也摆放着招牌。他们的“战线”还延伸到住宿区楼下的小巷子内。在三和市场背后的城中村的小巷子里，各个小旅馆之间因为存在竞争关系，不能在地域上逾越，只能在自己所出租房子的楼下招揽住客，更不能打乱住宿市场价格，只能按照单间的不同配置适当调整价格。

在三和市场，相对正规的住宿地点有多处，三和青年口中一般把住宿区划分为南区和北区。所谓的南区和北区之间隔着一条双车道，道路南边称为南区，道路北边称为北区，都是城中村。其中，北区是距离三和市场最近的住宿区，也是三和青年选择最多的地方，大约有50栋楼对外出租，每栋楼通常有5～10层。每栋楼的房东早已离开

图2–2 房间经房东改造之后的布局，仅有两条通道，其他为单间和床位

三和了，负责出租和管事的一般都是二房东，即旅馆小老板，他们对房间进行不同用途的改造，以迎合务工者不同层次的需求。

除了南区和北区，还有不太为人所知的老三和也是住宿选择比较多的地方。老三和是最初三和市场的所在地，随着三和市场搬到现在的位置，老三和人气有所下降，住宿的价格与之前相比没有太大变化，却较少有人去。三和青年通常都会说老三和的住宿条件和环境比南区和北区好，但是真正去住的人并不多。

此外，在距离三和市场相对较远的天鸿商场和大浪工业区附近也有一些住宿的地方，由于距离三和较远，尽管在价格上有一定优惠，有超低价的 10 元床位和 8 元地铺，可是环境相对较差，一间不足 12 平方米的房间能挤 10 个人，人均居住面积仅 1 平方米左右。天鸿商场和大浪工业区旅店的小老板们为了招揽房客，也会到三和市场拉人，见人就发一张卡片，上面注明了床位 8 元、10 元，有 Wi-Fi，提供电风扇、热水器、饮用水。然而还是很少有人去住。

三和青年偏爱南、北区住宿，不仅因为这里距离三和市场近，找工作方便，更主要的是日结工作需要“抢”，住宿较远会错过日结；晚上做日结回来，住宿也更加方便，尤其是一般包来回的日结都会把人直接送回三和市场。另外一个原因是三和南区和北区的配套设施是最便利、最便宜的。网吧就是一大项，三和南区和北区共有近 30 家网吧，如果按照小时计费是每小时 1.5 元，晚间 8 元即可包夜。各种商店和餐饮小店都较晚打烊，买水、喝酒都方便。再加上三和市场人气最旺，众多青年聚在一起，有共同的生活处境，有共同语言。毕竟人是聚群性动物，喜欢热闹的场所，所以他们偏爱住在南区和北区。

第二节　二房东

无论是南区还是北区，在三和，只要有住宿的楼层就有一种特别的景观：外墙上挂着一张高六七十厘米、宽四十厘米左右的硬模板或硬纸板，展示出住宿的标准和价位。门口总有一位悠闲的妇女或是大叔坐在凳子上，手里玩着手机，身上挎着装有笔和住宿收据的包。他们在聊天说笑的间隙，向来往的青年搭话："小伙子住宿吗？单间床位都有。"不管晴天雨天，他们都像忠实的老狗一样守在自己的楼栋下面，这些人就是经营小旅店的二房东。

图 2-3 不足 10 平方米的房间内放了 4 张上下铺，每个床位每晚 15 元，并无富余空间放置个人物品

二房东大多数是较早一批来深圳的务工者，或是儿女已定居深圳，来这里帮助孩子照看家庭的老人。他们大多来自河南、湖南、江西等省份，而真正的房东是深圳土著居民，大多已定居香港。二房东与原房东签订合同，在2008年、2009年以每月千余元的价格租下整层楼（每层建筑面积均约120平方米），有的二房东甚至租了几个楼层。

三和市场兴起之初，二房东们就意识到此地存在潜在的住宿需求，开始装修改造，根据不同档次的消费需求设置床位和单间。早期的床位5元一晚，那时还没有太多的三和青年聚集，二房东每天必须到三和市场拉人，甚至比人力市场工作人员到得更早。即使如此，早些年入住率还是很低，几乎无法赢利。随着其他人力资源公司入驻，找工作的人随之增多，住宿需求越来越大，入住率不断提升，床位价格也水涨船高，从5元涨到6元。由于客源流动得太快，二房东还是难以获得稳定的长期租户，还是得早早去市场拉人。

慢慢地，三和的人气起来了，各种配套设施都有了。来找工作的、住宿的青年越来越多，床位从6元涨到8元，又涨到10元、12元一晚，二房东们已不需要早早起床去拉人，逍遥自在地成为三和为数不多的“有闲阶级”。当然，原房东看到三和的兴旺也会修改合同，提高房租（现为每月3000余元），可是羊毛出在羊身上，床位价格已上调至15元一晚，装了空调的房间更要20元一晚。

干的时间长了，二房东们也总结出三和青年的住宿规律。有一些长租的租客，住宿时间长达一两年，逢年过节也是待在床位上；临时租客在周末住宿的人数最多，有时一床难求；周一退房的人较多，可是到了晚上基本上可以重新住满，因为有很多青年计划进厂工作，由于体检或是面试不过关只能搭人力公司的车回三和，这就需要住宿一晚甚至更久。所谓的临时租客（无论是床位还是单间），其实只有一部分是真正的临时租客，其中大多是熟悉的人，只是住宿的时间不连续。久而久之，相互熟悉了之后，有三和青年会在微信上提前一两天请二房东为自己留一间房，二房东打扫卫生的时候也会询问熟悉的三和青年是否续住。有时候三和青年进入挂逼状态，手头没钱了也可以缓几天交房租，顶多是让青年从单间换到床位，很少看到二房东赶走住宿的熟客，毕竟每一个熟客背后都是一份稳定的房租来源。

每年过年后，是三和单间最为紧张、供不应求的时间段，因为刚来三和找工作的人身上或多或少有一些从老家带来的钱，都喜欢选择单间。经过一段时间找工作失败之后，兜里余钱不多了，慢慢就换成了床位。对于二房东来说，无论是单间还是床位，保证每天住房满员是他们追求的利益最大化，只有这样才可以赚取更多利润。根据二房东推算，一层楼面的租价是每月 3000 余元，每层设置 16 个床位、四五间 35 元的单间、两三间 30 元的单间和一间 20 元的单间。扣除给原房东的租金，每层楼每月净收入约万元，如果能租赁几层楼，每月净收入可达三四万元。二房东的任务是在住客较少的情况下招人，每天打扫两次房间，拖地、清扫卫生间和楼道里的垃圾。每次清扫退租的房间，只不过是把最脏的枕套换掉，把放在床上的被单和毯子叠好，很少会每次都更换清洗，即便是油腻腻的床单被罩也视而不见，或许二房东心里觉得这般油腻腻的状况也算对得起这个价格。

当然，情况还在变化，或许三和未来的住宿状况会改变。一些原房东已经与某地产集团签订租约合同，由该集团负责装修并支付每月每层 3600 元的租赁费，与二房东的合同到期后不再续签。一位二房东抱怨，地产集团把每层房间装修成六间单间，还装有空调，每间每月租金为 1800 元，这个价格不仅是二房东难以承受的，对于三和青年来讲更是可望而不可即。未来住宿条件的变化势必影响三和青年的选择。

第三节　床位与单间

“有床位吗？”有青年询问二房东。“有床位，15 元一晚，要住吗？”二房东抬眼看了看他，回答道。“床位住了几个人？有卫生间吗？可以洗澡洗衣服吗？在几楼？”青年抛出一连串问题询问各种细节，显然，这是新来的。“看你想住几人间，有四人间、八人间，还有大厅。放心，里面都有摄像头，没人偷东西。有行李吗？住的话就给你开个床位，拿身份证登记一下。”二房东保持着极大的耐心。“可以，给我开一个床位吧。”青年掏出身份证交给房东。房东拿着票据做着登记，写有住房者的身份证号、Wi-Fi 的用户名和密码，还有入住时间、期限以及房租和押金。“如果退房的话，拿着这张收据在我这里退房就行。”二房东说着把收据递给青年，“你先过来一下，这里公安系统还要登记一下，照张相。好了，上去吧，在三楼。”这是最常见的流程，即便是最破落的小旅馆，也需要有一套登记的流程。新来的青年运气不错，在第一家就找到了住宿的床位，在三和的小旅馆里，周一到周五比较容易租到房间和床位。如果是在周末，情况就会发生变化，因为周末招工的少，退房的也少，有时要问好几家才可以找到合适房间。

进入小旅馆，未见其床位，先闻其气味，一股脚臭夹杂着汗臭，再混合上厕所里的尿臊味扑面而来。如果第一次进入小旅馆，闻到这味道足以让你泛起一阵干呕。“老板娘，你上来一下，我不知道哪个床位没人。”青年透过窗户喊着。待老板娘走上楼去，新来的青年都会忍不住抱怨：“老板娘，你这房间味道也太重了吧！”“我每天都会打扫，还喷药和空气清新剂，有些叼毛住久了，也不洗澡，给他们说要注意卫生，你可以住靠近窗户的床。”

新来的青年提着行李进入多人合住的大房间，迎面就是一个摄像头，旁边角落里还安装了一个，空间布局像是穿越到了 20 世纪 90 年代的大通铺，不足 30 平方米的大厅里摆了 4 张上下铺，还有一张用几个大凳子搭成的简易床。床位上杂乱地放着各种衣服，几瓶喝了一半的矿泉水随意地放在地上，电插板放在床上给手机充着电。床上当然少不了躺着睡觉的青年，都是光着膀子下身仅穿一条裤衩。见老板娘过来，他们没有丝毫躲避的意思，或许是早已习惯。老板娘也见怪不怪。“我看一下记录，你就睡上铺吧，上铺没人，下铺不知道还住不住。”老板娘把青年安置好，扭头就沿着窄窄的楼梯一溜小跑，仿佛这里是

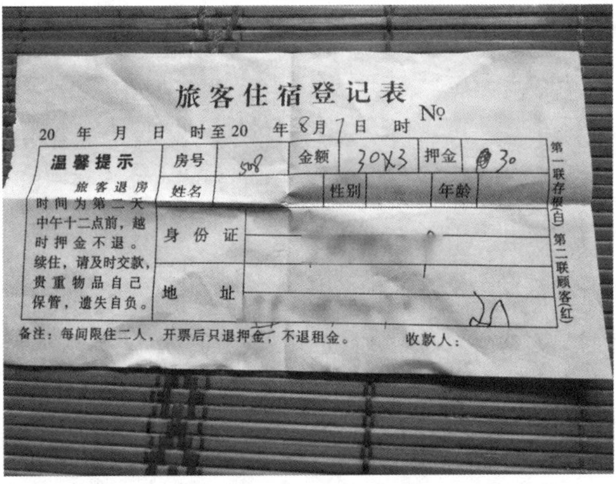

图 2–4 小旅馆的旅客住宿登记表

人间地狱似的逃窜而去。

没睡觉的青年都在拿着手机看视频、玩游戏，大概这也是他们在小旅馆唯一能享受的娱乐活动。听到有人进来，有人稍稍抬抬头望一下，换个姿势又侧身躺下。一丝凉风吹来，头顶上忽悠悠地转着一台摇头扇，显然这台风扇对闷热的床位和房间而言只是杯水车薪，三和青年们倒是早已习惯，毕竟这是要花钱的，好好躺着享受才是硬道理。新来的青年登上上铺床位，将叠好的毯子张开抖落一下，可以看到灰尘在斜射进来的阳光下飞舞，靠近闻一下有一种说不上来的味道，足以让人联想："不知多少人盖过都没洗，很难让它贴近自己的身体。"发霉发黑的床架、硬硬的床板、黏糊糊的席子、呜呜叫的风扇，身上湿漉漉的汗水，想躺下来休息，一定会出现各种怪异的感觉。

为了逃脱怪异的感觉和房间里的闷热，新来的青年都会快速扔下行李，窜到公共卫生间冲凉。公共卫生间是一间两三平方米的隔断间，有一个蹲式便坑和一个滴滴答答往下滴水的喷头，角落里放了一个纸篓，还有两个既可以用来洗衣服，又可以用来冲厕所的水桶，当然少不了的是一股令人作呕的气味。新来的青年为了保护自己的一点隐私，洗澡和上厕所时要把门闩上，门闩已坏，只有一根铁条穿过门把手充当简易的门闩。真正的三和青年是不会插门的，大大咧咧地敞着门是因为他们知道，小旅馆里除了老板娘见不到异性。

想先冲凉再睡觉并非易事，那么多人共用一个卫生间，一般都需要等一段时间。新来的青年都会规规矩矩地排队，好不容易等到，很快就会洗完，因为只有凉水，受不了凉水洗澡只能用最快的速度、最简单的方式冲一下。冲完凉，新来的青年就会陷入无尽的寂寞，虽然大房间里横七竖八躺着人，却鲜有人说话聊天，都是各自躺在床板上玩手机，或看各种类型的小说，或玩各式各样的游戏，或刷最流行的视频，相互间甚至连最简单的眼神交流都没有。几乎所有青年都侧着身子睡觉，以保护自己仅有的“财产”，还会把手机装到内侧的裤兜里，穿着裤子睡觉。夜半，迷迷糊糊快睡着了，隐约感觉身上发痒，八成是虫子所为，有蚂蚁在床上爬，蟑螂肆无忌惮地乱窜，藏在门板缝里的臭虫也出来活动，还有嗡嗡叫的蚊子。

在大房间里闷着睡不着，待久了或许想要去阳台透透风，就会发现原本一个很大的阳台已经被老板充分利用，阳台中间用木板一隔两断，里面一侧做了一间简易的“单间”。这是三和最便宜的单间，一般 20 元一晚，仅能放下一张 1.7 米长、五六十厘米宽的木板当床，只

图 2-5 床板是硬木板，已经发黑并生有臭虫

能睡下一个人，拖鞋都需要放到门口，还有一台小型台扇侧挂在墙上，慢悠悠地转着。与此相似的还有一种“棺材房”，也仅能容下一人，打开门才能把脚伸直，价格也是20元一晚。阳台的另一侧则挂满了衣服，想要把头露出去不太可能，最多也就是站在衣服中间向窗外张望两眼，窗户外面除了裸露的砖墙，恐怕也看不到什么，反而让人感觉到沉重的压迫感。偶尔对面楼上一闪一亮的红点，是同样睡不着的青年在抽烟，在寂寥的夜里，那更像是在问自己路在何方。

“单间好点，可以放包。带阳台的可以自己晾晒衣服，要是晒在公共阳台上会有人偷的。”二房东经常对新来的三和青年们说。确实，如果是刚住进小旅馆的青年，与大房间里的其他人还不熟悉，很容易被偷。有个三和青年说：“就带了一双鞋，本来打算去干活的时候穿，晚上回去的时候发现没有了，一双鞋也不值得去找房东调监控。”在大房间里丢失财物是再正常不过的事情，如果是长期租客，住在一起，工作在一起，偷盗事件就会减少。

在塞满床铺的大房间旁边还有六间单间，因为空间大小和配置不一样，价位也不同，有配有独立卫生间的，有配有小阳台的，共同点是所有单间都很有“良心”地开着一扇小窗，还有可以摇头的台式风扇，头顶上有一盏发出微黄光亮的顶灯捆绑在裸露的电线外面，待久了会出现灯光在风扇转动下一闪一闪的错觉。

刚到三和的青年一般都受不了这样的环境，打算第二天换一家小旅馆或者换一个单间。“单间有30的吗？”“有，要吗？还带一个阳台，带独立卫生间的要35、40、50的都有。”“开一间30的吧。”房东熟练地重复着流程，待全部手续完成之后交给青年一把钥匙。“在508，从这边上去。”进门之后，难闻的气味少了不少，也不见大通铺的景观，映入眼帘的是一个个排列好的“小盒子”，120 平方米左右的楼层被二房东改造成十几个大小不同的单床房和双床房。余下的空间仅剩一条不足一米宽的通往阳台和房间的通道，通道上还装有 24 小时监控摄像头。仔细观察会发现，这一层楼里本来有两个厕所，其中一个被改成了单间，墙上还留着水管管线，地上也有蹲坑的痕迹。还有把厨房改造成单间的，进去之后明显可以闻到油垢的味道。一张挂起的旧床单挡住了进入阳台的门，老鼠可以在阳台上自由穿梭，不注意观察会有一种恐惧感。就是这样的“厕所房”和“厨房房”，在人多的时候可以开到 40 元一晚，人少时 35 元一晚。如果没有阳台，但在房间内多一个仅能蹲下一个人的卫生间，也至少需要支付 35 元才可入住。如果想要更舒服一点的，可以选择 50 元一晚的单间，不仅空间较大，还有席梦思床垫和一台液晶电视，并配有独立卫生间。可见，小旅店的老板很贴心地设置这么多种类的房间，是为了迎合不同层次青年在不同状况下的不同住宿需求，而需求由钱包里的票子决定。

第四节　席梦思与睡大街

在住宿的选择上，初到三和的青年和待了一段时间的青年是有所差别的。刚到三和的青年都倾向于住单间。

“还有床位吗？”

“没有了。有一个单间，刚退的房，要住吗？50 的。”

“有 30 的吗？”

“没有了。”

初到三和的青年站了一会儿，又带着行李继续走向巷子深处，寻找便宜的单间，见到有打着招牌的就上前询问。刚从外地来三和找工作的青年首选一般都是单间，实在没有单间才会迫不得已地住床位，因为他们都带着行李，害怕随身财物被盗，毕竟防人之心不可无。

在三和混迹一段时间后，首选变成了床位，毕竟处于挂逼状态的三和青年基本上身无分文，行李早不知丢到哪里去了。除非下狠心出去做了十天半个月的临时工作并赚到钱，才会回来租一个单间，这既是来到三和不同类型青年的差异化选择，也是二房东根据青年需求设置不同类型、不同价位房间的原因。有人曾好奇地问二房东："深圳夏天这么热，有没有空调房？""空调房不赚钱，安装了空调房价最少要

图 2–6 35 元一晚的单间有一台老式电视机，但只是一种摆设，不能使用

80。出来打工谁想住一晚就花80，都没人住。有一家还设置了几间空调房，现在都用锁锁上了，按照普通单间出租。”二房东们并不是盲目设置房间类型和价格，而是迎合市场需求，其实能有一张席梦思就足以成为三和青年挂在嘴边的谈资了。

“我刚来的时候都是住50块钱一天的单间，有席梦思床睡着舒服，打算待几天找到工作就走。过去几个月了，自己变懒都不想离开了，现在有钱就住一两天床位，没钱就在外面凑合一宿。要不就找晚上的日结，第二天回来还可以在海新里面睡觉。”这是一个三和青年讲述的住宿经历。初到三和是为了找工作，带着梦想去睡席梦思。经过一段时间的挫折之后意志消磨殆尽，只能勉强生活，就降低了各种消费支出标准，其中住宿是开支的大项之一，有钱的时候住30元一晚的单间，没钱睡大街都无所谓。

对于大部分三和青年而言，住宿并不是生活的必需，当外出闯荡的梦想随着席梦思一起远离生活现实，住宿标准只会随着境况的改变而改变。时常有青年之前住40元的单间，因一直没有找到合适的工作，钱花得差不多了，只能去住20元的单间。“天天都睡大街啊？”“有钱谁睡大街啊，这不是挂逼了吗！要不你借我20块钱住个床位，再吃碗挂逼面。”在三和，没钱没身份证就睡大街是再普遍不过的事。“这几天没见你，出去干活了吗？”“出去了，连续干了四天，三天都没怎么睡觉，困得要死。刚在网吧睡了一下午，该死的老板还没打钱过来，我拿到钱就租一个床位，洗洗澡换换衣服。”为了避免浪费钱，三和青年出去工作时会先退掉房间或床位，做完日结回来继续住。

对于二房东来说，他们最清楚身边每一个青年的情况。“有的人已经住了一年多，没钱交房租就先欠几天，等出去干活回来再补。因为住的时间长，也认识了，可以宽限几天。但是要欠得多了，不用你去赶，他们都偷偷跑掉了，所以不会让他们欠钱超过5天。”三和青年选择了一家小旅馆之后几乎不会再换，除非出现特殊情况，他们与二房东之间存在着一种“默契”。对于多数三和青年而言，断顿和拖欠房租都是常事。二房东对于欠钱青年的态度很简单：只要三和青年别在自己地盘做出格的事，如偷盗、打架并被逮到，通常都不会被驱赶。

二房东不驱逐欠钱的青年还有几个小心思：一是赶走了人还要费功夫再招，空一天就浪费一天的成本；二是担心闹出纠纷，要是三和青年出去说他们的坏话，一传十、十传百，就很少有人来住宿了。有人谈及一家小旅馆就说：“那栋楼里死了人，我之前就住在那里，感觉恐怖就离开了，还欠老板几天房钱，老板也不要了，只是说不让我出去说这里死过人。”这种话显然无从考证真假，但传言死过人的小旅馆显然人人忌讳，生意明显比别家差。

第五节　收房租

二房东为了招揽住户，每天都收拾房间，但仅限大房间的床位和小旅馆的公共场所，大房间里的地板通常都能保持干净。最勤快的二房东每天收拾两三次，清理垃圾桶，把地板拖干净。为了吸引住户多住几天，二房东对于租客多是有求必应，有时还主动询问青年是否需要换床单、枕套，更多的时候是三和青年主动要求。

“老板娘，昨天晚上都没睡好，床上臭虫太多。我想换换床位，还有其他的吗？”“你住的是哪一间？等会儿我帮你清理清理。”不到10

分钟，二房东带着灭杀蚊虫的喷药上楼来，麻利地掀起床板，拿到外面用脏兮兮的扫把上下清扫几遍，接着喷上雾状的杀虫药，又进屋把床下的垃圾清干净。

租客缺少东西也可以向二房东要。“老板，你们还有衣架吗？晾衣服没有衣架了！”“等会儿啊，应该还有很多，不敢拿出来，怕有人走的时候都带走了。”不到一分钟，二房东就拿着五六个不同颜色、不同材质的衣架上来了。“老板娘,我不习惯盖白床单,可以换一条吗？”“可以，明天我拿过来直接放你床上，都是家里洗衣机洗过的。”尽管面对一群随时可能食不果腹、露宿街头的三和青年，二房东还是殷勤地尽可能满足任何一个合理要求，当然在房租上也毫不含糊。每天晚上打扫房间的时候，二房东都是拿着记录本挨个核对是否有该交房租的青年，逐个核对的另一个目的是避免外来的青年偷偷住到里面，因为有些三和青年会趁着天黑溜到房间里躲着，看到床铺躺下就睡，一大早再悄悄起床离开。毕竟二房东们并不在旅馆里面住，他们居住在三和之外的楼房里，收完房租之后也很少上来查看。

在三和通常是收房租，而不是交房租。收房租是房东前来告诉青年租的床位或单间到期了，该交房租了；交房租是青年自己找到房东询问所住的床位或单间是否到期了。晚上 10 点半，“咚咚咚”，一阵轻缓的敲门声响起。“在房间里吗？今天该交房租了！”二房东询问着。不一会儿，门开了。“可以微信给你吗？”“可以。”接着，二房东的手机响起“微信收款 50 元”的提示音，很明显，青年交了两天的房租。二房东到塞满床位的大房间一个号一个号地核对，用手轻轻地推着床板，睡在床板上的青年翻过身来眯着眼看着二房东，二房东微笑着提醒，床位到期了，还有昨天的没交，总共 30 元。青年把背包的拉链拉开，拿出几张零钱，自己先数了一下，凑齐30元递给二房东。另一个青年问："可以用花呗吧？支付宝里没钱了，只能借花呗。"接着用花呗付了一天的房租。

在收房租的时候也会出现冲突，有些青年并不承认自己所住的单间或床位到期了，按照房东的话来说是"耍无赖"。"我们骗你那十几块钱干什么呢，我也知道你们不容易，真的没钱交可以缓一两天，出去干个活都可以。但是非要说我们讹你的钱，现在你就走！今天的房钱不要了！我们这里也不让你住了！"面对气势汹汹的二房东，三和青年无奈地把头转向另一边，接着拿手机看视频，嘟囔道："明天再给你吧。"通常，二房东也不会较真，他们知道，遇到这样真没钱的，怎么威逼都没用，什么也不说就转向下一个人。

虽然三和青年通常都会固定在某一个小旅馆常住，但很少有长租的，按照二房东的话说，"每天都去收，他们住了一两年的也是一次只交一两天的钱。""一次性交一个月的，有优惠吗？""那就等于是租房了，肯定有优惠。按天交就是每月450元，一下交一个月的，400元就行。"虽然有优惠，三和青年也不会选择一次性交一个月的房租。"要是一下能拿出400块钱，我早就离开了。再说一下交一个月的房租，人会更懒，天天待在床位上就好了。"

在三和住宿前都要按照房间的价格交一定的押金，中午12点之前退房，过了12点就要从押金里扣房费，这时就会产生矛盾。对于三和青年来说，即便是最少的房费——15元，也是极其宝贵的，他们生活在房价每平方米以数万元计的深圳，但生活费还得按元来计算。中午刚过12点，就有三和青年对二房东说："老板，那个床位实在太脏了，凉席黏糊糊的，刚躺了一会儿就被咬了几个疙瘩。不想住了，退我房

图 2-7 1 平方米的卫生间需要解决十几个人的如厕、洗漱问题

钱吧！”“按照规定是不退房钱的。”“但是床位太脏了，睡不了啊！看在老乡的分上退了房费可以吗？现在也不影响你再找别人。”“真的不能退，只能给你换一套新的凉席和枕头，这凉席都用热水泡过，枕头也是刚洗的。”“那好吧，换一下吧！我们还是老乡，看到招牌上写着‘湖南住宿’才到你这边住的。”

三和青年选择住宿也有自己的圈子，有认识的人住在某一家小旅馆，便会跟着选择这家；而刚来三和的青年为了寻找一定的安全感，就会选择属于同一省份的二房东。有时候，看在老乡的情面上，住宿时也不需要查验身份证，这对于那些卖了身份证还想住宿的青年是个不错的选择。但是没有一家小旅馆会摆出不要身份证的招牌，需要自己悄悄询问二房东，因为按照政府规定，旅馆住宿必须登记身份信息。

三和青年会选择自己的圈子，二房东也会选择自己的圈子。前面提到二房东招揽租客的范围只能是在自己所属的楼下，或是到三和市场和公交站台，是因为不同圈子之间存在利益竞争关系。同一个圈子的二房东可以在住房资源和租客资源上共享，“我这里没床位了，我问一下其他地方还有吗，稍微等一会儿……嫂子，你们那里还有单间吗？要一间单间。”“有，有，我在楼上打扫卫生不方便下去。你在你那里开好，让他上来就行。”简单的一个招呼，相互有亲属关系的二房东在客户资源上实现了共享。

第六节　免费的住宿

在三和还存在着另外一种特殊的、不要钱的“住宿”方式：睡大街和“免费”住宿场所。“免费”住宿场所包括三和附近的肯德基、网咖、弓村（城中村）KTV 和三和里面的网吧。睡大街则分布在“海新大酒店”“会海大酒店”（弓村）、巷子内台阶上、巷子尽头的娱乐设施旁。睡在肯德基和网咖的三和青年都不会有任何消费行为，只是找一个稍舒服的地方睡觉。睡在三和网吧就需要花钱开台电脑，玩累了就顺势趴在桌子上或是蜷缩在椅子上睡觉。仅有极少数人选择在距离三和市场大概 500 米的弓村 KTV 睡觉，因为混进 KTV 睡觉的可能性较小，他们必须等到消费者离开之后才能混进去，且极有可能遭到管理者的驱赶。一些生存压力较大的青年甚至在 KTV 游荡的同时顺手牵羊，遭到消费者的投诉后，KTV 管理者进一步加大了对非消费者的驱赶。真正没钱的三和青年多选择“海新大酒店”和“会海大酒店”。住“海新大酒店”就是在海心新人才市场的走廊下睡觉，住“会海大酒店”则是聚集在距三和人才市场大概500米远的会海广场，在其附近居民休闲区的长凳或石台阶上睡觉。

虽说是睡大街，但“床位”往往供不应求，晚上9点多，就开始陆续有人占位置，虽然还没到睡觉时间，却已有人坐在那里了，就是担心再晚过来就抢不到一“席”之地。他们更喜欢睡在“海新大酒店”，因为这里距离三和市场最近，最方便早上抢日结。可想而知，免费“住宿”的生活境况意味着他们真的已经身无分文，日结是唯一可以继续生存的出路。睡在“海新大酒店”还有一个好处是可以玩到很晚，接着直接躺下睡觉，尽管这里无论白天还是晚上都常有人来回走动，比较吵闹。在“海新大酒店”睡觉，如果不做任何防护，早上起来衣服会很脏，一些“爱干净”的青年会选择相对干净一点的“会海大酒店”。“会海大酒店”所在的弓村公园白天是供市民休闲娱乐的场所，一些木椅能保持干净，还有用来保护观赏树木的、用砖块砌成的0.6米高的砖墙，也比较干净。“会海大酒店”的坏处是没有房檐，不能挡雨。“晚上下雨了怎么办呢？”“下雨再说，再找地方。”遇到雨天，睡“会海大酒店”的人也有解决办法。弓村公园地下是停车场，公园内设置了两个上下楼梯围成的圆圈，上面有房顶可以防水，人可以躲到里面避雨，但睡觉就没那么舒服了。

三和青年都有强大的生存技能，总能找到容身之处，甚至连一些身上有些钱的人也会选择免费的住宿。这些人有自己的解释：“床位都有几百人睡过，你敢睡啊？”“总比睡在外面好吧？”“连续下几天大雨，实在没地方睡觉再租床位。”

除了第二天要抢日结的三和青年外，一些热衷打牌的青年也会睡在“大酒店”。偶尔也会遇到未能进厂被送回来的外来找工作的青年，天色已经很晚了，找不到便宜床位，只好在“大酒店”凑合一晚，第二天继续碰运气找工作。到了晚上 11 点，聊天的、赌博的、刚被送回来的青年们纷纷准备睡觉，在各个人力公司门前横七竖八地躺着，一块仅 5 米长、0.4 米宽的台阶上就能躺下 3 个人。有的青年没有任何装备，直接躺在地上，用拖鞋当枕头；有的青年还能躺直了，胳膊垫在头下；还有的人只能蜷缩着。

“叼毛，从哪里拿的纸片？”“从哪里拿？自己花一块钱买的！”可以在小商店买一张刚够一人躺下的纸片（纸片其实是用常见的大纸

图 2–8 三和青年在“海新大酒店”休息

箱剪成的。为避免纸箱占用空间，商家将它们拆剪成若干片放到门外，等待回收换钱。对于经常睡大街的人来讲，一片片拆剪好的纸箱是露天睡觉的最好“装备”。由于要花钱买，三和青年购买的数量很少，只能以片计算，故称“纸片”），或是到巷子里某家超市门前捡纸片。“这样睡觉就不潮了，这几天睡在外面都感觉非常不舒服，衣服不脏明天就可以去做日结。”一个青年拿着纸片在“海新大酒店”寻找可以睡觉的地方，可是这里都被占满了。一眼看到兰聘人力公司门前还有一块空地，他赶紧跑过去，展开纸片，平躺在上面睡起觉来。旁边的青年可能是受不了地上的潮气，打坐似的靠在墙边睡觉，东倒西歪地不时醒来。“谁要凉席，5 元一张。”一位老太婆拎着几张破凉席大声叫卖，却无人问津，兜里要有 5 块钱，就不用睡“大酒店”了。三和青年还害怕浪费，“睡一觉明天工作了，凉席放到哪儿？”因而最多就是拿纸片铺垫。

深夜 1 点，三和青年大多进入深度睡眠状态，原本躺在整整齐齐划分的地块上，现在横七竖八躺着，大多蜷缩着身体。因为晚上稍凉，特别是下雨天凉气加湿气更加难受，大家都会不自觉地蜷缩起身体，保持一点温度。

睡在巷子里的人更不好过。他们要等小商店关门之后躺在门前，那里屋檐较窄，下雨时只能站在屋檐下避雨，待雨停之后，用手擦擦地板上滴落的雨水，继续躺下睡觉。能够忍耐巷子里睡觉的三和青年已经属于“大神”级别，并不在乎外在的事物。睡在弓村公园的三和青年也有“大神”级别的，都是直接躺在石台上，不用任何“装备”铺垫。由于石台稍高，晚上睡觉的时候翻个身就会滚落到地上，他们只是揉揉眼、爬起身，继续躺回石台上。

睡在外面的人大多囊空如洗，唯一的财物可能就是一张身份证或一个手机，充其量还有出去做日结后拿到手的当日工资，但这并不意味着没有小偷“关照”。“老板，你们的摄像头可以拍到这里的图像吗？昨天睡觉的时候手机被偷了，还把手机放到头下面这样都被偷！”“那天我刚买了一瓶水放在那里，就到外面撒尿，回来时水就没了。”“一晚上都没睡着，一会儿醒一下，一会儿醒一下，就怕身份证被偷，放到内衣里面都害怕。”你经常可以听到睡“大酒店”的三和青年吐槽被偷。反而是那些真正不名一文的“三和大神”在睡“大酒店”时显得很自然，或许是因为早已习惯。

如何保护这些虽然不值钱，却十分重要的财物呢？有的人把钱放到鞋垫下面，要买东西的时候得脱掉鞋、从里面掏钱，而他们睡觉时从不脱鞋。三和青年各有不同的方法保护财物，但道高一尺魔高一丈，小偷的手法也是多样的。有一个青年把钱放在内衣里，小偷看见了，晚上把他的衣服全部剪掉，把钱偷走。只要露财，必定会引起身边人的注意，在三和，谁也不知道谁是小偷，反正大家都穷得底儿掉，偷也只是一种谋生手段。

深圳的冬天并不像北方的冬天那样冷入肌骨，但凉风吹到脸上、身上也有丝丝寒意。冬天住“大酒店”是最为难熬的，有经验的三和青年都会存有“装备”——一床脏兮兮的毛毯，冬天就可以找一个避风的地方睡觉而不至于被冻醒。对于那些没有任何装备的青年来说，只能多穿点衣服躺在地板上蜷缩着身体，忍受寒冷和风吹雨打，忍不住就只能做日结、住小旅馆，在熬过冬天的寒冷之后还是会继续睡“大酒店”，这是三和青年选择的生活方式。

如果说“日结”为三和各方提供了必要的经济基础，那么廉价的居住方式则从根本上固化了三和的空间特征。这一空间特征在以往研究中，若以居住者经济状况共性描述，有人称之为“贫民窟”；若以其城市化发展进程所处阶段描述，有人称之为“城中村”；若以其与中心城区的空间隔离、社会隔离、心理隔离状态描述，有人称之为“城市飞地”。近来，有研究者开始正视其存在的合理性和积极意义，如道格·桑德斯就将其称为“落脚城市”，认为这是外来人口融入城市的跳板，这些人也促进了下一拨乡村人口的迁移；更为重要的是，“落脚城市”揭示了这类地区（包括空间及居住其中的人）的动态与过渡性的角色，而非简单的固定实体。[①]“落脚”既为所在城市提供了源源不断的劳动力和消费者，同时也为务工群体创造了阶层流动的可能性。它体现了城市包容性与社会阶层弹性的有机统一，是城市活力的来源之一。

但值得注意的是，三和及三和青年之所以被关注，不是因其作为“落脚城市”所表现出的社会阶层弹性，相反却是那些年轻人沉溺于城市边缘和社会底层，甚至是生存极限的自我麻痹的“大神”状态。在舆论的描述中，这里没有道格·桑德斯走访深圳时所发现的：“在每一栋素面的水泥方块建筑里，都可以听到同样的故事：从外地搬迁而来，努力奋斗，供养家人，认真储蓄，规划未来，仔细盘算自己的每一步。”[②]

究竟是舆论的猎奇心理妖魔化了三和及三和青年的形象，还是三

① ［加拿大］道格·桑德斯著，陈信宏译：《落脚城市：最后的人类大迁移与我们的未来》，上海译文出版社，2012 年，第 15—16 页。

②同上书，第 6 页。

和如同道格·桑德斯所言：“落脚城市具有筛选作用，它把最出色的人留在了城市，其余的人最终只能返回乡村。”[①]

有所不同的是，这里的“其余的人”没有返回乡村，而是留在了三和。

① ［加拿大］道格·桑德斯著，陈信宏译：《落脚城市：最后的人类大迁移与我们的未来》，上海译文出版社，2012年，第33页。

第三章　三和青年活动及地点

第一节　彩票店

早上9点，热闹的人群中总会出现一个穿着拖鞋、背着书包，穿过人群径直走到“中国体育彩票”门前的男人，他熟练地打开门锁，三和青年称为“挂逼点”的彩票店就开门了。三和的彩票店与其他地方的没有显著不同，但这里寄托着三和青年的“希望”，或许还是某一个运气爆棚的三和青年“翻身”的最佳选择。几乎所有的三和青年都梦想着有一天运气会如期而至，中一个大奖，之后就可以不再继续挂逼，能够自主地享受生活。

“希望”的大门刚打开，十几个三和青年走进去，抢到凳子坐定，没有抢到凳子的青年或半倚着柜台而站，或坐到歪歪扭扭的桌子上，还有的靠墙蹲着。无论是站着、坐着还是蹲着，对于买彩票的青年来讲，最好的位置是显示屏前，不仅可以看清每期彩票的走势，还可以在时间紧迫时以最快的速度买到彩票。对于那些不买彩票只想坐定休息的人，空调下和桌子旁是不错的位置，前者有清凉的空调风吹着，后者可以趴着打盹休息。

“彩民朋友们，本次销售结束，马上开奖。”随着每天第一期彩票

图 3–1 彩票店是三和青年梦想发财、翻身的地方，也是彻底挂逼的地方

开奖，店里人群分布格局基本稳定，“彩民”的一天自此开始。

彩票店里有一台空调，却不够拥挤的人群共享清凉，不得不再加一台马力强劲的电风扇，让凉气散播得远些。店里散乱地摆着九张凳子，还有三张钉在墙上的长桌。柜台前面有三台电脑显示器，上面有提示“如果用电脑需要和老板说”，主机和其他设备被锁起来，但电脑几乎从未被使用过，因为三和青年买彩票主要靠感觉，并不依赖电脑获取信息。店里还有一台大的液晶显示屏，可以看到每一期彩票结果的数字变化，完全替代了电脑的查询功能。彩票店里张贴着一张手写的、不太工整的毛笔字横幅——“你有多少胆量就有多少财富”，这条横幅“激励”着三和青年，也被他们用来互相调侃，不敢买彩票的青年往往被讥笑为胆小鬼。房顶下面悬挂着一台液晶电视，实时报道每一期开奖情况。老板悠闲地坐在柜台里，看着电脑小说，耐心等待彩民买彩票。柜台里是一个相对独立的空间，用不锈钢制作的隔离窗仅留有两个窗口供相互交流，或许这也是彩票店里唯一能够划分身份和地位的空间隔离。显示屏正前方是千姿百态的三和青年，或坐或站或蹲，还有的人斜着身子盯着显示屏。人多的时候，后面的青年只能透过人群的缝隙看向显示屏，完全可以用“目不转睛”来形容他们。有人说难得见他们这么认真，这话虽然带有一丝嘲讽，却再现了三和青年对“生活”和“幸运”的期盼，毕竟每一次开奖对手里拿着彩票的青年而言都是一次翻身的机会，当然，绝大多数时候开奖结果都只带给他们翻身未遂的失望。

有彩票购买经历的人都不会盲目地乱猜数字，而是有一定的流程和判断，当然这不是按照概率推算的，主要还是跟着感觉走。“这把肯定开5，应该买2、5、6。”一个青年盯着显示屏，用手指着每一期开出的数字，认真做着各种自认为科学的分析。每两期彩票间有8分半钟的时间间隔，最初的一两分钟，人们大多默不作声，心里暗暗计算着出奖的规律，有的嘴里还念念有词，不知道是在懊悔上一期的判断失误，还是祈福下一期幸运来临。

接着，开始有人讨论彩票数字的变化。有自己壮胆的：“这一把应该会开6，前几期都没出来6，应该还会有7，这把应该买5、6、7、10、11。对，应该这样买。”有推算概率的：“9、10、11，中间隔了五六次才出来一次，这次还是这些出现的可能性大。”还有赌运气的：“上把买的4、5、6，他妈的，开出来3、4、6，这把还买4、5、6，我就不信中不了。”在相互交流和讨论了一小段时间之后，就有下定决心的三和青年起身走到柜台边，向坐在里面的老板报数字。

第一个买彩票的容易成为大家关注的对象，一拿到刚打印出来的热乎乎的彩票，就有人凑过来："叼毛，我看看你买了哪几个数字？""你又不买，看我的干吗？不给看！"说着就把纸片装进自己的裤兜。三和青年一般不愿意把自己买的数字告诉别人，仿佛给别人看彩票会带走好运。但真实的情况一方面是为了避免没猜中的尴尬，开奖之后没中也有自己的一套说法，以挽回仅有的"脸面"；另一方面可能就是万一猜中了，避免让别人知道自己中了很多钱。"距本次销售截止还有1分钟。"随着提示音响起，蠢蠢欲动的三和青年从屏幕前的各个位置起身聚到柜台前，还时不时回头观看显示屏上的数字，仿佛还在寻找什么天机，带着一丝犹豫，也带着一丝希望。其实，买彩票的每一块钱都有可能是他们牺牲的午饭钱，或者晚上的床位钱。"距本次销售截止还有30秒。"聚集到柜台前的三和青年才争先恐后地让老板打出号码："老板，先帮我打一个×××。""老板，再帮我打一张×××。"

"本期销售结束，马上开奖。"三和青年昂头注视着显示屏，期待着能开出他们选中的数字，从眼神和身体表现中可以感受到他们此刻的紧张心情。每一个数字出来的时候，都会有一些人先看看手中的彩票然后紧紧地握在手心里，呆滞的表情和眼神流露出种种不甘，走到一旁倚靠着墙壁呆呆地站着或蹲着，显然是为没有猜中而感到失落。有人高声地喊着："6、6，好！再开个3，他妈的，挂逼了。"说着把彩票撕得粉碎，愤愤离开。有的人不愿放弃自己的选择，期待着最后的结果，目光又转向显示屏，待五个号码全部开出，再慢慢核对手上的号码。买得比较多的人，会像小学生写作业一样，认真核对每一组号码，缓缓地扔一张、扔一张，又扔一张，很明显一组都没中，但他只是默默关注手里的号码，又默默离开，或再次把眼睛转向显示屏凝视。

每一期彩票结果确定之后，都会有人用手指着显示屏上的数字说："看这几期的变化应该买6的，我都看准了肯定开6。唉，没买可惜了！"这是典型的马后炮，他或许只是想挽回面子，但只能得到周围人的嘲笑。更有发言权的是在一旁只看不买的青年，他们分析得更加头头是道："我说了吧，这期肯定开11，开了吧！不听我的，吃亏了吧！""又猜中了，可惜没买！"没买的原因显而易见，是兜里面连买张彩票的钱都拿不出，而周围还能买得起彩票的三和青年只是轻蔑地瞥了他一眼，嘴唇微微活动，仿佛在咒骂着。不知道是骂运气不好，还是骂身边喋喋不休却又身无分文的挂逼青年晦气。

彩票店内有各色彩票，分为刮刮乐、广东11选5和体育项目彩票几类。刮刮乐按照售价可分为三大类14种，价格10～30元，都放在玻璃柜子的展板上，和老板指明即可购买，老板会拿出一部分让你抽取。待刮开刮奖覆盖区，按照刮刮乐中奖的标准，可以自行用手机扫描二维码，所得金额就会转到微信上。没有手机的可以请老板帮忙扫描，中奖的话可以直接拿彩票从老板手里换取现金。由于刮刮乐的价格相对于11选5要贵，再加上是完全碰运气的事，中大奖的概率微乎其微，所以很少有人买。三和青年根本不关注刮刮乐，从外面来的青年偶尔会刮几张，但大多选择较便宜的品种。曾经有一个人买了20张"中国红"，一次就花去400元，四五个人围着看他紧张地刮开刮奖覆盖区，一张又一张刮刮乐被直接丢在地上，待全部刮开，带奖的仅有七八张，中奖金额最高的仅为30元。"运气怎么样，中了多少？""彻底挂逼了，赔了200多！"说完，青年头也不回地离开彩票店，走向寄存行李的商店拿出行李，消失在人群中。

"一下买这么多，真是有钱人！""这次亏得不少，要做几天日结了。"

刚才围观的人们议论着，言语中带有一丝嘲笑与惋惜。他们对于体育项目彩票和刮刮乐不感冒，存在以下几个方面的原因。一是经济条件的限制，他们经济水平较低，买彩票既有赌博的意图又存在着娱乐的享受，这些都使得他们很少触及刮刮乐等较贵的彩票类型，大概是希望能够细水长流。二是风险因素的影响，既想赚钱又要考虑不中的损失，体育项目彩票和刮刮乐中奖概率低，完全处于碰运气的状态，毕竟“任选”还可以关注和分析每一期的变化，价格相对低廉，是寻求刺激的好选择。三是掌握的信息有限，他们对于体育比赛和运动员的情况了解不多，很难估计出合理的比赛结果。四是操作程序，在考虑到前几方面的原因之后，“任选”相对于其他类型操作简单，只要说出自己选中的号码即可。五是群体影响，聚集在彩票店内购买彩票的青年讨论话题多为“任选”，青年之间可以相互学习经验，也可以以此作为吹牛的谈资。

广东 11 选 5 是一种在线即开型彩票，每天上午 9 点开第一期，晚上 11 点开最后一期，每 10 分钟开奖一次，每天 84 期，投注区号码范围为 01 ～ 11，每期开出五个中奖号码。11 选 5 的玩法为竞猜 5 位开奖号码的全部或部分号码，投注方式多达 12 种，即任选 1 ～ 8 个号码及前二直选等 4 种组合玩法。单注奖金少则几元，多则上千元。

观察散落在地上的彩票，就能看出三和青年偏爱 11 选 5 中的任三、任四、任五几类，选择任三的较多。为什么他们偏爱或执着于这些类型呢？

第一，这几种类型的彩票可以推算概率，让人感觉中奖是一个技术活，增加了自我存在感。彩票店内设置了显示屏，通过显示屏可以观察每期的号码变化，根据观察分析选择本期准备投注的号码，在这样的情况下可以增加中奖概率。11 选 5 相对于刮刮乐等其他类型，并不是完全靠运气的事情，并且其他类型的彩票可供分析的信息太少，从某种程度上增加了风险。“跟你们说了，不听老人言吃亏在眼前，我要是有钱就买了。”其中不乏“马后炮”的意味，但可以从侧面说明分析每期数字变化能够增加中奖率。

在彩票店内还可以看见一个“怪人”，在他人激情洋溢地讨论着选号或者相互吹牛的时候，他坐在凳子上，默默地用本子记录号码的变化，本子上布满密密麻麻的数字。他在做着分析。“那个叼毛盲目地买肯定中不了，”这个因为买彩票常年挂逼的青年说，“有规律的，我买了很多，有时能猜中，有时就输得很惨。”

第二，价格低廉。从彩票价格来看，11 选 5 是最经济的类型，每注仅 2 元，如果加注，奖金相应翻倍。这对于那些想要通过购买彩票“上岸”的人最为划算。但买彩票所包含的赌博心态也在一定程度上加剧了他们的挂逼程度，有青年曾这样说：“就剩几元钱了，就这一把，赢了就去吃饭，输了就去找日结。”把命运押在彩票上，成功上岸的概率显然不高。

第三，容易理解，获益较多。11 选 5 可分析的信息简单，风险、价格、收益都很明确。购买任三、任四、任五的人比较多，从彩票店的地板上和桌子上随意捡起一张彩票，会发现三个号码的最多，甚至一张彩票上有数组号码。号码还具有一定规律，如“345”“456”“789”等，说明购买者以碰运气的方式购买。因为有人在买彩票时并不知晓具体规则，只是看到其他人中奖的时候才理解其中的意思，故而购买的彩票类型也局限于大家都买的类型。

仔细看看墙壁上贴的中奖条件，你找不到三和青年所说的那样清晰的信息，也就是说他们大多根本不理解中奖规则，只是很多人都购买同一种类型，讨论的也是此种类型，自己也就随波逐流。此外，他们没有经济能力，不敢尝试挑战新鲜事物也是一个原因。

在三和还有另外几家彩票店，为什么他们喜欢待在这一家，而不选择其他的环境比较好的店呢？在离三和彩票店 100 米的地方，也有一家福利彩票店，既可以用电脑，又有沙发坐，还有空调，但是他们很少过去。福利彩票的类型和购买方式等都比体育彩票更为复杂，价格也更昂贵；并且在挂逼点之外的彩票店内有严格的规定，不允许吸烟、随地吐痰和乱扔垃圾，更不允许在里面休息、睡觉等。三和的体育彩票店则几乎没有限制，甚至还承担着更多功能，它除了发挥着让三和青年买彩票赌运气的作用外，还兼顾提供休息、娱乐和吹牛场所的功能。

上午 9 点彩票店开门时，找工作的青年正紧锣密鼓地寻找着岗位信息，对于一些晚睡晚起的人来讲时间尚早，彩票店里并未聚集太多的人。在门口等待抢座的青年多是早上没抢到日结的，有一些兜里还有点余钱，根本就没想出去做日结，就是冲着买彩票或寻找热闹场所凑热闹、吹牛来的。偶尔还会遇到工作了一夜的人，他们回来之后不愿意为睡觉花钱，把彩票店当成了休息与娱乐的场所。

日上三竿，睡了一上午的三和青年也都起床了，到三和市场转转是他们的“例行公事”。早起找工作的青年也结束了上午的寻觅，闲着没事干的人多了起来，除了在人力公司看电影之外，剩下的青年都会想着：“不如到彩票店逛逛，碰碰运气，听听挂逼仔吹牛。”相对于室外动一动出身汗的环境，彩票店里有空调和风扇，能给燥热的身体带来一丝凉意，越来越多的青年就聚集到彩票店，有时不足 20 平方米的店里会聚集 30 余人。中午是三和青年买彩票最集中的时间，也是彩票店

图 3–2 彩票店里的三和青年

最热闹的时候。

“走了，走了，挂逼了，一把没中，剩几块钱吃饭。”一些做完夜间日结回来的人本想在彩票店歇歇，抱着玩一玩的态度买了几期，之后一发不可收拾。“他妈的，买五个数字中三个，买三个中两个，就差一个号码！”最终的结果多半是夜里辛苦赚来的日结工资从早上玩到中午就所剩无几。很多时候，不是把仅剩的几元钱拿去买饭，而是买彩票，输光再去做日结。“反正就剩两块钱了，赌一把，运气好今天就不用做日结了。”这是他们共同的想法，因为他们不到身无分文一般不会出去工作，彩票店则成了助推他们落入挂逼状态的场所，当然某种意义上也带着一些微弱的希望。

希望，往往只是运气而已。他们闲聊的时候常说：“我在彩票店看见过一个叼毛一下中了几百。”买彩票是生活中重要的谈资，买彩票的想法也就在三和青年中广泛传播，那些从没接触过彩票的青年听闻其他人中奖的传言，也总想着天上掉馅饼的好事落在自己头上，所以几乎每个人都会来试试运气。“我也不懂怎么买，一开始就到老板那里叫了五个号码，就中了两个号码。”试水彩票的人看到失望的结果，免不了自怨自艾，承受着不安和心痛，还遭到周围人的嘲讽：“你又不懂得买，赔了那么多，还是到外面坐着吧。”偶尔也会听到一些安慰和鼓励：“谁一开始就中啊？又没赔多少，再买几把可能就中了。”

当一个人幡然悔悟，发出“这就是赌博，越来越上瘾，再买真挂逼了，现在生活标准都降下来了”的感慨时，也只是发泄着兜里一毛钱不剩的愤懑。难道他真的会放弃靠两元钱发财的梦想吗？不会的，有时候能够看到赚了点钱的人连续几天出没在彩票店，还主动跟周围人说已经玩了三天，语气中带着盛气凌人的骄傲，但是这种骄傲最终并不能实现发财的梦想，只是令其更快地挂逼。那些曾经看到他骄傲模样的人会回过头来冷嘲热讽。

按照前面列出的不同彩票类型和中奖金额，购买者翻身的可能性实际上微乎其微，因为即便中奖，其金额并不足以改变命运，他们内心深处的期望只能是一种奢望。“19 元整、90 元整……”有人兑奖时，机器会发出让人羡慕的悦耳声音。正在买彩票的青年扭过头看着兑奖的青年：“叼毛，这一次中了这么多，顶一天的日结了。”只见兑奖者爱搭不理地慢慢数好钱，目不斜视地转过身，继续回到显示屏前关注那一排排跳动的数字。接下来的几期，他都没再出手，或许在积累着运气，毕竟中奖基本上是运气使然。过了一段时间，中奖青年到外面的小商店里买瓶可乐，回到彩票店里靠着墙蹲下休息，盘算着是继续买，还是就此收手，吃顿大餐。思量了一会儿，他又回到柜台，开始了新一轮冒险。

关于中大奖有很多传言，尽管不知道中奖的事情是真是假，却足以在彩票店里传播两三天，足见三和青年对于中奖的渴望。而所谓的中大奖，是以日结工资和一天的消费额为参照，只要中奖数额能达到一天或几天的日结工资水平，就算是非常幸运的大奖。如果中的不多，只有几十块钱，他们都会先到小商店买瓶水或是其他东西，犒劳一下自己。“我能中 50 块钱都可以，就可以喝瓶酒吃份快餐，中一两千就发大财了。”可见，他们改变命运的欲望低到了极限，在长时间的挂逼状态下，买彩票、赌运气只要能见到“回头钱”就心满意足，他们并不奢求中几百万彻底翻身：“中几百万怎么可能？都不要想这些。”

时间转到下午，若是晴天，彩票店里的人便会明显增多，不过主要是来睡觉的，真正买彩票的却少了。因为空间有限，店里能睡觉的地方很少，好一些的能够坐在凳子上、趴在桌子上睡，差一点的就只能躺在 1 米多长、不足 0.3 米宽的石阶上蜷缩着身体，或坐在台阶上靠着墙壁张着嘴打盹。最不济的直接席地而睡。对彩票店的老板和常客而言，这些状态都已经习以为常，不会引起太多关注，毕竟跳动的数字牵动着每一个没有睡意的人的心。

在店里可以随地丢垃圾甚至是西瓜皮，虽然张贴了“不准吸烟”的条幅，却绝对不会有人出来制止吸烟的人，满地都是瓜子皮、烟屁股、彩票碎片。彩票店不愧为吹牛、侃大山的好去处，既有炎炎夏日稀缺的凉爽，又有毫无拘束的空间，不要钱的空调尤其是三和青年能够获得的为数不多的免费享受。

午睡醒来，已在上午拼光本钱的青年开始侃侃而谈，漫无边际地聊天，有的人聊的是日结工作中遇到的故事，有的人聊着三和新近发生的事。聊天没有任何固定的主题，有时甚至没有任何逻辑，就是吹牛。彩票店老板对于三和青年做什么、聊什么并不关心。只要不做出格的事情，不影响其他人买彩票，彩票店老板是不会把身无分文的人赶出去的，毕竟这些人都是他的主顾。但老板的态度极其冷漠，很少与他们交流，偶尔有人想向老板借东西，基本都无功而返。

三和青年对彩票店的态度有一些依赖，这是他们娱乐、交流和期盼着实现梦想的地方，但也有着难以言明的憎恨和厌恶。有一次，彩票店被盗，在警察调查取证的过程中，很多三和青年围过来看热闹。“这就是黑店，不知道赚了多少钱了，被偷了，该！应该给他封了！”把正规彩票店看成“黑店”，足以表达他们对彩票店的复杂心情。实施盗窃的据说也是三和青年，旁边寄存行李的老板说，见到有叼毛进到里面的巷子，就没见到他再出来，还听到有响动。但是事不关己，每个人都是冷漠地对待周围人，既然没有损害自身利益，就睁只眼闭只眼，不去管闲事。

晚上七八点钟，刚做完日结回来的青年还可以在彩票店逗留一段时间，但是仅有小部分人是专门跑来买彩票的。由于此时的三和还有很多人在为了生存积极寻找和咨询日结的事情，几乎没有闲暇时间坐下聊天，所以刚日结工作回来的人只得寻找无所事事的挂逼仔攀谈，而彩票店为他们提供了这样的空间。他们齐聚彩票店，分享“故事”，消遣时光。晚上 8 点之后，随着招日结的人员退去，三和热闹的夜生活开始了，三和青年也纷纷走出彩票店。

在这段时间内，既可以逛逛“电子一条街”，又可以多人聚在一起调侃、吹牛，在彩票店休息一天的青年也纷纷走出去，此时的彩票店变得冷清。但是，如果晚上遇到下雨天，彩票店是一个非常好的避雨处，定会爆满，特别是一些“无家可归者”，只有彩票店可以暂时“收留”他们。

晚上 10 点之后，三和青年已经开始寻找睡觉的地方，此时的彩票店很少有人关注，没有了小团体环境的影响，很少有人再买彩票。晚上 11 点，随着顾客的离去，彩票店老板开始归置座椅、清扫地面。被随手丢弃的烟头、彩票以及各种生活垃圾，足足装满了放在店里的一个垃圾桶（其实是一只不大不小的破旧水桶）。看着厚厚的彩票被倒进外面的垃圾桶，不由得使人感慨多少人的发财梦破灭，多少人又因彩票挂逼，甚至走向真正的“大神”。

图 3–3 彩票店被盗，协警在调查，三和青年纷纷围观

其实所有人都清楚，买彩票不是发财或翻身的有效路径，用三和的话来说，“买彩票只能让自己更快点挂逼”。但几乎所有人都难以逃避彩票的诱惑。事实上，大多数聚集在彩票店的青年最初只是好奇，想玩一玩、找点刺激，到最后都发展到痴迷的地步。从好奇到情不自禁，最后到难以自拔，直至彻底挂逼才幡然醒悟，大多为时已晚。甚至有些人彻底把买彩票看作生活中不可或缺的一部分，只要有钱就第一时间去彩票店，直到掏光身上最后一元钱。

第二节　网吧

走在三和的小巷子里，随处可见敞开大门的网吧，大堂里数十台电脑前坐满了头戴耳机、光着膀子的青年。站在门口，混合着汗臭、脚臭、烟味和泡面味道的气味扑面而来，这是三和网吧特有的味道。

网吧也是三和青年娱乐的地方。三和汇集了众多小旅馆的巷子里，星罗棋布地分布着规模不同的网吧，在三和北区有 26 家，南区有 23 家，每家网吧的电脑数量一般为 30 ～ 50 台。每台电脑都配置了较新型号的处理器、液晶大屏、头戴式耳机、超高速宽带，无论是打游戏、看电影，还是聊天、听音乐，功能基本一应俱全。尽管电脑的配置不错，但大多数网吧内空间狭小，只要能摆下电脑的地方都要充分利用，一般不足 60 平方米的网吧里就能放置超过 30 台电脑，卫生间仅约 1 平方米。条件好一些的网吧装了数台大小不同的空调，凉爽很多。这些足够凉爽的网吧每天都会被三和青年早早坐满，没抢到位置的人不得不选择条件差一些的网吧忍耐炎热。条件差一些的网吧为了省钱，通常只有一台空调，全靠五六台摇头电风扇和几台吊扇 24 小时不停运转，带动空气流通，根本无法驱散电脑散发的热量，人人汗流浃背，这也是网吧处处都黏糊糊的原因。

网吧的卫生条件不容乐观，座椅上原本淡黄色的竹垫和靠垫发出黝黑的光泽，夸张点说已经挂了包浆，不知道曾经有多少很少洗澡的人在此座位上坐过。拿起鼠标会感受到一种油乎乎的东西沾到手上，耳机边缘也有黑色痕迹，贴在耳朵上非常难受，极少数比较讲究的人会在耳机上放一张纸，以避免耳机直接接触皮肤。在炎热的夏季，人员密集必定令空气不流通，各种气味混杂，一般人是难以坚持 10 分钟以上的，三和青年对此却有足够的免疫力，因为相对于三和区域外网

图 3–4 网吧里的三和青年

咖的价格而言，他们能支付得起的只剩下颇有味道的网吧。

为了保障安全，每一家网吧都会在柱子上和墙壁角落里安装五六台摄像头，但这样也避免不了偷盗事件的发生。网吧里本身人员混杂，又是对外开放的，人来人去，难以控制。尤其是深夜，网吧里的青年昏昏欲睡或者蜷缩在椅子上打盹时，就会有人偷摸地把能看见且能带走的东西顺走。尽管有经验的人在网吧睡觉时会把包放到胸前或压在屁股底下,但也避免不了财物的丢失。网吧的摄像头几乎就是一种摆设，因为网管不会过问丢失财物的事情。即使报警，丢失的财物也根本达不到立案金额,所以几乎每家网吧墙壁上都会贴着“注意保管自身财物，丢失后果自负”的提示语。

说起三和网吧的缘起，它们并非是随着人力市场的搬迁而来，而是由于聚集的三和青年和前来找工作的青年数量增加，二房东们为了多赚钱，根据青年人的喜好和需求投资开办的。从网吧营业执照上可以看到，绝大部分网吧是在2013年注册的，但资深的三和青年说网吧已存在9年时间，2013年之前网吧并没有营业执照，也没有规范的监管，上网时可以随意观看各种视频，当时的三和青年称其为“黑网吧”“挂逼网吧”。现在，管理严格了很多，不仅需要营业执照，还控制上网内容。

由于生意火爆，网吧也逐渐从一两家发展到如今的近50家，最新开的网吧就是2017年8月投资营业的，据说投了几十万元。但传言似乎不可信，因为三和网吧上网的费用极低。上网费用在几年内仅从每小时1元微涨到每小时1.5元,开通宵（晚11点至次日早7点）仅8元，还有开新会员充30元送20元的优惠。扣除房租、电费、人工等费用，网吧的利润相当有限，究竟会有多少二房东投资几十万开网吧，恐怕真的是一个疑问。

晚上 11 点，一些人准备在网吧开通宵，开启自己的虚拟娱乐生活或静静地蜷缩在椅子上休息。把身份证交给网管，网管把身份证放在鼠标旁边的身份证感应器上，青年自觉地站在电脑前面或坐在电脑前的椅子上拍摄头像，以匹配身份信息。匹配信息的目的是避免上网者冒用他人身份证，网吧时常遇到警务人员不定时的巡查，如果核查出身份信息与本人不相符的上网者,网吧老板将面临处罚。核对信息通过，此时电脑界面上弹出上网时间选择窗口,网管熟练地找到“通宵”选项，而青年则熟练地从口袋里掏出 8 元钱。

网吧上网需要用注册账号，在登录界面输入身份证号码和密码即可。而对于身份证尚未注册账号的青年，如果想要上网，还需要提交身份证号码和手机号码，注册成功后手机将接收到登录密码。如果自己不修改，登录密码是不变的。很少看到有谁修改密码，可能这个密码对于他们而言似乎也没什么意义。

完成规定的流程后，开通宵的青年四处观察哪儿还有空位置。因为晚上需要睡觉，为了避免其他人来回出入影响休息，他们通常都喜欢先寻找靠里的位置。由于网吧被电脑塞得满满的，每个人移动都不太方便，坐在靠近门口的人到卫生间，或者到里面的电脑桌前，都需要侧着身子穿过一排排歪歪斜斜的座椅。早已习惯拥挤的他们动作熟练地挪动座椅，有时候为了不影响旁人而收缩躯体，侧着身勉强从缝隙中挤进去，打开电脑，戴上耳机，用身份证和手机密码登录。

登录后，20 多个网络和单机游戏规律地分布在页面上，他们移动鼠标快速打开某个网络枪战游戏，等待着匹配“房间”和“战友”。游戏开始后，人们把注意力全部集中在电脑屏幕上，完全沉浸在自己的世界中，双手操纵着键盘和鼠标，目不转睛地盯着屏幕，嘴里不时爆出几句“他妈的，怎么打的，会不会打”。显示器旁放着一盒烟和一瓶饮料，或是一瓶挂逼大水，这就是上网的配置，再多的需求恐怕也不是他们消费得起的。

网吧通宵时间人数最多，有时一座难求。三和青年喜欢开通宵的原因主要是网吧既能玩，又能睡觉，而且确实便宜。也就是说，网吧不仅发挥着娱乐功能，还可以替代床位或单间的休息功能。尤其是一些热衷于网络游戏和热闹场合的三和青年，夜里更愿意选择网吧，他们说：“床位有很多臭虫睡不安稳，住在一起的都不说话，打游戏网速慢，又不能开外音，没有气氛。”

其实网吧也有很多臭虫，也睡不安稳，却能够让他们“享受”到网吧设备和娱乐氛围，也可以节省一部分钱。甚至有一些人彻底把网吧当作住所，吃住全在网吧里。他们不用出网吧就可以点到餐，尤其是在晚上和每一顿的饭点，卖食物的老板都穿梭在网吧里。“炒粉、炒面，快餐，有要的吗？”卖食物的老板手里拿着笔和本，记录下订餐青年的电脑号和所点食物，很快做好之后就能送到他们的座位上。到了深夜，还可以选择在网吧里买一盒泡面，他们在热浪和汗臭中尽享食物、游戏、网络直播和电影带来的欢乐。

有时候，在网吧外面还可以看到晾晒的衣服，因为一些三和青年会把背包存放在网吧，这样就可以在网吧的厕所里洗澡、换衣服。网吧厕所里通常都放着一个水桶，可以用来清洗衣服，衣服洗完就晾在网吧的沿街的窗户外，这样网吧不仅能玩、能吃、能睡，还承担着住所的功能。当然，网吧会有一定限制，大多数青年在网吧里并不能获得家庭般的“礼遇”，那就只能“平常就睡在网吧，衣服实在脏得不行就出去开房换洗”。开通宵的还有一部分是外出日结、夜里才回来的人，由于回来时已经过了1点，小旅馆已经关门或者床位已满，为了不露宿街头，兜里又有几个钱，他们也会选择到网吧开通宵。

深夜来临，网吧里逐渐变得安静，大约每天2点之后，网吧里随处可见“葛优躺”。因为天气炎热脱掉上衣的人把衣服搭在肩膀上，或者放到键盘上，横七竖八地躺着。当然，椅子的空间是有限的，有的人把整个身体蜷缩在椅子上面，依然头戴耳机，电脑上仍然开着视频，耳机里还有声音，说明他们是在极度困倦中不知不觉地进入梦乡。仍有一部分人在“奋斗”，实在困得受不了就不自觉地闭眼眯一会儿，惊醒后用手扶正耳机，继续玩游戏或看视频。有部分青年整夜都在玩游戏，面容僵硬、毫无表情，长时间没有休息的眼睛布满血丝。从不断观察的结果看，开通宵的人有近70%在玩网络游戏和单机游戏，有近20%在看影视视频，还有近10%在看网络直播和网络小说。

早上5点，网吧里会出现第一波骚动，为了赶日结匆匆离开的三和青年为了能走出网吧，不得不推开拦在狭窄通道上的座椅，惊醒了还在沉睡的人。还在上网的青年听到动静，用鼠标点开时间看一下，揉揉发红的眼睛，熬夜、困倦和难受的坐姿带来的麻木让他们没能完全清醒过来。他们扭头看一眼离开的人，拿下耳机，用力地打着哈欠伸着懒腰，之后迟钝地推开座椅穿过狭小的过道走向厕所。因为没有牙刷和毛巾，早起赶日结的人只能用手接着凉水简单地抹一把脸，之后在网吧门口站一会儿，清醒一下，再确定去三和市场的方向和路线，然后穿过小巷子摇摇晃晃走到三和市场。早点过去就可以找到好工作，也可以早点下工。时间定格在早上6点，网吧里的青年陆续醒来，网吧内再次热闹起来，他们在门口相互拍着肩膀一起走向人力市场。

这个时间三和市场内人头攒动，从网吧出来的第二拨三和青年对比着各种日结的好坏。每年8月下旬，随着学生工的离开，深圳工厂和其他岗位的工作开始出现缺人的状况，会有更多的厂子来拉人，就不需要再争抢日结，而是比较工资、距离、时间、待遇和伙伴的去留等因素再做决定。在日结工作比较好找的时候，三和青年离开网吧的时间会延后，离开网吧时也不再一路小跑，而是慢慢悠悠地穿过巷子。

早上7点左右，在网吧待了一夜的青年都醒了。一是因为通宵的时间已到，继续待下去要再交钱；二是因为相当多的人还得出去找工作、吃早餐。很快，网吧里少了近一半人。还有些青年在几次骚动中醒来，却没有离开，而是用手抹抹脸、揉揉眼，继续“娱乐工作”。一会儿就有人从外面回来，手里拿着豆浆和饼，“今天的日结都不能做，太累了，工钱又少”，顺势把身份证交给网管，重复着之前的操作流程。其实吃早餐并不是他们离开网吧的理由，因为不出网吧也可以享用早餐。“早餐啦，早餐啦，有大饼！”一个中年男人拖着一个大泡沫盒子，里面装满了刚烙的大饼，穿梭在小巷里的各个网吧。“给我两个饼，有豆浆吗？”“没有豆浆，只有饼。”卖饼者从泡沫盒子里拿出两个饼递过来，青年接过饼，又从网吧买了瓶水，这样也是一顿早餐。

8点多钟，人力市场内招早上日结的都已结束，那些没抢到合适日结的人就会回到网吧。也有一部分刚做完夜间日结的人来到网吧，开了电脑、脱掉上衣、戴上耳机，躺在椅子上呼呼大睡，网吧再次发挥着休息场所的功能。对工作了一晚上的人来说，去小旅馆租单间床位，还不如在网吧休息。一些兜里“不差钱”的三和青年在小旅馆睡醒了，睁开眼躺在床上无聊，也就到网吧里玩游戏、看视频，一玩就是一天，累了就眯会儿，晚上有钱就继续回小旅馆睡觉，没钱就去做日结。

网管的主要工作是在网吧里开机、收钱，也负责打扫卫生。每天早上网吧地面上都会铺满一层垃圾，网吧外面的垃圾桶里也扔满了餐盒。每天都有三和青年在网吧里完成所有生活事项，听说曾有人创下一星期不踏出网吧一步的纪录。每天早上，网管就要拿着扫把清扫夜里的垃圾，在清扫过程中，为了不打扰睡觉或是玩游戏的三和青年，通常不会要求他们离开座位，而是自己低下身子，把桌椅下的垃圾扫出来。网管每天要熬夜到很晚，只有在没人来的时候才可以休息一下，一些网管就是小旅馆的二房东，也有嫌累从外面招专职网管的。专职网管每月可以领微薄的固定工资。有时候还会遇到临时找来的网管，就是在做日结的三和青年，当网管可比做其他日结舒服多了，但做这种日结的机会并不是每天都有。早 9 点到晚 9 点这个时段，待在网吧的三和青年数量相对稳定，很少出现座无虚席的情况。晚 6 点至晚 8 点，人会更少，一部分青年需要出去找夜间日结，还有一部分人要出去透透气，吃口饭。到了夜间日结招工结束，没找到合适工作的青年又回到网吧。等到晚上 11 点开通宵的时间，网吧又周而复始地拥挤起来。

三和青年去网吧多是为了摆脱在大都市生活的孤独感，无论是打游戏、看视频，还是做其他事，都希望能从网络上获得暂时的解脱和释放。在网络中，他们还有自己的幻想：有的人可以通过打游戏挣点钱，比如帮他人打游戏升级装备，也可以升级自己的游戏装备卖出去，他们就幻想哪一天打出一件稀世装备，卖个能够翻身的价钱。还有一些青年追求网络的虚拟世界，通过网络直播，他们不仅和美女主播互动，还会送礼物和红包，甚至一次打赏主播几十元，用自己都没来得及享受的日结工资在网络中刷存在感。个别痴迷于直播的青年，在网络直播中特别想与那些女性主播交流，即使花钱也不在乎，只要女性主播在直播时回应他，他内心就会非常兴奋，虽然明知道在现实生活中不可能与漂亮的女主播直接交往，却还是一如既往地从可怜的工资中拿出钱来打赏。即使被周围人骂作“傻 ×”，他们也乐此不疲，觉得在虚拟世界中享受到了现实世界中很难享受到的事物，那便是对快乐的体验。

第三节　电子一条街

晚上 6 点至 12 点，三和有一道亮丽的“风景线”——三和电子一条街。所谓的三和电子一条街，就是以兜售手机及配件为主的夜间黑市。白天在三和和海心新两大人力市场参与工厂招聘和日结招工的人流量数以万计，晚上在这周边晃荡的三和青年最多也可达三四百人，主要就集中在电子一条街。三和电子一条街在海心新人力市场附近 50 米的走廊下，那里通常会聚集 20 多家买卖手机、手表和各类电子产品的商家。

三和电子一条街的商家分为两种：一种是有固定摊位的，就是拿一块布或一块纸板在地上占一个半米见方的位置，摆上售卖的商品；另一种是流动的商家，大概有六七位，在三和电子一条街来回走动。之所以流动，是因为他们并没有需要展示的产品，其中四个专收微信号的青年更是不需要摊位。

摆摊的商家年龄偏大，不仅有在电子一条街摆摊十几年的女性，还有待了六七年的大叔，而流动商家则以年轻人为主。据在三和生活十几年并且曾做过手机买卖的一位中年大叔说，电子一条街之前只是几个卖手机的摊位，地点也并非在海心新人力市场边上，而是在附近河边一棵大榕树下。随着三和人力市场的形成和三和青年的不断聚集，经营场所也随之搬迁至人力市场，电子一条街的摊主数量不断增加，夜间黑市的生意有增无减。

下午 5 点半之后，电子一条街的摊主陆续前来，有背着包的，有提着编织袋的，有拉着破拉杆箱的。他们找到熟悉的固定位置，从其他地方捡来一张纸板铺在摊位上，从包里、袋里、箱子里拿出各种品牌的手机，多的有十几部，少的仅有一两部，还有各种型号的充电宝、充电线和充电插头等。很多摊位前都铺一张写有“高价回收手机”字样的纸牌，而所谓的高价不过是与三和青年日结工资相比。商家或席

图 3–5 深夜的三和电子一条街上，仍有青年走动

地而坐，或坐在自带的小凳上，面前除了手机之外，还摆放着一些不知道从哪里捡来或者收来的奇形怪状、残缺不全的物品，似乎什么东西都可以拿来卖。从摊主的行为和穿着可以看出，他们并不是专门贩卖商品的商贩，因为除了卖手机等小物品之外，还兼顾收手机，但无论做什么，利润都极其微薄，甚至不如做日结赚得多。摊主中有一位女性，她在买卖手机和充电宝等物件的时候，还时不时跑出去捡塑料瓶以补贴生活，不由得让人怀疑她卖的物品是不是白天从哪里捡的。有的摊主直接把包、袋子或者行李箱摊开在地面上，并不把售卖的东西拿出来，为的是遇到紧急情况时能迅速收起来，因为电子一条街不是正规的市场，有时会受到巡警的治理。

“收起来了，收起来了，这里不让摆，都配合一下，先收起来。”巡警路过时只是提醒摊主不要占用道路和非法经营，叫他们把东西收起来。据说以前是直接把商家的物品全部没收，现在不会像以前那样暴力执法了。一方面，三和电子一条街所售卖的商品实在不值钱，白送都不一定有人要；另一方面，现在网络非常发达，万一在执法过程中出了什么纰漏被传到网上，反而不好处理。因而，面对不配合管理的摊主，巡警会一直站在摊位前，让其他的三和青年不敢靠近，自然摊贩也就无法售卖东西。直到摊贩把售卖的物品收拾起来，起身假装离开，巡警们也借机走开，很少返回来再次巡查。

摊贩们在熟悉了巡警的套路后，面对巡警的要求非常配合，把所有东西收起来，等着巡警在人群中拍张照片离开，又迅速回到电子一条街，再次把所售卖的物品摆好，仿佛什么也没有发生过，三和电子一条街也继续热闹起来。电子一条街摊贩们所卖东西的来源始终是一个谜，一个可能的来源是从电子市场批发，比如可以从“华强北”（一个大型的电子产品售卖中心，不仅有新品，也有废弃的和二手的产品）拿货。一部坏手机成本只有十几块钱，甚至只有几块钱，新的数据线和充电头则更加便宜，仅需几毛钱至1元钱。而在三和售卖的价格远远超过批发的价格，一部手机的差价在几十元至几百元不等，一条数据线可以卖2～5元，但电子一条街价格弹性非常大，一切商品的价格都可以商量。

在三和所卖的手机几乎都是翻新过的，摊贩们拿了坏的手机之后可以自己简单处理，看起来像是新的。在电子一条街卖手机时间最长的一位女性摊主，她的丈夫就是在华强北修理手机的商家，有比较固定的进货渠道，但摊主并不会把手机的问题全部处理好，而是把没有坏掉的核心零部件换成次品，以降低成本。经过简单处理的手机可以上网、打电话等，使用一段时间之后就会出现各种各样的问题，三和青年称其为“炸弹机”。

另一个货源是在电子一条街收购的物品，就是从处于挂逼状态的三和青年手里购买旧手机，再卖给有需要且有钱的三和青年。那么什么样的挂逼青年会卖掉手机呢？有人喜欢买彩票，又喜欢喝酒、上网，花到没钱时不愿做日结或进工厂干活，就只能变卖财物。手机和身份证在三和青年眼里是具有比较高的保留价值的，前者能够帮助他们获取信息、联系他人及娱乐，后者则是进厂必不可少的前提。卖手机往往是迫不得已的选择，说明真的遇到了暂时难以化解的危机，这时挂逼的青年会主动找到卖手机的摊主，把手机以较低价格卖出去。

常见的还有一种来路不正的货源。“苹果儿，拿出来看看嘛，是要卖的吗？”只见几个摊主追着一个三和青年问。青年手里拿着一部手机，因为来路不正，不敢也不能拿到手机店卖个更高的价钱，因为现在到正规手机店卖手机都要发票，没发票的要登记身份信息。三和青年被追着问，似乎有摊主非常关注手机的来路，而他显然不肯说出真正来源："收手机就收手机，非要问从哪里得来的干吗？大家都明白。"这样一来，电子一条街的摊主就知道这部手机一定来路不正，可以把价格压得很低。

三和青年不想做日结和进工厂的时候，只能"动脑筋"从其他地方搞钱，偷东西就是其中的一种选择。他们不会说自己偷东西，经常把偷来的东西说成捡来的。电子一条街的存在，使偷来或"捡来"的手机始终有市场，他们并不担心来路不正的手机卖不出去，而那些收手机的摊贩也并不担心销路，因为一般在电子一条街买手机的人只在乎价格，不关心来路。在附近闲逛的三和青年买得起的都是功能不一定齐全、价格在200元以下的挂逼机，对于一些价格较高的高端手机，摊贩们可以伪造证明或是卖给合作商（修理手机的商店老板），并不会选择根本不具备购买能力的三和青年为售卖对象。

摆地摊的商家一般不会叫卖，看到有人过来翻看商品才会进一步解释；只有来回溜达的摊贩才叫卖，却并非盲目地喊叫，他们通常都瞄准特殊的群体，尤其是看起来已经挂逼的人。更多时候，是挂逼的青年主动卖手机："你收手机吗？我这里有一部，都是自己用的，现在挂逼了要卖掉，能给多少钱？""什么牌子？先拿出来看看。"很快，好几个无所事事的青年就围过来，看如何收手机。

摊贩收手机有比较固定的程序：首先是检查手机外观的破损程度和手机类型，是哪一年生产的，现在市场售价多少；然后再打开手机检查运行内存和存储空间；再拆开手机电池观察是否有拆动的痕迹，以免收到"炸弹机"；检查网络，看是否可以上网以及网速怎么样；插上可以正常使用的手机卡，试着打电话，看是否可以接通以及音量如何；最后是打开摄像功能，检查手机像素。完成上述步骤之后，摊贩才开始与三和青年商量价格，再有不放心的地方就拿到修理手机的地方用专用设备测试。“现在只能给你这个价格了，已经是最高的了，再高我就赔了。”收手机的摊主从网上搜到一张二手手机价格表给卖主看。“再加一点，都挂逼了，就剩这个手机了，过几天要进厂没钱，就卖个手机，但是这个价格太低了……不加钱就算了，我再找别人看看。”一来二去，交易就在相互试探中正式达成了。摊主拿出钱交给卖主，后者点清为数不多的钱，转身离开电子一条街，消失在小巷子中。卖手机的钱兴许能让他过几天不用做日结的日子。

收手机的摊贩还喜欢游走在电子一条街的人群中，撺掇三和青年卖手机，他们一边走，一边嚷着：“收一个手机自己用！有哪个兄弟卖手机？”一个青年在人群中来回转着，不停询问周围的人。这个青年被称为“戏子”，是三和买卖手机的典型代表。只有晚上才能见到他的踪影，高高胖胖的身材，每天都是一条宽松的短裤加一双趿拉趿拉响的拖鞋，背着一个鼓鼓囊囊的小书包，嘴里一直哼唱着歌曲。他说话声音尖，缺少阳刚之气，这可能就是被旁人称为“戏子”的原因。戏子喜欢在手里拿着一个不知道能不能用的手机，冲着身边的人脸上晃动，以示要买或卖手机。他没有固定摊位，以此方式吸引他人的注意。“戏子，过来看看这部手机值多少钱！”其他固定摊位的摊主叫道。

戏子长年买卖手机，对手机的了解程度相对专业，也就成了电子一条街买卖手机的专家，其他摊主拿不准时也会喊他帮忙。戏子更多的时候是在人群中穿梭，寻找目标，见到一个人孤独地站着或是坐在人群之外，感觉衣服很脏，精神不振，俨然一副挂逼的状态，他就主

图 3–6 许多人围观商家哄骗挂逼青年以较低价格卖掉手机

动迎上去问对方卖不卖手机，甚至直接趴在手机上看型号和破旧程度。“手机卖吗？老哥，这个手机可以卖上价钱，可以看看吗？”如果你搭话，他就开始检查起来，然后告诉你一个极低的价格。如果你直接摇头说不卖，他则悻悻离开，寻找下一个目标。有些三和青年近乎“大神”的状态被他看到，就会被一直追着不放，有时戏子还会直接说出听起来比较有诱惑力的价格，不过这个价格在检查完手机之后往往会被他压得很低。拒绝戏子纠缠最好的办法也是用价格，当有人报出一个他所不能接受的价格，戏子就冷笑一下，不屑地走开，有时嘴里还会爆出一句谩骂。

电子一条街固定摆摊的摊主中有一位腿脚残疾，他矮矮的，走路一瘸一拐，大家都叫他“瘸子”。每天晚上，瘸子都吃力地拖着三个行李箱从公交站台走到电子一条街，慢慢地挨个打开行李箱，其中一个箱子里面放着很多充电器和数据线，一个箱子里面放着各种电瓶车充电器，最后一个箱子里面放着小风扇、烧水器、吹风机、小音响和不知道有何用途的电器等，有时候他手里面还拿着几个不知能不能用的充电宝。

瘸子和很多三和青年的关系比较亲近，与其说是比较亲近，不如说他容易被骗，每次他摆好摊之后就会有很多三和青年围过来，因为他卖的商品比较便宜，一般的小物件仅 1 ～ 3 元，当然瘸子的货源并非批发，应该是从其他地方以极低的价格收购或是捡来的。

瘸子早些年就来到了三和，因为买卖身份证蹲了半年班房，现在不敢再做违法的事，可是身体残疾又找不到合适的工作，只能靠在电子一条街卖小物品维持生计。瘸子不懂怎么做生意，也不太会讨价还价，再加上身体残疾，容易受人欺负，偷拿他的东西是常事，有时候卖给他的东西也是坏的。比如有次他拿着几个充电宝，说是一个三和青年 5 元钱卖给他的，但是没有一个能用。“因为已经卖给我了，买的时候也没看清，他肯定不给退，也不想再找那个麻烦。”

还有一位大叔，在三和卖手机也已经有五六年，每次过来都是提着一个书包和一条裹着商品的床单。大叔一到电子一条街，就脱掉上衣搭在肩膀上，手上拿着一条湿毛巾前胸后背地擦拭着，再拿出手机播放一部喜欢的电视剧，开着外音摆在摊位上，青年可以待在摊前一起看。大叔的摊位上通常摆放着几张交通卡（深圳通），还有充电宝、数据线等，但与其他摊主相比，他所卖商品较少，又是在市场最边缘，生意并不太好。除了买卖商品之外，大叔的另外一项业务是虚拟服务交易，虚拟服务交易就是给三和青年提供支付宝扫码领红包、微信或者支付宝转账等服务，然后把转入账户的钱提现，收取一定的手续费。毕竟一些三和青年进入挂逼状态之后，可能卖掉了手机，也可能连身份证都没有了，却有可能从外部获得一定的经济支持，而在没有手机和身份证的情况下，自己用微信或支付宝收钱就不太现实了，此时大叔承担了中介的角色，也从中获得一定好处。

晚上6点至8点是电子一条街人最多的时段，不仅有招日结和找日结的，还有很多人在闲逛。他们穿梭在人群中，走到摊位前看到好玩的东西要把玩一下，遇到他人买手机就凑在旁边观看，很少做出什么评论。逛电子一条街有时也为了淘一部挂逼机。“老板，有什么好手机吗？”“有很多，你要什么样的？有一个3+16手机（运行内存3G，存储16G）只要100元，可以打电话登微信，网速非常快。”青年拿起手机装模作样地检查外观，拿起放下来回几次，最终还是离开，想再到其他摊位找寻、比较。“来三和一段时间没钱了，把手机抵押掉了，没去干活没钱赎回来，好几个月没用过手机了。明天准备进厂了，想买一部挂逼机先用着，做半个月再买一部新的。”一位青年解释着购买手机的动机。

这位青年刚走不远，就被另外一个青年拉住。“这位小哥要手机吧，就80块。”“我可以看看吗？”“你要买吗？”“先看看嘛，可以用就买”。三和青年拿起手机，来回滑着屏幕，检查手机运行是否顺畅，又打开浏览器看是否可以上网，再把自己的一张手机卡放进去，拨通客服电话，听到响声后，又反复检查手机外壳和屏幕。“现在挂逼了，50块钱卖吧？”“50块钱我都收不到，就赚你10块钱，最少也要70吧，不赚你的钱了。”“那算了吧，再做几天日结买一部好点的。”“算了嘛，60

总行吧。我也是挂逼了，我一直用这部手机。”这类三和青年之间的交易也时常发生，在没有了中间商——摊贩的盘剥之后，两个人可以直接议价，也更容易实现卖家和买家的双赢。很快，边上凑热闹的人开始发表意见，“可以拿着”“可以上网登微信打电话就可以了”“挂逼机哪有什么好的”。在其他人的劝说之下，两个人商定好价格，买手机的青年从口袋里拿出 60 块钱完成了交易，又跑到其他摊位花 5 块钱买了充电器。

不下雨的时候，一排青年会整整齐齐地坐在电子一条街的台阶上，都是闲逛累了直接坐在台阶上聊天、吹牛、喝酒、发呆和睡觉等，还有坐在单车上聊着日结工作的。晚上 11 点之后，摊贩陆续收摊，电子一条街渐渐沉寂下来。剩下几个没走的摊主，就是一直待在三和的三和青年，他们就住在走廊下面，晚上把手机放到箱子里，头枕在箱子上顺势躺在地上睡觉。白天，他们被来回走动的找工作的人吵醒，就坐起来摆好手机继续卖。这些三和青年显然都是曾经的挂逼仔，现在批发点东西卖，有电子产品，也有零食，其中槟榔是最畅销的商品。

电子一条街还有一类非实物交易产品——微信号。“收微信号了，一年以上 150。”“手机都没了，哪儿来的微信号啊。”“兄弟，要不要微信实名，不需要手机，一次 60 块钱。”一个瘦瘦的青年，穿着拖鞋，说着不太标准的普通话，手里拿着写有“高价收微信，150 一个”字样的纸板在人群中穿梭。三和青年没钱之后，可以找他卖掉微信号，前提是删掉全部好友，且要绑定自己的手机号。显而易见是非正常用途，可能通过微信转账、赌博，也可能利用微信诈骗。微信号买卖的背后有一条利益链，收微信号的青年把收到的微信号卖给背后的老板，老板把差价补给他，但是与以非正常手法获得的经济收入相比较而言，差价可能就微不足道了，最终真正获益的是操纵整个利益链条的人。

“要不要微信，我现在有几个，挂逼了，卖一个。”

“几年的？”

“我也不知道，好像两年了吧。”

收微信的青年翻看微信的红包记录。

“你没发过红包吗？没有红包记录我也不知道多少年了，你要卖多少钱？”

“给多少钱？最少有两年了，不是150吗？”

“可以，过来看一下吧。”他把手机交给另一个青年，“微信好友要删掉吗？但是不能解绑手机号，手机卡也要一起，如果绑定银行卡可以再给你加钱。”

其他人在一旁观看着，脸上露出诡异的笑容——那是对微信收购者谎言的嘲笑，他们中很多人都经历过这个过程，没钱之后在他人怂恿下卖掉了微信号。刚开始也是不懂得里面的欺骗手段，现在看新闻也大概知道是什么情况，明白微信号收购者背后的利益关系。为避免不必要的麻烦，谁都不会把实情告诉正在卖微信号的人。

其实，收微信号背后的利益链很长，无论是收的人，还是卖的人，都可能成为受害者。曾经一个青年也是做这项业务，过一段时间之后自己收到一个陌生人发来的信息，说是已经把钱打过去了，什么时间见面。他当时并没有搞清楚是什么意思，这种事情接连发生几次之后，他突然明白自己的微信信息也被老板拿去做了交易。可能是因为在与背后老板的交易过程中同样泄露了个人信息，这个青年把真实情况告诉给他发信息的人后，立刻注销了微信号，也是害怕有人再次联系，让他承担相关的法律责任。

有些知道套路的青年拿到钱之后，立刻通过其他人的手机登录微信并注销账号，所以微信收购者也面临着风险。即使把微信号卖给了背后老板，有些人的微信也是不能用的，类似的情况时有发生，损失只能由收号者承担。可是，并非所有青年都会这样做，一些青年害怕被收号者报复，也不敢这样操作；而有些高高壮壮的青年或是已经混出名堂的三和青年并不把收号者放在眼里。收号者上过一次当之后会牢记教训，不再被骗。

三和电子一条街之所以存在，是因为在移动互联网高度发达的今天，没有手机对三和青年而言同样是极其无聊的。虽然一部分青年已经习惯了没有手机的生活，或者说根本不再需要手机，因为他们不再与其他人产生任何联系，也不想被认识的人联系到。但无论如何，电子一条街提供的廉价手机为他们提供了一个连接外部世界的可能，同时也是他们娱乐和打发晚上无聊时间的场所。聚集的人群中，每个参与者都可能摆脱内心的孤独感，寻得一份安宁。

第四节　扑克和“百家乐外围”

夜深了，电子一条街静下来，在外面溜达的人越来越少，一些“无家可归”者在寻找新的生存场所和打发时间的方式。在海心新人力市场走廊下，刚才还是电子一条街，现在却聚起另外一群人，最中间的三五个青年光着脚盘坐在一张铺好的凉席上，几个青年顺势躺在上面休息，其中一个瘦瘦的光着膀子的青年是这张凉席的主人。从背后的议论看，他是一个小偷，身上几道鲜红的疤痕是偷东西时留下的“纪念”，因此也被叫作“背疤青年”。他基本上整日混迹于龙华各处，偷盗东西之后晚上来三和混。青年们所坐的凉席和放在席子上的被子不知道是从哪一家商店偷的，还有不知从哪里得来的水壶。与其他青年不同，他有一辆破烂不堪的电动三轮车，这对三和青年而言属于极其贵重的财产。电动三轮车上堆放着捡来的塑料瓶，盖着一张雨布，白天，凉席和被子就放在雨布下面。显然，他已经把人力市场的走廊当成了家，长期露宿于此。

在其他人的帮助下，背疤青年吃力地把人力公司卷帘门撬起刚能伸进一只手那么宽的缝隙，熟练地把电插板插到里面偷电，既可以满足玩牌青年和其他熟悉青年给手机充电的需求，还可以烧水、给电瓶车充电。只见他从口袋里拿出一盒扑克牌，问周围的人玩不玩扑克牌。只要凑够人数立马开局。玩牌的几个人盘坐在凉席上，熟练地洗牌、分牌，还有几个青年蹲在周围看，时不时地对牌局指指点点，从他人的争论中获得乐趣。一个玩牌的青年拿起身前分好的一堆牌，手法熟练地理牌、排好顺序，等待着其他玩家“叫地主”，每个人脚边都放着零钱，通常是十几元或是仅有几元。不出五分钟，一次牌局的“较量”结束，输的人把钱放在牌上等赢的人拿走。三和牌局的规矩是一局一结账、不允许欠账，没钱了就不再玩或者换人。斗地主一次的输赢金额通常在 1 ～ 5 元，金额大了可能就凑不齐人开局，虽然每次输赢不大，但对于三和青年来说足以吃一顿饭而不至于挂逼，所以打牌这种娱乐方式也建立在一定的经济基础之上。

“这把是谁的地主，你要不要嘛？”“过了，这把不要。”“你们都不要啊，输赢就 1 块钱，算了，我要了。”一位青年把抽出的底牌摊开，另外两个青年看着底牌并参照自己手里的牌。“多亏没要，肯定输了。”

“不允许说啊，不然这把就和牌。”这时，坐在边上的三和青年只看不说，只有在牌局结束之后才可以稍作讨论。

“你还有钱吗？没钱就别玩了。”“再玩一把，先欠着。”“算了吧，没钱就撤。”一个青年站起身数着钱说：“他妈的，现在还输 × × 钱。”已经输光的青年起身站在旁边，腾出位置。“还有没有人玩？不玩不要在这里围着，一会儿警察又该过来了！”巡警见到有一群人围在一起时就会过来检查，却不会抓人也不扣东西，只是警告他们把东西收起来。巡警走后，牌局就继续开。

晚上 12 点之后，巡警都已下班，三和青年们就可以整晚打牌，参与人员不是固定的，但牌局不再是简单几块钱的娱乐活动，而更像是赌博。没人管理之后，玩牌的人数就增加了，形式也发生了变化。刚开始是三人玩的斗地主，之后是五六人玩的炸金花，后者比前者的输赢速度更快。首先是每人发三张牌，按照一定规则押钱比大小，有青年在不理智的情况下把钱全部押上，一轮下来就可能彻底挂逼。“他妈的，老子昨天晚上又输了 200 多，两晚没睡觉了。”可见一晚上的输赢在几百块钱，对于三和青年，几百块钱可是一个大数目。参加了一晚上牌局的三和青年眼睛里冒着血丝，脸色苍白，对他们而言要么钱输光，要么离开，输光的人退出牌局后，往往顺势躺在地上睡一夜。赌博青年的快乐建立在赢钱的基础上，围观者的快乐则建立在看到他人输钱之后落魄状态的幸灾乐祸上，以及在赌博过程中那无关紧要的讨论上。

除了斗地主和炸金花，还有一种娱乐方式——“百家乐外围”，这是一种真正的赌博。之所以说“百家乐外围”是真正的博彩，是因为百家乐是通过特定的赌博网站下注，即使你有手机，不知道网站也不行，更何况很多青年根本没有手机。

“百家乐外围”是根据网站上百家乐开出的结果，在三和青年之间进行直接的面对面赌博。一个青年拿着打开赌博网站的手机，五六个青年手里拿着钱等待着每把的结果，还有三四个人只在别人买结果的过程中做出自己的判断，并不掏钱参赌。“百家乐外围”每局时间仅有20秒，根本没有时间让人考虑，输赢全靠运气，并且里面也没有什么规律可循，更何况与赌博网站背后的计算机较劲，恐怕永远也赢不了。

“这把可以押闲，谁买闲，10块钱。”“我买闲，把钱拿过来。”等开牌，亮出两张牌之后，“好的，闲到位了”。聚集在一起的青年在明牌之后做出判断，刚才买闲的那个把10元本钱给另外一个青年。参赌的人都认为“百家乐外围”是最为公平的，因为无论百家乐的后台数据怎么变，参与的青年发生什么变化，都是三和青年之间的公开、公平的赌局。

与“百家乐外围”相比，真正的百家乐是通过赌博平台发生的，是参与者与平台操作者之间的赌博，由于百家乐有后台操作，赌博参与者被坑的概率很大，赢者都是平台操作者。“百家乐外围”的赌博则是借助百家乐平台，在三和青年之间建立赌博关系，输赢也都是三和青年的钱。

通常是七八个人围在一个人周围，也会有其他没有参与过的人来凑热闹。没有参加过的青年在观摩几轮之后就明白如何操作，除了操作手机的人不参与之外，押庄和押闲的人都是以简单的对赌形式参与赌博的。

“巡警来了！”围在一起的青年听到后，立刻把钱和手机收起来，四散而去。理论上讲，巡警可以依法处理正在赌博的人，三和青年也怕被抓，所以玩“百家乐外围”的过程中时不时回头张望，以防巡警突然到来。

“他妈的,就剩50了,一把梭哈了。前几把一直开庄,这把肯定开闲,我押50闲，谁买？”“拿来给我，是50元，马上就开。”“闲到位了，庄赢了，彻底挂逼了。”挂逼的青年很少买别人的下注，因为他们缺少足够的钱，输了还要在押金的基础上翻一倍赔给对手，运气不好输得更快。手头宽裕、有较多闲钱的青年，会在多次判断和算计的基础之上选择性地下注。当然，当一次下注金额比较大的时候，就很难找到对赌的人接手，毕竟一次输赢太多会直接影响后面几天的生活。

零点之后，没有了巡警的管理，玩“百家乐外围”的三和青年更加肆无忌惮。一个买卖手机的摊贩一直待在边上等着，有人好奇地过去问:“为什么还不走？”摊贩说等打“百家乐外围”的人输光钱，该有押手机的或是卖手机的了，他在等待收手机的机会。

果不其然，机会来了。“老板，押手机了，看看这部手机押多少钱？”“你想押多少嘛？看着手机还可以。”“最少500！”“500还不如直接卖给我了，押给我只能给你300，等会儿你赢了又拿回去了，我什么也得不到。”“好吧，300块钱，押两天。”“两天之后你不赎回去我可就直接处理了。”抵押手机的青年根本不在意摊贩说什么，又挤进人群中。“谁有零钱，换几张零的。”“先不要换了，这把你买什么嘛，说拿多少就可以了。”“这把还买闲，我就不信赢不了！”在旁边观看的青年说:“还10块10块地押？一把梭哈了，输赢就这一把了！”旁观者对于那些输钱的三和青年只抱着一种嘲笑的态度，别人一次性输得越多带给他们的快乐也就越多。

“砰，砰”，啤酒瓶摔在地上的声音在深夜里显得格外响亮。一个青年把几天的日结工资全部输在了“百家乐外围”上。酒瓶摔得碎渣满地，表现出他此刻极其愤怒，但是没有任何挽救办法，只能只身一人在走廊下走来走去。他面色铁青,或许在后悔今晚的冲动。不一会儿，他找一个地方靠在墙壁上休息片刻，又挤进人群中，没有钱就不能继续参赌，只能在旁边叫嚷着，做出自己的判断，还会和赌博的人一样长吁短叹，或者惊喜万分。可见，虽然没有钱赌，但经历赌博的刺激过程对于好赌的人来说也是一种快乐。对好赌的三和青年而言，“百家乐外围”成为生活中不可或缺的一部分，为了赌博通过各种渠道借贷，生活更加窘困，越来越接近挂逼状态。

参加赌博的人中有一位名人——酒鬼，他承担了三和相当一大部分人的笑料。酒鬼每天晚上都拿着一瓶啤酒，以醉意麻痹自己。他之

图 3–7 酒鬼躺在湿漉漉的地上。对于其他人来说，酒鬼只是他们的笑料

前进厂工作了很长时间，存了不少钱，却因为在三和接触了赌博，最终输掉全部钱财，更是无法戒赌。他老家也是农村的，兄妹又多，家里的土地能够保证家人一年的生活，但是没有额外收入，家庭情况也很困难，酒鬼为了把输掉的钱再赢回来，通过其他渠道贷款又欠下一屁股债。

“赌博就不可能发财！”他常在醉酒的状态下自言自语。酒鬼通过做日结赚取一天的生活费和酒钱。由于赌博，酒鬼和家里人产生了巨大的矛盾，手机也早已卖掉，几乎和家人没有联系。有时借别人的电话联系父母，父母知道他还在三和混着，没有正式工作，狠狠地说：“你直接死外面算了！”父母的这些话和冷漠的态度更加激怒了他，他变本加厉地每天喝酒解愁，出去工作的次数越来越少。不工作又没有钱，那些借给他钱赌博的人曾经联系酒鬼的父母，可是父母也没有能力还清借款。借款人又反过来威胁恐吓酒鬼，说再不还钱就找人搞他的父母、为难他的家人。这就更加刺激了酒鬼的神经，一是他认为家人已经放弃了自己，二是他也更加担心和无奈。于是每日与酒做伴，因为醉酒经常与人起冲突，打架受伤也是在所难免。有一次，酒鬼的头和脚都受了伤，在警察和他人的帮助下才得以治疗，而打人者早已跑路，找不到人赔偿。酒鬼每次做出反常行为，第二天都会成为三和青年的谈资，大家走过他身旁，脸上都会露出讥笑的神情。把他人的无奈和痛苦当作自己摆脱无聊的谈资和乐趣，在三和青年心里已经习以为常。

第五节　超市和寄存商店

如果说三和有比较成功的商业模式的话，除了遍布小巷的小旅馆之外，就是小超市和小型行李寄存店了。虽然超市越大越能赚钱，但在三和经营大中型超市，管理成本较高且经营风险大，而小型超市的经营成本和风险相对较小，反而能够在三和经营得更好。

三和共有 9 家小超市，人力市场内部有 3 家，每家面积不足 30 平方米；人力市场背后的小巷子里有 6 家。所谓的超市其实也算不上真正的超市，因为所售卖商品数量有限、品类较少，较大的一家超市在 30 平方米空间内也只摆了 5 个简易货架，零散堆放着极廉价的商品。人力市场内的小超市和小巷子里的小超市并不一样，不仅售卖的商品有差异，在经营时间、承担功能、针对的客户群体等方面也不尽相同。

市场内的小超市所售卖的商品更为简单，有矿泉水、饮料、啤酒等饮品，还有各类袋装小食品和老板用小袋散装的商品，价格大都在 1～5 元，基本符合三和青年的消费水平。当然，还有更便宜的瓜子、花生，一小袋仅 1 元，还有每根 0.5 元的散烟。

超市老板一天的生活所需都在店内解决，吃饭的时候就在超市内用电饭煲做简单的饭菜，从早到晚几乎就是一个人看店。人力市场内最早关门的一家小超市是一位大叔开的，每天大约晚上 8 点关门，另外两家小超市经营时间较长，都在晚上 11 点之后关门。

随着早上 6 点找日结的三和青年在人力市场外面聚集，小超市老板就会从人力市场外面穿过人群，在人声喧嚣中打开卷帘门，准备一天的工作。超市老板是早期来深圳的外来务工人员，在三和做小超市生意有七八年了，售卖的商品都由外人来送。一些特殊的商品，如香烟，需要到特定的烟草批发商店进货，还有一些散装食品需要超市老板亲自去买，以保证货品质量，因为只有保证货品质量才会有更多的三和青年购买。有位超市老板说："之前让批发市场送的花生，自己尝了一下就让老公给送回去了，根本不能吃，之后就让我老公去批发店里先尝尝再买。"尽管三和青年没什么钱，但在购买小食品的时候却十分挑剔，一旦超市售卖的小食品品质不佳，即使和老板关系熟悉，也不会在这里买吃的。"叼毛，去买包瓜子，去那家店里买，其他店的都不好吃还发潮了。"一个青年拿着两块钱让另外一个人跑去帮他买瓜子，强调要去品质较好的一家超市买。

小巷子内有两家规模较大的超市，所卖商品相对齐全，一家 24 小时营业；另一家通常夜里 1 点关门，早上 7 点多开门，经营时间均较长。因为超市位于三和青年的住宿区，顾客以在网吧、小旅馆过夜的青年为主，他们除了需要满足住宿的基本生活需求，对日常生活用品也有一定需求量，所以这两家超市商品种类较多，不仅有零食、饮料和酒，还有各种日常生活用品。其他几家小超市营业面积较小，有的就只卖一些零食、饮料，日常生活用品就不多了。

人力市场里的超市和巷子里的超市有一些相似的商品，其中有一款在深圳其他地方很难见到的特殊瓶装水，被三和青年戏称为"挂逼大水"。不仅在深圳其他商店见不到这种瓶装水，即使在三和边上靠近马路的连锁超市内也见不到"挂逼大水"，当然三和外面的商店也不会出现 1 元或 0.5 元一小包的零食。可以说，这款来历不明的瓶装水几乎是"三和专供"，单在这瓶水上就能体现出在三和经营的小超市和三和外的小超市的差异。

其实，在三和内部，"挂逼大水"的价格也不一样。有几家小超市最近把“挂逼大水”的价格从2元提高到2.5元，老板的理由是净利润太少，一瓶仅赚几毛钱。有两家坚持不提价，老板说：“都是熟人买，都没问过价钱，拿多少就自己计算价格给钱，就是把价格提上去也不能多赚几块钱，算了。”从小超市老板的话语中可以了解到，三和小超市每件商品的利润并不高。唯一利润较高的只有啤酒，但喝酒的三和青年很少，毕竟按照三和青年的消费水平，喝酒是一种奢侈的习惯。故而小超市老板想要获取更多的利润，只能通过提高客流量来实现，需要吸引更多的青年消费，这就涉及后文还要讨论的三和青年和小超市老板之间的密切关系。即便是和超市老板有密切关系的青年，在三和任何一家小超市购买商品都是没有办法记账或者赊账的，即使1元钱也不可以，除非拿东西抵押。每家小超市门外都贴有“小本生意，概不赊账”的告示，关于三和青年在超市赊账抵押的话题下面还会提到。

三和的超市里有比较典型的人际关系，但每个超市由于经营者的性格、小超市的定位、购物人群的不同，可以分为不同的类型，下面就以三个不同类型的小超市作为典型，讨论三和超市里的人际关系。

第一个例子可以称为“三个酒鬼”的超市，之所以取这样的名字是因为这位大叔的小店里每天都会有三个青年去喝酒。小超市只有三张凳子，酒鬼们工作一天回来后，必到大叔的小超市喝酒，有时不去打工就可能在大叔的小超市里消磨一天，所有消费（包括烟、酒、食品等）都贡献给这家小超市。大叔老板对他们有一定的照顾，他们可以免费给手机充电，还可以借用厨具做饭，但是绝对不允许欠钱。

“你个叼毛，现在喝了两瓶酒，吃了一袋花生了！”“哎呀，大叔，放心，不会少你钱。”青年说着，用手机扫二维码支付酒钱。由于他们非常熟络，大叔有时候并不直接要钱，而是间接提醒：“福建佬，你去哪里？”看似一句问候，实质上是一种提醒，青年心里明白得很。“我去给你借钱，不就欠你 1 块钱嘛，我又跑不了！”被称作“福建佬”的青年笑着说。“别想赊账跑了，你在店里坐着都回头看我好几次了！”大叔老板也微笑着回应。

在既相互熟悉又彼此陌生的三和群体中，人与人之间表现出微妙的关系，看似简单的问候与交流，其背后都有深层意味。从根本上讲，人与人的关系都是建立在经济交易的基础之上，这在三和亚文化环境中表现得更为突出。经济社会地位决定了他们很少受到尊敬，特别是在金钱交易方面，他们即使彼此熟识，也难以摆脱对方的怀疑与歧视。实际上，他们之间的关系与其说是相互依赖，不如说是相互利用。

第二个例子是在景欢通道的一家小超市，里面通常会聚集几个做着某种生意的三和青年。他们选择来这里，一是因为这里容易聚集人气，二是因为这里有一定的活动空间，当然他们在做生意过程中所有的消费也只能在这家店里。由于有比较可靠的消费群体，即使人太多影响到生意，老板也不会在意，因为这些稳定消费者足以替代其他人的消费，况且做生意的人消费水平本就比其他人高。但是如果你不在小超市消费，老板会鄙视和驱赶你：“你个叼毛，把身份证押在我这里，拿到钱之后跑到其他店里买啤酒，还拿到我这里喝。现在就把你的身份证拿走，我不押给你钱了。”“就这一次，我看你冰箱里没啤酒了。”青年微笑着哀求。老板并不理会，狠狠地说：“明天拿钱赎走，没钱就不要再拿身份证了，往后不要再出现。”另一个从未在这家小超市消费的青年问：“老板，鸭蛋卖多少钱一个？”“2 块钱一个，你要买吗？”“你怎么要 2 块，那边只要 1 块 5，你赚那么多啊！”看似一句玩笑话，却惹怒了老板娘：“懒得跟你争，你从来都没有在我这里买过东西。还有那几个酒鬼，在别人那里买酒中奖，到我这里兑换。那边关门早，都喝醉了跑我店里坐着。”老板娘大声地说着，声音是那么刺耳，语气中透露出驱赶和愤怒的意思，询价者只能灰溜溜地走掉。由此观之，“领地”思维形成的同时也产生一种排斥心理，这些都受到人际关系与互动行为的影响，最终的原因仍然离不开经济因素。“没有永远的朋友，只有永恒的利益”非常形象地描述了三和青年与小超市老板间的关系，经济互惠的消失必然导致关系断裂，一方必须退出另一方的“领地”。

第三个并非完全意义上三和超市内典型的人际关系案例，是他们之间存在间接的利益关系。卖手机卡的商家把“货摊”布置在一家小超市旁边，因为这里与彩票店和另外一家商店距离较近，常聚集大量无所事事的青年。聚集人数较多时会占用店外的空间，一定程度上影响着商店的生意，但可以为商店带来潜在客户，并且卖手机卡的人的日常消费全部就近解决，也为超市带来经济效益，因此超市老板并没有驱赶的意思。然而，距此地最近的城中村内的超市并未表现出如此状况，这主要是由于城中村内的青年分布相对分散，超市的主要消费人群并非像三和青年群体那样稳定，所以在营业过程中，只要人群聚集影响经营，老板必定驱赶。卖手机卡的商家与超市老板虽然并未建立某种意义上的关系，却在潜意识里默认合作关系的存在。这种合作关系的建立其实就是受共同经济利益的驱使，通过对比也会发现，城中村内小超市的老板与其他商家之间没有共同的利益驱动，故表现出截然相反的状况。

三和青年平常穿着简单，住宿不定，通常没有可以存放衣物的地方，而有些日结工作对于穿着却有一定要求。如何能够在短时间内换上合适衣服、得到工作是青年们普遍面临的问题，由此衍生出有三和特色的行李寄存产业。行李寄存最大的好处是三和青年可以直接从寄存商店内取出衣服，再把行李直接继续存放，这对居无定所的人是最为方便的选择。

三和有10家左右的行李寄存商店，数量和规模丝毫不亚于小超市。行李寄存商店一般按照行李的大小或数量计算价格，小件包裹每天2元，多件和大件包裹每天3元。从商店内的布局可以看出有很多的行李寄存在这里，而且还是长时间寄存。一家不足30平方米的商店里立着五个焊接的大铁架，每个铁架有4层，每一层都排满了行李箱和背包，地板上还放着许多行李箱，据估计有300件行李，每天收入600元左右。另外一家不足20平方米的寄存商店里放置了3个4层铁架，行李也有百余件。其他几家空间不大，寄存量很小。

行李寄存商店分布在不同的地方，也为不同偏好的三和青年提供了多样化的选择。靠近人力公司的寄存商店接纳的多是刚出来打工的青年，他们为了行李的安全和行动方便暂时将行李放在寄存处，等工作安排好之后再取出，寄存时间较短。一些找工作的青年如果暂时没有合适的工作可做，也会先把行李寄存在这里，可以做几天日结工作，等找到合适工作就离开，他们寄存的时间也不长。市场内两家大的行李寄存商店的客户多是三和青年，他们把行李寄存在市场内的商店，即使自己睡床位或睡大街，也可以保证行李安然无恙。因为大部分三和青年选择做临时工和日结，不可能把行李全部带着，也不可能再租住床位，所以行李寄存就是一个很好的选择。由于寄存行李的时间较长，对于他们来说每月的寄存费用也是一大笔开销。

三和青年的行李箱内无非是一些简单且不值钱的衣物，为什么还要寄存呢？“这是最后的保障了，虽然没有值钱的东西，但是还算有财物，不然真成‘大神’了。”三和青年并未完全放弃生活，也并非一无所有，各行李寄存商店内寄存的大量行李就是证明。一些三和青年视行李为最后的生存保障，即使定期交寄存费也在所不惜，至少证明自己并未沦落为“大神”，还拥有在三和生活的本钱。那些迫于生存压力、丧失希望的青年，把最后的生活保障全部卖光，就可以死心塌地地长期混迹于三和，成为真正的“三和大神”。

寄存行李的方式和手续很简单。一个青年拉着行李箱到一家寄存商店，老板就会告诉他：“先登记下你的名字，记住号码。”青年把写有信息的便条贴在自己的箱子上，老板给他开一张条和一个号牌，他可以随时到店里拿自己的行李，只要拿着号牌找到自己登记的名字即可。寄存商店的老板并不会对寄存的行李进行安全检查，只是把贴好号牌的行李放到结实的货架上，长时间存放的青年要定期交费，一旦拖欠三个月，没交费的行李就会被老板处理。

除了市场内这家规模较大的行李寄存商店外，巷子深处还有一家较大的店。因为这家店附近有一家麻将馆，还有一个小休闲场所，可以躺在里边睡觉，还能洗澡洗衣服，所以这里聚集了众多的三和青年，他们大部分时间待在这里而不是待在三和市场，行李也就近寄存。

第六节　做法人与办手机卡

前面提到一些青年在小超市里做生意，给老板带来商品销售量的提升，他们所做的生意可以获得一“大”笔费用，但是这种生意也使得青年向“大神”的方向“前进”了一大步。他们所做的生意几经改名，但实质内容没有变，直接说就是“做法人”。

小超市里有五六个青年整日“招工”，他们刚开始直接在纸板上写“做法人，一星期 300 块”。一些挂逼又不情愿工作或急需资金还款的三和青年虽然知道做法人的风险，但仍会主动去做。因为做法人比较敏感，会遭到政府部门管理者的清理和执法，因此主动选择做法人的青年越来越少，为了招到更多的人，做法人的广告语被改为“代领执照，一个月 3500 元”。一些不明白其中奥妙的青年在金钱的诱惑、招揽人的哄骗以及生活的压力下选择代领执照。但好景不长，代领执照的路数又不太灵了，聚集在小超市里的青年索性把“日结”贴到纸板上：“日结，一天 300，10 天工期，住酒店，每天借支 100。”日结似乎更能吸引三和青年主动询问，招揽的青年再做出冠冕堂皇的解释。并不明白何为代领执照的青年会误以为找到了赚钱门路，在周边几个业务青年“没有任何风险”的忽悠下，交出了身份证。

并非所有三和青年都能“做法人”。业务青年会登录固定的网站，查询此人是否有犯罪记录和欠款，以及是否在其他地方做过法人等。只有他们所说的“白户”，也就是身份清白的人才可以做法人，而且在一个地方只能做一次法人。当然，即便你在广东或深圳已经做过法人，业务青年也有办法，他们可以联系其他地方有需求的老板，寻求在异地做法人的机会，据说做法人的业务遍及很多地方。表面上看，做法人收益很高，但背后的风险实在大，尤其做法人是一种套路，业务青年借用你的身份信息、照片和指纹等可以开数家公司，而你只知道其中一家，且只能拿到做一次法人的钱。

做法人最大的风险不是拿不到钱，而是拿不回身份证。更有甚者，利用做法人青年的身份信息所注册的企业在经营过程中触碰法律底线，或注册企业的最初目的就是欺骗政府和其他企业而获得利益，最终的责任和风险都可能由做法人的人承担。因为做法人背后存在一条很长的利益链条，三和青年只是利益链条上用来赚钱的工具。据说，诱骗一个青年做法人就可以获得 800 ～ 1000 元的提成，当然实际上可能还更多，也是为了钱，业务青年们才会冒着道德和法律的风险继续做下去。

为了招到更多的人做法人，业务青年甚至会与曾经做过法人的三和青年合作，让三和青年帮助他们抛头露面去拉人，在此基础上给一定的提成，他们隐藏在三和青年背后，成为小老板。

“老板，你看一下这个可以做吗？刚 22 岁，是我老乡。”一位三和青年引荐过来一个年轻人。“可以啊，但是深圳的已经做不了了，广州有一个老板，要是愿意现在就带着你去广州。”做法人业务的小老板抬头看看。“广州的就算了，不想去其他地方。”还没做过法人的年轻人一脸的不情愿。“在深圳没有老板了，有转账业务你要做吗，你现在有哪家银行的一类卡？如果想做可以办几张一类卡。”“转账是要怎么做的，给多少钱？”年轻人问。“你需要办银行的一类卡和 U 盾，只是通过你的账户转账，10000 提 500。这是最高的了，其他老板都没我给得高。”显然，新来的年轻人很缺钱，而业务青年和已经做过法人的三和青年形成了利益共同体，其实是在利用三和青年之间微弱的信任关系。很快，在几个人的劝说下，新来的年轻人拿出身份证，跟随小老板去其他地方办理业务。三和青年误入圈套的不在少数，在一时利益驱使下走上错误的道路，而且一旦拿不回身份证，后续影响更大。

被骗走身份证之后，如果不选择逃离三和，仍然沉浸在三和亚文化环境中，工作意愿通常会逐渐降低，精神状态更是每况愈下。有这样一位青年，他虽然没有主动做法人，却遭受着同样的境遇。之前为了轻松获得收入，他把自己的银行U盾和手机号捆绑售卖，在一次日结工作时他的身份证被骗，而身份证和银行卡被他人充分利用。有一次，他请人帮忙通过网站查询自己名下公司的数量，居然发现名下有十几家公司，注册资本都为500万元人民币，而这还仅仅是在深圳注册的公司，其他地区的尚且不得而知。得知结果后，他陷入沉思，之后又反复输入身份证号查询，结果都没变，于是自言自语道："十几家公司，如果出事了，这辈子就完了。真是太倒霉了！"说完仰天祈祷用他的身份证信息注册的公司不要做违法的事。他反复强调这些公司非他所为，而是自己信息被他人利用。当时在场的另外两位三和青年也查询了个人信息，由于之前没有泄露过多信息，因此并未被他人利用。通过观察他们的神态可以发现，信息被利用的青年一脸茫然，精神瞬间被击垮，另外二人却表现出轻松的神态。可想而知，做法人对三和青年是怎样的毁灭性打击。

在三和几乎找不到比做法人更赚钱的事了，因为利益的驱使，业务青年内部成员也会发生冲突。"刚才那个做法人的是我招来的，刚出去一会儿，你为什么抢去了？""我一直在跟他联系，他是来找我被你截去的！"他们在利益冲突的时候也会相互叫骂和大打出手。这些都在一家小超市里发生，而老板只有在他们打架的时候才会赶他们出去。老板也知道他们所做业务的性质，但业务青年能为小超市带来人气和利润，索性充耳不闻，还提供凳子和桌子，唯一不变的是不允许任何人赊账。

三和青年还有一种依靠身份证赚钱的方法——开手机卡。开手机卡表面上不违法，三个"工作人员"在一家小超市门外，面前放着一块招牌——"免费领卡"。他们所办理的是"流量霸王卡"，移动、联通和电信三家通信公司的都可以办理，其中除办移动的卡不需要充话费之外，联通和电信的卡都需要自己充话费才可以用。

电话卡也不是所有人都可以办的，要经过一系列程序。首先，“工作人员”接过青年的身份证，通过系统查询身份证号码，登录验证是否可以办以及可以办几张。然后在征得三和青年同意后，把身份证放到感应器上，通过手机连接感应器身份证信息，再用手机把身份证的正反面拍照核对，之后给办卡的人拍照，匹配身份信息，也可以通过远程操作让后台人员匹配。等系统匹配成功后，还需要三和青年拿着手机操作，包括做眨眼、摇头、张嘴等动作，通过最后的真人验证和视频存档。通过之后，工作人员把协议拿给三和青年签字，三和青年

图 3-8 手机开卡者在准备开卡所需物品

签字后还需要手持协议和身份证，由工作人员录像，在录像的过程中需要按照要求说出相应的数字，这才算完成了协议的签署工作。显然，这比人们日常生活中办理电话卡复杂得多，也是办卡业务的猫腻所在，只有这样办的卡才能在日后用于某些非常规用途，而又无须承担责任。

办的卡可以立刻转手卖掉。有青年一次性办理了 5 张卡，刚拿到卡就以 50 元一张的价格卖给另一个收卡的青年，一次性就赚了几百元。办卡全过程不到 5 分钟，转手卖掉能得到这么多钱，相比做日结可要轻松多了，很多青年都经历过这个过程。

收卡青年拿到卡后，再转手卖给背后的老板，以进行不为人知的交易，最终还是会伤害办卡青年。这些卡其实很特殊：首先，这些卡并非全部是深圳的电话卡，有青年打电话注销时被提醒要打温州的客服电话，证明手机卡是温州的号码；其次，有时候会遇到注销时被告知无法注销的情况；最后，还有青年使用办好的卡注册支付宝，再通过绑定支付宝在其他软件上贷款，被问及服务密码时打客服询问，也被告知手机卡并没有服务密码，所办理的手机号码只能使用流量和打电话。当然，最诡异的是，办卡人员会利用办卡青年的身份信息开多张卡。据三和青年说，办卡人员可以在不为人知的情况下偷偷办理多张卡，而办卡青年只得到一张，其他都成了对方的“利润”。

依靠日结工作和低价住宿，三和具备了作为“城中村”的基本条件。至少从外表上看与李培林老师在广州看到的城中村类似：“在繁闹的市中心区域，就在鳞次栉比的高楼大厦之中，每个‘城中村’就像在方圆几公里人为制造的一个整体的高达 20 多米的‘水泥巨物’。震撼还不仅仅来源于此：这个‘水泥巨物’并不是由某个公司或某个经济集体建造的，其基本的住宅楼是一家一户的个体盖起来的，但在土地和房租收益的刺激下，建筑已完全失去个体差异的美学意义，经济的铁律也碾碎了中国传统村落和谐人居空间的‘文化意义’。”[1]所不同的是，随着时代的发展，这些“水泥巨物”的所有者都已移居他处，甚至连作为经营者的二房东也不在此地居住了。原有的集体经济、人际关系以及文化传统，都因原住居民的迁移而荡然无存。原来由血缘、亲缘和宗缘等社会关系网络联结的城中村“大家庭”，被三和青年间的趣缘关系所取代。

所谓“趣缘”，是指基于共同的兴趣爱好、价值取向所形成的社会群体成员间的关系。在三和，青年人更多地基于价值取向而非买彩票、“打扑克”等兴趣爱好联系在一起：没有规划中的未来，只为当下而工作；不求累进式的成长，只求即刻的满足；维持着近乎底线的生存，安于低欲望的生活状态。如果是社会成员个人持有上述价值取向，那么问题很大程度上出于其自身，同时他或许也会意识到，自身价值取向与社会主流价值取向是冲突的，从而适度调整自己的认识及行为。但当一群青年人因此而聚集，则构成了某种社会现象，甚至是社会问题：周围持有相同价值取向的人越多，越有可能给青年人造成错觉，即自身的价值取向有着较广的群体基础。他们也由此摆脱了社会主流价值取向造成的心理压力，在这一群体中获得了归属感。

①李培林：《巨变：村落的终结——都市里的村庄研究》，《中国社会科学》，2002年第1期。

第四章　三和商品

第一节　三和“有衣裤”

三和青年的生活窘境决定了他们通过正常渠道买衣服是一件很奢侈的事情，可是一些日结工作对着装有一定要求，例如不能穿拖鞋、短裤，有时衣服太脏也不行。为了以最低的价格和最快的速度满足日结的着装标准，三和“有衣裤”服装店应运而生。

除了出工时去“有衣裤”，收工时也会去“有衣裤”。从工地做工回来通常衣服都很脏，他们就把衣服直接扔掉，“有衣裤”的衣服鞋子就成为替换的首选。还有一些人把财物全部变卖后，就没有可以换洗的衣物，在炎热的天气里十天不洗澡、半月不换衣服也是常见现象，一旦哪天心情好，出去做一个日结，回来之后也会立刻换上从“有衣裤”买来的“新”衣服和“新”鞋子。按照人们日常生活的需求，衣着支出是重要的一项，但对于三和青年而言，这项支出能省则省，毕竟肚子饿才是迫切需要解决的现实问题。

所谓的“有衣裤”，是由两位“老太婆”联手组成的、毫不起眼的二手服装摊位。其中一位身高较矮、体态偏胖，有 40 多岁，虽然从年龄看不能算老，却被三和青年习惯地称为“胖老太婆”。她经常穿着裙子，斜挎着一个包收钱，天气热的时候戴着一顶遮阳帽，或者打着一把遮阳伞，与周围人谈笑自如，尽显“时尚女性”风格。胖老太婆每天早上到三和的时间点不固定，“什么时候醒了什么时候过来，七点八点都不好说”。她租住在三和附近的楼栋里，和子女住在一起。尽管出摊时间不固定，离开的时间却相对固定。每天晚上 9 点半，她把三轮车寄放到一家小超市，每天给小超市交 2 元钱保管费就省去蹬着三轮车来回的力气，而这辆三轮车上就放着供售卖的衣物。这是一辆改装过的三轮车，轮胎换成了大号的，为的是承受更多衣物的重量；车架子上挂着一盏节能灯，为的是晚上可以让人们在微弱灯光下凑合着挑衣服；车把上挂满了各种类型的包，只留下手掌大的地方供推车用。

三轮车上还堆着上百件衣服，这些衣服并非胡乱堆放在一起，而是经过整理后有顺序地摆放在一起，以方便挑选。各式短裤和上衣、不同尺码的牛仔裤应有尽有，基本上各种尺码、类型的衣服都可以快速地在胖老太婆的三轮车上找到。三和青年挑选衣服时，一是赶时间，二是图省事，通常只是顺手拿一堆衣服的上面几件，简单比较一下大小肥瘦，或是在众目睽睽下套上试试就选完了，因而压在下面的衣服长年不见天日，会发霉。尤其是雨季，尽管胖老太婆在下雨天会用雨布遮盖衣服，并撑起一把大伞，但挡不住潮湿的空气渗进衣服里，所以天一晴，她就会把发霉的衣服翻出来，挂在竹竿上晾晒。

除了三轮车上摆出的衣服之外，胖老太婆还在人力市场边上租了一个“仓库”。仓库仅 3 平方米大小，由一个废弃的公共卫生间改造而成，原先公共卫生间的所有权归某人力市场，老太婆租了下来，每年交固定的租金。她又自己出钱安装了顶棚，再用木板把仓库分成两层，底下一层堆满了用衣架挂着的衣服和装满鞋的袋子，上面一层堆了六七个不同型号的行李箱。

虽然都是二手衣物，但胖老太婆还是挺注意所卖衣物的品相，她会在卖之前把仓库里的旧衣服拿出来清洗晾晒。据说她家里还有很多存货。胖老太婆每天早上过来的时候都用饭盒带着午饭，经常是一大碗鸡肉和大米熬的粥。她自己对人说："这也不算是中午饭，没人没生意了就回家吃，儿媳做好的饭菜留在家里，带着粥只是感觉饿的时候吃点。下午 2 点多人少的时候就回去休息一下，还要洗衣服。"

三和"有衣裤"的另一位老太婆有 60 多岁，格外瘦小。与胖老太婆不同，无论刮风下雨，她每天都吃力地蹬着三轮车往返，因为她舍不得每天存放三轮车的 2 块钱。瘦老太婆的脚蹬三轮车上也堆满了衣

图 4–1 车子上堆满衣服，行李箱整齐地摆在前边

服，任由三和青年挑选，由于堆放杂乱，看上去数量显得更多，车把上、架子上凡是可以挂东西的地方全挂得满满当当。瘦老太婆卖衣服的时候通常不许人胡乱翻看，她说："有好多小偷，都是偷我的鞋子、衣服。"仿佛她卖的衣服很贵重似的。

瘦老太婆也有一间小型"仓库"，也是两层，一层堆满鞋子，一层放满行李箱。与胖老太婆早上不规律的出摊时间相比，瘦老太婆每天6点半之前必到，为的是赶上第一拨儿去做日结的青年来买衣物，这样就能卖出更多的鞋子和衣服。她早上过来时一般带着午饭，不过是简单的三四个白馒头和大米粥，赶上有时候没带饭，老伴就会过来送饭，但也并不是每次都送，有时候到中午实在饿了，瘦老太婆就到旁边小店买一根火腿肠充饥。

下午2点，找工作的人少了，市场安静下来。瘦老太婆就躺在一张破旧的椅子上，两脚放到一张凳子上休息，撑起一把大遮阳伞挡着阳光。据说她在三和已有10年，子女都在深圳打工，大孙子上小学，小孙子上幼儿园。两个孙子上学的费用都是瘦老太婆卖衣服挣的，因为她儿子患病花了很多钱，现在60多岁的她反而成为家里的顶梁柱，这也是瘦老太婆如此节俭的原因。

据说，三和"有衣裤"的两位老太婆之前都是在老三和小巷子里卖水果，卖了有六七年时间。由于水果保存时间短，老三和外来务工人员消费能力有限，生意一直不怎么好。后来，随着老三和搬到新三和，新三和入驻的人力公司比之前增加了很多，来打工的人数量也增加了不少，她们看到卖旧衣服和鞋子能挣到钱，就在三四年前，几乎同时开始做二手衣物生意。

两位老太婆到售卖点后，都会习惯性地把刷好的鞋一双双摆好，多的时候能有三四十双不同尺码、牌子和用途的鞋。其中有拖鞋、运动鞋、皮鞋，但两家都是以保安鞋居多，因为保安日结是三和青年一大重要的选择，而做保安日结必须穿黑色保安鞋。因而，相对于裤子和上衣，鞋子的销售量最高，运气好的话，一天就可以卖出20多双。鞋子的价格极其低廉，一般依据品相在10～30元。特别是买鞋子的三和青年一般都是拿到日结的活儿之后匆匆忙忙跑来，很少仔细挑选，鞋码的大小也顾不上那么精准，找到能穿的号码，穿上试试，只要不是太小都无所谓。

同鞋子一起摆开的，还有刷洗干净的十几个行李箱，放在前排固定位置。老太婆们布置好摊位后，就把刚收来的脏衣服放到一个桶里

图 4-2 三和青年挑选合适的衣服，与老太婆讨价还价

洗刷，当然洗得并不仔细，很少反复漂洗，只是把看起来明显脏的地方洗一洗，七八件衣服在半桶水里涮一下，再用衣架挂在摊位旁。没人光顾生意时，老太婆们就用针线缝补收来的旧衣服和破背包。

到“有衣裤”买衣服的三和青年如果有时间，也会来来回回地翻着挑选，看看时尚的短袖T恤在自己身上是否合适。这时老太婆们就会放下手中活计，紧紧盯着，生怕有人套上衣服直接跑了，大概是以前发生过这样的事，不得不防。三和青年挑选裤子则比较麻烦，比如牛仔裤，很难用眼睛看出大小肥瘦，此地又没有试衣间，就只能潦草比画一下。

挑选好衣服之后就是商量价格，通常一件上衣卖5～10元，一条裤子卖10元。尽管“有衣裤”二手服装的价格已经很低，比外面便宜得多，但三和青年还是可以和老太婆商量价格，因为每一块钱对于急于做日结、即将挂逼的他们来说都极其珍贵，而且衣服对三和青年而言是一次性商品，没几个人会穿脏之后自己洗，都是实在脏得忍不下去了就直接扔掉。外来务工青年在找到工作之后，为了方便携带行李物品，会就近购买一只便宜的行李箱，老太婆的廉价行李箱就是首选，所以，尽管买行李箱的人不多，其价格却比衣服和鞋子贵很多。行李箱的价格一般视大小、新旧和破损状况而定，好一点的会超过50元，甚至更贵。通常老太婆们卖行李箱时都不接受大幅度还价，因为一旦要购买行李箱，一定是这里的“有钱人”和“暴发户”。三和青年和老太婆们讨价还价之后就是算账付钱，以现金结算最为普遍，当然为了方便收钱，老太婆们也打印了微信和支付宝的收款二维码。

据说，两位老太婆最早是批发新衣新鞋来三和售卖，可是三和青年消费能力有限，买卖并不兴旺，几乎快撑不下去。随着新三和外来务工人员的聚散，生意有了转机。慢慢地开始有三和青年把穿过的旧衣服以极低价格卖给两位老太婆，她们再把旧衣物洗刷干净卖出，发现价格低廉的二手衣物更受欢迎，于是立刻转以售卖二手衣物为主，新衣物的生意反而不做了。久而久之，两位老太婆练就了一身识货的本领，对三和青年喜欢购买的衣物非常了解，收旧衣物时也不照单全收，反倒能够收到符合三和青年喜好的衣物。

很多人好奇三和“有衣裤”的供货者究竟在哪里。经过观察，两位老太婆的衣物来源有多个渠道，其中一个渠道就是三和青年。随着挂逼程度的加深，他们为了寻找可以生存下去的方法，就把自己的家当以极低价格卖给老太婆。除了卖衣物，有些挂逼的三和青年还出去偷盗，偷来的衣服为避免被人查到也不敢穿，就贱卖给“有衣裤”。有时候，在小旅馆阳台上发生偷盗衣服事件之后，在“有衣裤”里能够找到丢失的衣物，却很少有人追究，因为谁也不会在衣服上做上证明归属的记号。

第二个渠道主要来自三和附近的环卫工人。他们在打扫卫生的过程中，不仅捡瓶子等可回收垃圾，还把破旧衣服、鞋子送到老太婆这里换点钱。一个环卫工人拉过来五六件衣服和三四双鞋子，老太婆来回打量着，特别脏的、款式老的、破损严重的都不要。挑拣好后，老太婆拿出 5 块钱交给那个环卫工人。那些看不上的旧衣物并没有丢掉，而是拿到仓库里缝补、清洗再卖。捡衣服换钱的还有三和青年，比如在工地上捡别人丢弃的工作服和工装鞋可以卖到一定的价钱。老太婆们也会把生活中捡到的衣物聚在一起，听说她们也去殡仪馆捡拾办丧事的人家丢掉的衣服。

第三个渠道是批发，主要是三和最畅销的保安鞋。保安鞋本身是可以循环利用的，因为保安鞋穿在脚上并不舒服，三和青年做完保安日结回来后就不再需要，就以大大低于购买价的价格卖回给老太婆。卖出保安鞋的价格是 5 元，等再次购买时则要花 10 元，中间的差价就成了老太婆的利润。可是，保安鞋本身还是有损耗的，光指望三和青年一买一卖地循环使用远远不够，这就需要老太婆在保安鞋数量不足时批发一批新的，而新鞋价格是 20 元，三和青年通常只在没得选的时候买新保安鞋。当然，不管哪种渠道，“有衣裤”收衣物的价格都极低，老太婆的二手衣物生意基本上可以视为除了房租之外零成本，而她们每个人一天可以卖出 20 多双鞋和 10 多件衣服，简单估计一天收入大约为 150 元，基本上相当于做一天日结的平均收入。

胖瘦两位老太婆的业务基本重叠，买卖同样的东西，又是相邻的摊位，矛盾是经常发生的。为了争夺顾客，她们都试图把自己的商品摆放在显眼位置，比如容易摆开的鞋子和行李箱就放在最外面。由于数量多，顾客随拿随放，东西自然会乱，有时分不清属于哪家，经常出现一些抢生意的误会，两个老太婆互不相让出口大骂，甚至大打出手。前来买衣物的人不会偏向任何一方，反而围观取乐。一次，瘦老太婆气呼呼地对围观的人讲：“她（胖老太婆）这个人很毒，我把车子放到外面，她和小超市的老板说影响其他人的视线，影响了她做生意，还故意把车子堵在我的车子前面。”

由于二人经常发生冲突，如果一个青年经常去其中一位老太婆那里聊天、买东西，再到另一位老太婆那里就会受到冷遇，甚至被说一些风凉话。但是她们会共同抵制青年拍照，因为害怕城管部门知道这些贩卖二手衣物的行为会做出处理，这也是有先例的。有人讲述，老太婆们以前把收来的衣物挂在栏杆上晾晒，影响了人力市场的形象，市场管理员和执法人员就要把她们的车子和衣物全部收走。这些衣物可是她们的全部本钱，尤其是瘦老太婆还承担着家庭开支的压力，故而瘦老太婆反应尤为激烈，她撒泼耍赖，躺在车下以死相逼，才把车子和衣物保留下来。所以现在两个老太婆摆放衣物都合乎规矩，拒绝青年拍照，生怕照片传出去使自己的生意砸锅。可以说，“有衣裤”的存在是以极低价格解决了三和青年穿衣的问题，下面将讨论三和青年的吃饭问题。

第二节　三和挂逼面

三和最出名的餐馆当数大风面馆，既不是因为它是“老字号”，也不是因为菜品多样、美味可口，而是大风面馆能以最简单的食材做出量最多、最便宜的面食。当人们来到这个简陋得不能再简陋的面馆时，最显眼的是墙上红底黄字的菜单，上面仅有几类食品：5 元的肉丝面/粉、1.5 元的茶叶蛋、2 元的萝卜海带汤、6 元的鸡腿和 8 ～ 10 元的猪脚。如此低廉的价格和如此简单的菜单，却解决了相当一部分三和青年的吃饭问题。

早上 6 点半左右，大风面馆门还没开，就会有两大袋做面的材料送到门外。大风面馆的面条分为宽面和细面，米粉也分为宽粉和细粉。早上 7 点半，一个体形肥胖的男人和一个稍胖的女人带着两个孩子来到大风面馆，他们是面馆老板一家。他们一家刚接手面馆不久，之前是一位来自湖南的大叔经营，他是胖子老板的岳父。因为是价格极低的挂逼面，单价低、利润少，胖子老板似乎并不是心甘情愿地经营面馆，更像是为了生活不得不做。

大风面馆开门后，胖子老板就从里面推出一辆电动车，后座上放着一个大篮子，他骑上车去附近的市场购买食材，老板娘就开始在店里准备鸡蛋等挂逼面必备的各种材料。大约一小时后，胖子老板带着满满一篮子食材回来——白菜、白萝卜、鸡腿、猪脚和豆干，都是新鲜食材，每天都是这样。因为面馆营业的时间比较久，来吃面的人数也比较稳定，老板一家基本上可以比较准确地估计一天大概卖出多少食物，因而每天准备的食材数量都相对合适。买回食材后，胖子老板就把煮好的鸡蛋剥壳，老板娘准备烧煮鸡腿和猪脚，各司其职，忙得不亦乐乎。

中午 11 点之后，陆续有人来吃饭。大风面馆的房顶上悬挂着一台不停转动的电风扇，屋内仅能容纳 3 张桌子，每张桌子配 4 张凳子，最外面那张桌子靠着卷帘门，凳子只能放到卷帘门外的路边上。尽管挂逼面价格很低，但大风面馆还是很厚道地在门口放了一台饮水机和一摞一次性杯子，供吃饭者免费饮用，而且饮水机里的水还不是自来水，而是配送的桶装矿泉水。大风面馆用一组不锈钢橱柜把操作区和用餐区隔开，橱柜一侧放着一次性筷子和廉价纸巾，还有酱油和醋；另一侧放着辣椒油、煮好的鸡蛋、萝卜海带汤、鸡腿和猪脚，柜台的小箩筐里还放着大蒜，各种食材尽可能满足三和青年的口味。“老板，来碗面，加个鸡蛋。”如果来者不说明是宽面还是细面，老板就认为是细面，这也是大风面馆的一种默契。

吃饭者点完餐会找一个座位、接一杯水等着，胖子老板就从身后拿出一把面条放到一个煮着开水的桶里面，面条多少完全由老板控制，做出来通常都是正好一碗的量。面快煮熟时，胖子老板把面条捞出，放到一个有汤料的小锅里，然后从旁边的袋子里拿出一片白菜叶，用手来回折了三折，放到煮开水的大桶里过一下，再捞出放到小锅里和面一起煮，一分钟就把所有材料都煮好了。这时，胖子老板拿出一个大碗，把面条和白菜放进去，再从旁边的食材中舀一勺配料，配料是用豆干和肉末煮成的酱汤，一碗面的味道全靠酱汤支撑。不到 5 分钟，一碗热腾腾的面做好了，胖子老板把做好的面放到操作台一旁，由三和青年自取，三和青年再根据自己的口味添加适当的辅料。

结账既可以是在点餐之后，也可以是在吃完之后，付款形式也是多样的。一些青年用现金结账，老板收钱找钱并没有洗手，手上也没有戴手套，食品卫生远不如价格那样值得重视。甚至可以说，大风面

图 4–3 大风面馆深处巷子之内，初到者多花些工夫才能找到

馆并没有什么卫生可言，使用的碗筷也只是简单刷洗，没有经过任何消毒处理，食用油也是从外面送过来的，没有任何标识的一大桶油直接倒进餐馆的油桶里。有初来乍到的三和青年想要体验“挂逼面”，吃完拉肚子属于常见现象。但是没有一个三和青年对此不满，反而称赞老板为良心商家，因为挂逼面几年来只涨了 1 元钱。由于有良好的口碑和低廉的价格，一过 11 点，来吃饭的人络绎不绝，如果正好赶在饭点（中午 12 点至下午 1 点），可能还要站在门口排队。

尽管大风面馆是良心商家，却不是所有三和青年都会选择吃挂逼面。有三和青年认为挂逼面没档次，只有一天三餐不定的人才会去大风面馆，为的是填饱肚子，还能节省一点点钱。这种基于面子的排斥心理使得有些三和青年宁愿花 5 元钱吃泡面，也不选择挂逼面。虽然一碗泡面的价格也是 5 元，但是没有一家小超市免费提供开水，通常都要加一碗开水钱，凑在一起也差不多是 6 元，对真正需要填饱肚子的青年而言有点划不来。

大风面馆的胖子老板并不排斥“三和大神”，但极度排斥任何带“挂逼”二字的词。有时候，顾客在点餐的时候说出“挂逼面”三个字，老板就会拒绝卖任何东西。“老板，来碗挂逼面，再加一个挂逼猪脚。这猪脚怎么是这样的颜色，挂逼猪脚不要。”来吃饭的青年语气中带有显而易见的嘲笑，既是对周围正在吃面的人的嘲笑，也是对老板的一种轻蔑。“没有挂逼面，也没有挂逼猪脚，什么都不卖给你。”胖子老板头也不抬，语气强硬地把点餐青年顶了回去。可见，胖子老板并不认同挂逼面和挂逼猪脚的说法，或许对他而言，做面卖面是神圣的职业。

不论刮风下雨，大风面馆的营业时间都很长，每天都要到半夜零

图 4–4　三和挂逼面

点左右才关门，当然也是为了把当天准备的食材尽可能用完，恰好这样的营业时间能够满足晚上做日结回来的人。对于晚归又饥肠辘辘、囊中空空的他们而言，挂逼面是最实惠的选择。

需要明确指出的是，挂逼面并不是所有青年的必选项。他们吃饭有很多选择，有时候还能看到囊中羞涩的青年互请吃饭。当然，并不是说他有钱才会请你吃饭，而是相当部分的人都长期处于饿肚子的边缘。今天，我有钱能吃饭，而你几天都没钱吃饭，在我们关系还比较亲密的情况下，可以请你吃一顿渡过难关；等到我没钱，你却有钱的时候，也可以帮衬我一下。在这种带有强烈互惠意味的吃饭形式下，挂逼面是确保不饿死的重要选项。

当然，如果钱够用，也会选择不那么卑微的吃饭地点，比如去饭菜也不是多么“高大上”的快餐店选几个菜，来点米饭，再买几瓶啤酒。这时，被请一方不仅是消除饥饿感，一般还会带有感恩戴德的心理。当然，大风面馆是见证三和青年同舟共济最多的场所，当你看到一个青年在那里狼吞虎咽地吃着几无滋味的面条时，便可想象他的处境是有多么糟糕。

第三节　廉价日常消费品

除了挂逼面，还有一些特殊商品以及特殊的售卖方式。其中，一种瓶装水就是三和青年人人尽享的特殊商品。这是由东莞某厂家生产和销售的、价格极其低廉的瓶装水，在三和普及程度极高，被称为“挂逼水”。

这种水有 500 毫升小瓶装的，售价 1 元，还有 2 升大瓶装的，售价 2 元（在本书调研期间，有的商店中大瓶装已涨至 2.5 元），而大瓶的就是三和青年所说的“挂逼大水”。三和青年这样形容“大神”的生活：挂逼面、挂逼大水和挂逼散烟是标准配置，因为这些商品只有在三和才可以全部看到。挂逼大水在三和巷子里和人力市场内，只要有商店，冰柜里面都可以看到，但在三和之外的商店里很难见到，甚至让人一度以为这是三和的“特供品”。

在三和，挂逼大水的意义不仅仅是饮用水那么简单，其背后还潜藏着人群识别的功能。在大多数三和青年中有一种潜在思维，即只有挂逼了才会买，喝挂逼大水成为一种身份和生活状况的符号性象征。

“你也喝挂逼大水啊，你不没挂逼吗？”当你听到别人用一种惊讶的语气问出这句话时，就能体会到挂逼大水背后的含义。所以，有些三和青年即使已经处于挂逼状态，也从来不喝它，就是不愿意让别人认为自己是挂逼仔，是“大神”，即便厚着脸皮赊账也要喝饮料。市场内一家小超市发生的一件事足以表明类似的心态：一个三和青年拿着一个中奖的瓶盖和1元钱到商店换取一瓶乐虎，运气不错，打开之后又中一瓶。这时三和青年还想再拿一瓶，却因为连1元钱都拿不出来，被老板拦着不让走，说拿不出钱就只能换“挂逼水”。青年摆出一副要跑的样子，却被老板眼疾手快抓住了胳膊，两人纠缠不休，后来还是其他人打圆场，给了老板1元钱，青年才得以拿着乐虎离开。

还有一次，一个青年从彩票店垂头丧气地走出来，径直走到一家小超市里拿一瓶乐虎，也是只差1元钱。他低声下气地恳求老板：“明天给你可以吧，你记下来，刚买彩票输得就剩2元钱啦！”“就剩2元钱,就买2元钱的水！”三和青年辩解道:“我只喜欢喝这种水，其他的不想喝，明天给你不就完了嘛！”“都挂逼了还装什么大老板，都没见干过活还有钱还我？”老板气冲冲地夺回乐虎，青年只好悻悻而去。

三和水果的售卖方式也是其他地方不常见的。几乎所有水果都可以以个、片、块为单位售卖，原因有二:一是大部分三和青年都是单身，且不会与其他人分享水果；二是他们往往买不起论斤称重的水果，只能购买单价很低的一小份。

早上6点，三和市场外就能听到夹杂在招工者吆喝声中的叫卖声：“西瓜，西瓜，1块钱一片，香蕉1块钱三根，苹果和梨都是1块钱一个！”一位胖胖的老太婆卖力叫卖着，把车子安置在固定位置，拿下凳子坐在车旁，她的儿子把西瓜和其他水果放在三轮车的木板上，西瓜和香蕉摆在边上的小桌上任由青年挑选。一个10斤重的西瓜可以切20片左右，每片只卖1元，都薄薄的，或许只有这样薄才赚得到钱。卖水果的老太婆是从外面市场批发水果，一次可以拉回十几个西瓜，卖完一个，再切一个。相对于三和小超市2元一片的西瓜，老太婆卖的西瓜虽然更薄，价格却只有一半，对于想尝鲜或嘴馋的三和青年而言，无疑是更好的选择。因而老太婆的瓜卖得很快，不足一小时就能卖完好几个大西瓜。

推车卖瓜的还有两位摊主，其中一位也是老太婆。她每天从三和南区推着一辆手推木板车过来，车被分割成了两层，底下一层放三四个瓜，上面一层放切好的西瓜片。她的西瓜片分为两种价格——2元一片的和1元一片的，两者的厚薄差异一眼就能看出来，而大部分三和青年还是会选择1元的。还有一位卖西瓜的是市场内买卖手机的小商户，除了西瓜和手机，他卖的东西还有很多样，不仅有1元一小袋的瓜子和2元一小袋的花生，还有5元或2元一份的龙眼。这些袋装食品都是老板一早装好的，整齐地摆在桌上任人挑选。

有趣的是，三和市场西瓜售卖的切法和价格是商家之间相互争斗之后形成的。三和市场曾发生过两家卖西瓜商家的打架事件，由于相隔距离不远，几乎可以视为在同一地方竞争，其中一家卖2元一片，另一家把西瓜切薄些，卖1元一片，这导致三和青年毫不犹豫地选择后者。虽然西瓜块小，但既可以尝到瓜，又能省1元钱，何乐而不为？于是，卖2元的商家对竞争对手的行为不满，与其争吵起来，这是闲着无聊的三和青年最喜欢凑热闹的场面，很快引来上百人围观。

三和青年不问是什么原因，一群乌合之众中不断有人叫嚷着：“打起来，打起来，把西瓜摊掀倒，拿西瓜刀砍起来。”应声而来的协警队长呵斥值班人员为什么允许商家把货摊摆出来，这就引起值班人员的不满，把怒火发泄到商家身上，准备没收车和水果，相互争执中还产生了肢体冲撞，从而引起商家与管理者之间的矛盾。在与商贩拉扯的过程中，忍无可忍的协警与三和青年和商家发生激烈的言语冲突，甚至谩骂起来，呵斥青年不要胡乱说话和拍照，并且以三和安装了摄像头可以查到任何人的一举一动相威胁，即使如此也没能制止三和青年，人反倒越聚越多。

在三和青年的助威声中，西瓜价格之争最终演变为商家与商家、商家与协警之间的冲突。矛盾升级和转换也使得事件渐入高潮，三和青年叫喊着迅速围观，聚集了有200来人，他们有的爬上铁架桥，有的站在楼梯高处，都试图占据有利位置观看事情的进展，里里外外把通道围了个水泄不通。最有意思的是，在争执过程中，商家的水果摊没人照看，有三和青年叫喊着：“西瓜要被拿走了，也没人了，赶快拿！”可能是比较忌惮三和市场内的监控，潜在制度约束下居然一块西瓜都没被偷走。

事后，商家找三和青年询问刚才是否有人拍了协警推搡他的视频，虽然很多三和青年拍摄了视频，回答却出乎意料的一致：“光顾着喊叫，没人拍视频，你们可以调监控。”可见，在整个冲突过程中，三和青年始终处于看热闹的状态，他们围观、推搡、叫喊，竭尽所能地把事情闹大，唯恐天下不乱，却不是真正想帮助别人解决问题。这次冲突事件最直接的影响就是，此后卖西瓜的商家都有两个价格：1元的和2元的，这似乎就成了三和市场内买卖西瓜的行规，而如何切瓜全由摊主决定。

三和还有其他比较便宜的商品，如1元的方便面、0.5元的辣片等，而最常见的、单价极低的商品是散烟——0.5元一根。这对于有烟瘾却买不起一整盒烟的青年极为重要。尽管几乎三和所有的小超市都卖散烟，但老板从不把散烟放到台面上卖，只有三和青年去询问才卖。“老板，有散烟吗？”“有，要什么牌子的，几根？”“要 ×× 牌，一根。”青年接过烟，还要向老板讨要打火机点着，然后就躲到一旁过烟瘾去了。

三和青年的价值取向、生活方式最终经由其徘徊于生存底线的低质低价的消费文化而得以符号化，三和也就成为舆论周知的三和，三和青年也由此走上“神坛”。所谓消费文化是某一社会阶层基于其价值取向、生活方式而形成的，由这一社会阶层中的个体有意识地建构出来，为刻意区别于其他社会阶层的外显的行为模式，其目的是在该社会阶层中增强认同感，同时引起其他社会阶层的关注、尊重，甚至嫉妒。但与其他社会阶层的消费文化不同，三和青年标以“挂逼”的消费文化表现出更多无奈、自嘲以及某种程度的抗拒。他们知道，“挂逼”所代表的消费文化符号，只是其窘迫生活的真实写照，而无任何符号的群体资本、文化资本、经济资本可言。因此，只要手头略显宽裕，他们会立刻摆脱“挂逼”消费，而像其他社会成员一样解决自己对于生活资料的需求。

在三和这一场域中，不同社会阶层的差异细微到只能以心理感受加以区分。为三和青年提供各类消费服务的小老板，其经营的日收入相当于日结工资，但他们在心理上与三和青年保持着阶层距离，这也就是大风面馆老板拒绝将自家的面冠以“挂逼”二字的原因；干完日结后有所收益的三和青年则更多回避挂逼商品，尽管在窘迫时挂逼商品也解决其不时之需，但在心理上抗拒挂逼商品也使其相对于“三和大神”保有最后的尊严和优越感；而“三和大神”们则是最底层的一群，挂逼商品一方面满足了其最基本的生活需求，但另一方面也使其被牢牢禁锢在三和，当我们感叹挂逼商品的价格相较于其他地方极低的时候，也就意味着“三和大神”们已无法承受外界的生活水平。

第五章　三和青年群体

第一节　游离在挂逼边缘的三和青年

在本书中，使用最多的一个词是“挂逼”，虽然这个词屡被提及，却很难从学术研究角度给出精准定义，对没有真正深入三和体验生活的人来说，挂逼是很难用言语表达的生活状态。即便是真正深入三和体验过生活之后，试图用精准的词汇来描述挂逼也是徒劳，因为挂逼生活状态本身具有弹性，且需要从生活的方方面面考虑，从吃饭睡觉到穿衣、做日结。三和青年本身所处的生活状态也在不停切换，倘若以现有的测量标准去衡量，恐怕也会出现好多种不同类型的人。而本章试图展现的是三和青年挂逼的生活状态是什么样的，是如何形成的，那些挂逼青年又是如何走到这一步的。

2005 年，中国沿海地区开始出现民工荒，深圳也是如此。最近十年，工厂里普通小工的工资增加到了最初的四倍以上，整体上却仍然处于缺工状态。很多接触过三和青年的研究者都会奇怪，为什么他们不去找一份体面、稳定的工作，至少能够保证自己的基本生活。让他们找一份体面、稳定工作的想法只能说是他人的一厢情愿，融入三和生活的年轻人，找工作的目的或许只是维持生存。

三和青年存在的基础是什么？答案是日结。无论是快递日结，还是保安日结，日结工作都为三和青年游离在挂逼边缘提供了经济上的可能，而且日结的妙处在于几乎每天都有，只要你有工作能力且想去工作，都可以找到类似的工作。当然，日结不可能彻底改变三和青年的生活状况，仅能维持挂逼的生存状态，却更符合他们的理念："干一天玩三天。"不到150元的日结工资能保证三天之内处于底线生存状况，虽然有些工作可以使生活更好，比如工资相对较高、工期相对较长的小时工和临时工，能够让三和青年存一部分钱。但对没有未来发展方向和目标的人而言，活在当下貌似是一种更受欢迎的选择。加上小环境的影响，即便是工作一段时间，拿到比较多的工资之后，很快也会全部挥霍掉，短短几天后可能又处于挂逼边缘。对他们而言，工作—挂逼—工作是一个无限的死循环，在维持温饱和维系生存的挂逼之间游离，就是他们在工作上选择日结最为重要的一大原因。

需要明确的是，依靠不到150元的日结收入生活三天是生存底线，一旦突破底线，就有可能转变为生活毫无着落的"三和大神"。据一位三和青年说，他每天消费在100元以上，如果身上现金少于300元就会心慌，需要赶紧找工作。也有青年这样说："三和已经形成一种风气，你在挑工作时，工作也在挑你。三和最不缺的就是人。"可见，从三和青年沦落到"三和大神"，既是自己对工作的选择造成的，也是劳动力市场竞争的结果。处于不同生活状态，具有不同生活需求和心理意愿的青年，在工作选择方面存在明显不同。

在三和，日结工作中最轻松的是保安日结，其他日结的工作强度和工作环境则相对较差，如快递日结10小时工作时间中仅有1小时休息时间，工作全程站立。白天的快递日结还好，如果是夜间的快递日结，困意会使得人难以坚持。快递装卸是最难做的日结，工作时间内不停地装卸，劳动强度大，曾有青年说："夏天在没有空调、风扇的车间和仓库里干活，上衣甚至内裤全都湿透，那滋味真不好受。"对一些做完日结，回到三和后追求"高品质生活"（床位或单间住宿、一日两餐、换洗衣服、买彩票等）的青年，工地日结是最受欢迎的。不过，工地工作环境艰苦，没有相应经验的人难以承受如此重的体力劳动，特别是装修和搬运材料。参与装修的日结工作，不仅需要处理墙壁残留物，有时候还要仰着头给屋顶刷大白，长时间的劳作致使手臂和脖颈僵硬酸痛。搬运工地建材更累，需要两个人仅凭人力装卸满满一车 10 米长的钢管，所用的防护措施仅有一双手套，手掌和手指容易剐伤，特别是经过太阳暴晒的钢管，一双薄手套恐怕难以经受钢管的热度。工地上艰苦的环境会导致一部分青年跑路，干不完就放弃，在拿不到工钱的情况下，回到三和只能挂逼。能够坚持下来的人，完成一天的工地日结后，身上已然覆满尘土，有些人早已没有换洗衣物和住宿床位，只能在"有衣裤"挑换衣服，在网吧或公共厕所简单洗澡。但工地日结工资相对较高，一些青年坚持完成日结任务后可以"体面"地多生活几天。

其实，对工作的忍耐程度也可以成为衡量生活态度的一种指标，如他们讨论各自所经历的工作，讨论谁可以承受多久，谁可以干什么类型的工作。曾有人这样说："我们一起去食品厂工作的有七八个人，他们受不了那里的环境，第一天就走光了，只有我干足 7 天。那些叼毛什么都没拿到，我每天赚 140 元。"他的语气中透出某种骄傲，也表现出对工作的忍耐程度和工作态度对一个人的收入和生活方式存在直接影响。混迹在三和的时间越长，出去做工、做日结的动力就越小，毕竟身边那么多人都混吃等死，正是得过且过的心理致使一些人在不知不觉中走向更深层次的挂逼状态。

处于更深层次挂逼状态的三和青年秉持着一种理念——有钱绝对不去找工作干活。钱少的时候还可以节衣缩食再支撑一下，直到没钱没法坚持下去再找工作。这类三和青年并不追求“时尚”的生活，只求简单生存而不至于彻底挂逼，进而沦落为真正的“大神”。由于保安和快递的日结工作无论是白天夜晚，还是晴天雨天，一年四季都存在，即使春节的时候也会有，所以一个人可以在距离彻底挂逼一步之遥的境地摇摆相当长一段时间,直到彻底自我放弃,真正进入“大神”的“境界”。

除了做日结的三和青年游离在工作（生活）与挂逼（生存）的状态之外，还有一类被称为“三和商业青年”的人群生活境况也差不多。“三和商业青年”多在“海新大酒店”售卖小商品，包括槟榔、真空包装的鸭腿等。据其他人说，这些商品大多通过非正规渠道获得。与买卖身份证和收微信号的业务青年不同，“三和商业青年”的经营地域范围和对象仅限于三和人力市场和三和青年。当然，考虑到三和青年的消费水平有限，其他外来人口也很少“光临”三和，更不要说来买“三和商业青年”的槟榔和鸭腿，商品本身销量和赢利较少。虽看似有正经的“工作”，实际上他们只是整日游离在三和而不去寻找真正能养活自己的工作，因而也会经常游离在挂逼的边缘，但勉强糊口、解决温饱问题倒是不大。

说到底，三和青年游离在工作与挂逼边缘的生活方式和生活状态，是由收入水平决定的,那么处在什么收入水平的三和青年算作“富翁”？有哪些物质上的表现可以说明三和青年有钱？以及是如何通过一个三和青年的消费行为判断他是否处于挂逼状态呢?

从生活和消费来判断一个三和青年的境况并非难事，而且相互熟悉的青年基本上都知根知底，经常会出现相互调侃的戏剧画面，同时，也能够从三和青年的相互调侃中观察到他们对一个人的论断。曾有这样一幕，一个刚在工厂打了一段时间短工的三和青年无意中把烟头扔到另一个三和青年的鞋上，所幸没有伤到脚，两人也没有起冲突。可是，边上与扔烟头青年熟识的人调侃道:“他刚从厂里出来，做了一星期，有 1000 多块钱。现在是大老板牛 × 哄哄的，都可以把烟头扔到人家鞋子上。我得离远点，你现在升级了，可以在三和横着走！”虽是些调侃的话语，却间接说明了拥有 1000 块钱的人在三和青年中已经属于“有钱人”。作为“有钱人”的三和青年会有意无意地表现出另外一种生活方式,床位已经不能满足他们表露“有钱人”这一身份的需求，在没有生活压力的前提下，住单间几乎是必须的，奢侈点就在小旅馆租住 80 元一晚、有空调的单间，简朴点就租住 30 元的单间。之所以“有钱人”较多选择单间住宿,也是为了保护“财产”,避免睡觉时被盗。此外，住单间还可以洗澡、换洗衣服，这些都是“有钱人”才会考虑的高级问题。

你能看到很多初来乍到的年轻人，他们只是把三和人力市场视为找工作的平台，至少工作能够使自己在深圳维持基本生存，最好能够保持一定的生活质量。可是，深圳工厂里的工作并不如他们想象中那么美好，让人满意的工作并不多。初到三和的年轻人都经常出去工作，可以保证生活品质，至少能满足一日三餐与正常起居。可三和是容易让年轻人产生惰性的地方。找不到满意的工作，看着周围无所事事的玩乐的人，加上便宜的生活成本，这样的区域环境容易影响他们的想法，进而改变他们的工作和生活习惯。一旦一个年轻人出现惰性，一段时间不工作，加之买彩票、泡网吧等，就会逐渐走向挂逼的边缘。

每个初次走向挂逼边缘的青年都是不情愿的，之后又会在窘迫之际选择适当的工作，当然这时候由于自身耐受力的下降，能够选择的工作会更少，日结有时候是看起来最合理的选择。一方面，当三和青年习惯了这里的生活，他们对工作和生活已无太多奢求，惰性不断增加。另一方面，低廉的生活成本、热闹的生活环境、包容的社会氛围，就会让这些不愿意出卖体力换取劳动价值的年轻人，陷入在挂逼边缘徘徊的工作—生活循环。

再进一步，当一个年轻人完全熟悉、融入这里后，日结工作恐怕会成为赚钱的第一选择，而他身上的全部现金也不会超过 200 元，只要饿不死，就尽可能不干活。白天百无聊赖，混迹在彩票店、招聘大厅等各处寻找休息、娱乐的地方，随处找一张凳子坐下，就可以不顾周围环境地进入梦乡。没有床位住所，晚上就睡网吧，直到网吧也没钱去了，就只能找到自己“专属”的位置——“睡大街”。为了减缓挂逼的进程，三和青年能够忍受一天只吃一顿饭、十天半月不换洗衣服，当他们面露饥色，穿着污迹斑斑的衣服，身上散发难闻气味时，正常人的生活也就渐行渐远了。

有人说时间过得好快，一天不知不觉就过去了，边上有青年附和道：“肯定啊，都在这儿吹牛，随时可以躺下睡觉！”可见，对一些人而言，生活是种煎熬，逝去的每一刻都没有任何意义，没有目标也就无从谈起生活的意义，时光便更易逝去。

当三和青年沦落到整日以“大酒店”为家时，其维系生活的手段就不再局限于日结，而是无所不用其极，比如，“三和商业青年”在经营自己小生意的同时，会和拾荒者一样去捡塑料瓶卖。他们还通过其他途径赚钱，如把煮好的饭以最低价卖给别人，从人力公司内偷电来提供所谓的有偿充电服务，或是买几副扑克牌、提供打牌的场地，以此收取一定费用。尽管竭尽所能，但他们也只能维持底线生存，几乎没见他们换洗过衣服，头发长时间不剪不洗，格外肮脏凌乱。当三和周边管理比较严格、偷不到东西的时候，他们的生活境况会更加艰难，可能随时就要挂逼。其中，有一位被三和青年称为“专业小偷”的青年绝不会放过任何一个小偷小摸的机会。一次，一位三和大叔不知从哪里搞到一条流浪狗，在社会好心人的帮助下买了几根香肠，一不留神却被“专业小偷”青年摸走一根。于是，“与狗抢东西吃”使得“专业小偷”被很多人鄙视。三和青年在窘迫的境况下，可能连最基本的人格也保证不了，沦落为麻木行走的木头人。

事实上，最容易辨识一个人真实生活状态和心理状况距离挂逼还有多远的方式，是看消费选择。一是在日常生活中购买饮用水的类型、价格和频次。如果一个青年一天之内买几次价格在 3 元以上的饮料，如可乐、赛虎、乐虎等，基本可以判定他距离挂逼还比较远。二是吃饭的选择。如果在小餐馆吃快餐，且一天吃两餐，说明他还有钱消费较贵的食物。如果连吃小超市里单价极低的零食都实现不了，只能在大风面馆吃面，那就说明他距离挂逼不远了。三是吸烟的类型。如果能够拿出一整盒价格超过 6 元的烟，他的生活状态暂时不至于挂逼。当你看到有烟瘾的青年恳求他人施舍一根烟时，说明他已处在挂逼状态。四是住宿标准。看他是坚持睡“海新大酒店”，还是选择单间、床位或是网吧。选择单间被视为“有钱人”，选择网吧的青年生活境况尚可维持，睡“海新大酒店”显然是挂逼了。五是换洗衣服的情况。做日结回来之后都换掉脏衣服，当然多数是从胖瘦两位老太婆的“有衣裤”买衣服。一旦发现一个三和青年在外面的商店买衣服，说明他刚做了较长时间的临时工，至少可以保证三天或一个星期不用再工作，且有钱来满足吸烟、去网吧、买彩票等需求。如果一个青年的衣服已经很脏，且散发出浓烈的臭味，说明至少一个星期甚至半个月没有换洗衣服，基本处于挂逼状态。更有甚者一两个月不换洗衣服，那就很可能是“大神”。六是身上有无手机等电子产品。手机可能是一些三和青年最重要的财物，不过有些人只拥有一部仅可以打电话的挂逼机。如果看到一个青年手上戴着手表、拿着充电宝给手机充电，那就是“有钱人”。七是是否赌博。重点是在彩票店里的表现，一些青年只坐在里面睡觉，或者指点他人，到处吹牛却只说不买，说明他们基本丧失了维持生活的经济能力。还有一些青年边看边买，则他们或是做了日结或是从其他途径获得了足够的收入。如果一个青年在买彩票的同时，还能给身边坐着指手画脚的人递上一根烟，说明他的经济状况非常好。上述七条标准在日常生活中是最常见的，也是判断青年挂逼程度的最有效的观察指标，但并不意味着青年符合其中一条就完全进入了挂逼状态。考虑到大部分青年都会在挂逼边缘挣扎较长时间，这些指标只能用来判断某一个人某一时刻是否处于挂逼状态，而每一个处于挂逼状态的青年背后的原因可能并不完全一样，但有一些原因是相似的，比如迷上赌博、工作受伤等。

三和青年因为赌博或者买彩票“成功”从自由自在地生活沦为徘徊在生存底线的挂逼仔的例子较为常见，他们大多经历了循序渐进的沦落过程。正如前文所述，人们来到三和人力市场的最初目的是找工作，当一个人计划着早上出来看看人力市场有哪些就业岗位，却有可能因为暂时没有找到合适的工作，且还有一些钱可以维系生活，就缺乏去工作的紧迫感。在人力市场闲逛或者是在与他人聊天的过程中，新来的年轻人不难发现彩票店是人们最爱聚在一起吹牛的地方，就进去转一圈。虽然大部分玩彩票的人赚不到大钱，却总会有一些碰巧猜中几期号码，赢了一些钱，这就给游荡在彩票店吹牛的人提供了效仿的榜样，令他们误认为买彩票赚钱比工作轻松，还存在咸鱼翻身、一夜暴富的机会。于是从抱着玩玩看的心态逐渐过渡到无法收手，毕竟从人的本性而言，每个人在输钱之后总是渴望再赢回来。当一个三和青年陷入其中废寝忘食地连续玩几天之后，恐怕身上仅有的一点钱都要耗尽在彩票店里，最终只能进入挂逼状态。如果能够在挂逼之后幡然悔悟，或许还能回到正轨，可是，在三和人力市场这样的环境中，真正悔悟的青年所占比例并不高，更多的是越陷越深。

买彩票是合法的，大多数人都尝试过，还有一些是真正意义上的赌博。其中，最典型的有三类：百家乐外围、炸金花和摇骰子。这几种赌博投入较大，不是游走在挂逼边缘的人能参加的，而它们比彩票店更能让青年陷入挂逼状态。百家乐外围每次下注的金额远远大于彩票，如果赢了，回报也远高于彩票。三和有一位被称为“赌神”的青年，据说他曾经凭运气用几千元钱在一天之内赢了 30 万，这对三和青年来说是天文数字。而他并没有收手，结果可想而知，不仅赢的钱全吐了出去，还赔上了几千块本钱。为了在三和生存下去，“赌神”只能卖掉自己的手机，每天白天浪迹于三和人力市场的各个角落，晚上直接躺在“海新大酒店”，彻底沦为一个挂逼青年。挂逼居然没有减弱他的赌瘾，“赌神”每次连基本生活都熬不下去，被迫外出做日结回来后，只要有钱还是会赌，然后迅速地再次挂逼。

炸金花是全国常见的赌博方式，在三和虽然每一把输赢并不大，多数在5元以内，但节奏快，几分钟一把，一晚上输几百司空见惯。对于经济上捉襟见肘的三和青年而言，只需要几个晚上，就能沦为挂逼仔。连续玩几晚炸金花，他们的状态会与之前全然不同，双眼无神、满面倦容，精神萎靡，连走路都摇摇晃晃。

其三是摇骰子。三和市场摇骰子与一般的骰子不一样，骰子上标注着十二生肖，也被称为十二生肖骰子。摇骰子是由一位胖子当操盘手，还有两位青年当托儿，玩法极其简单，只需要把钱（10元起步）押在自己估计可能会出现的生肖上，只要摇骰子的结果中出现了自己所押的生肖，就会获得多一倍的钱。从赔率和猜中的可能性上看，只要稍微懂一些概率的人都会明白，只要长时间玩下去，输钱是必然的。即便是不懂概率的人，只要在这里居留比较久就都知道摇骰子背后的套路，所以三和青年很少参与摇骰子，但那些刚到不久、想通过非劳动途径赚快钱的人在当托儿的青年的蛊惑下，每天还是有一些人会参与到摇骰子的赌博中来。

每个人都会有发财梦，对一些青年而言，在深圳按部就班地工作基本上没有发财机会，只能通过碰运气发财。可是，聚集在彩票店里的青年不少，发财的一个也没有，靠买彩票、赌博去碰运气，最后只能输个底儿掉。有人干了一天日结，刚吃了一顿饱饭就走进彩票店，几把就输光了；还有人说他干了5天日结，到外面的赌场赌几把，没一会儿就全输了。

对于好赌的青年，会有人提醒他们："赌博就是个无底洞，多少钱都填不满！"其实，在经历多次疯狂的赌博之后，一些好赌的人已经自我放弃，他们会说："我都没见过钱，没存过钱，现在也不需要钱了，过一天算一天吧。”可见，与玩彩票相比，赌博的负面影响更大，原因在于赌博能够在短时间内消耗更多钱财。赌博的刺激程度也远胜于彩票，加之在赌博的过程中始终会有不少人围观，形成令参与者难以自拔的受人关注的氛围，在这种氛围中，一些青年进入挂逼状态也就为时不远。

除了赌博这种外在诱因，挂逼的内在诱因主要是对劳动和工作的厌烦。由于好逸恶劳，他们在工作选择上更倾向于日结，而一天日结所得工资仅够维持两三天的底线生活。可以粗略地给三和青年算一笔账，即便是在三和低廉的生存成本下，正常吃饭一天要 20 元、租床位 15 元，吸烟喝水一天也要 10 元，再加上上网或买彩票，一天至少也需要 50 元以上的支出，而日结的平均工资是 140 ～ 150 元，省吃俭用也只够三天。

三和青年不选择工资稳定的工厂工作，其中既有自身原因，也有中介和工厂的原因。从自身客观原因来讲，一些青年在做日结或做法人时身份证被骗，也有人为了暂时生存卖掉身份证，还有些人的身份证不慎被偷，没有有效证件就失去了进厂工作的机会，只能做做日结。从自身主观原因来讲，相当部分的青年是可以在工厂找到工作的，却觉得工厂的工作太机械、太无聊，赚不到什么钱，做一段时间就会产生强烈的厌烦心理。一些青年说在工厂做工会麻木，整天就是一种生活，没什么意思。有个青年讲述了他的故事：之前他在流水线上工作，一天 10 小时不停地干。流水线上有监工或是小组长逼迫他们要保证一定的生产量，指挥你干这干那。他觉得自己喜欢和人聊天，不适合重复干一样的活儿，在流水线上做真是生不如死，就提出了辞职。

其实，三和青年普遍反映的是在工厂工作，到上班时间必须打卡，迟到就要扣工资，上厕所都要排队和请假，更不要提吸烟了，还要面临着长时间的加班，特别是持续时间很长的晚班。当主观上接受不了严格的管理，就对进工厂产生了强烈的反感情绪，反而觉得做日结挺好。日结没有严苛的制度约束，有一定的自由和自主选择权。虽说他们也知道自己在混日子，但这也比去工厂活得更有意思。

还有一些人是受自身能力所限，无法在深圳找到愿意接受他们的工厂。比如，有一个青年说自己也去了几家工厂，每次体检都通不过。常见的还有学历不够，无法通过笔试。有一个青年选择了一家待遇不错的工厂，笔试中要求写出 26 个英文字母的大小写，可他根本写不出来。这些本来有意进厂的人在多次受挫后，也就不再考虑进厂，只好转而寻找临时工作和日结工作。而有技术和能力的青年更容易“上岸”，一位 2008 年就来到深圳打拼的青年，也曾在三和厮混了近一年，之后幡然悔悟，找到了一份工作，但还经常回来逛逛。他说能找到工作的重要原因就是有一定技术，会操作电脑，这样才得以在工厂立足。

一些青年对自己不进厂工作还有另一种解释，他们认为进厂也学不到技术，只能干体力活，过着完全机械化的生活。而且工厂内的生活环境也和三和一样恶劣，宿舍里蟑螂多，被子和床板里藏着臭虫。当然，实际情况可能并不像他们说的这般恐怖，却为他找到了貌似合理的理由，联想到他们在三和的住宿环境同样恶劣，这种借口实则难以成立。

更有趣的是，小部分青年会把抵制中介“剥削”作为不进厂的理由。工厂里做工大多是按小时工标准进入招聘市场的，小时工并不是工厂的正式员工，而是通过和中介（人力公司）签订劳动协议，有时候只有口头协定，以劳务派遣方式进厂。工厂内人事部门把每个打工者的工时数和应得报酬交给中介，中介扣除相应费用后，再把工资发给打工者。因而，一些青年认为中介拿的那部分费用属于不劳而获，中介都是“黑中介”，不进厂就是因为不愿意被“黑中介”剥削。还有一个反抗剥削的由头是工厂剥削太狠，由于一些青年能力有限，即使进厂，刚开始也是做小时工，月收入通常只有3500～4000元，扣掉餐费、住宿费、水电费（共计1000元左右），再扣掉每月迟到几次、旷工几次、请假几次的罚款，加上周末聚餐、喝酒、吸烟、上网等开支，拿到手的工资所剩无几。他们认为这是工厂剥削造成的，收入甚至比不上天天做日结，索性不去工厂。

宁愿选择日结也不进厂，他们做日结的意愿其实也会降低，换言之，大部分做日结的青年并非每天都去找日结，而是处于间歇性工作状态，即干一天玩三天。从局外人的视角看，间歇性工作的客观原因是没有机会、没有资源、没有相应能力，主观原因就是懒惰，或因遭遇多次打击失掉了发展动力。加上一些人适应了混吃等死的环境，不想再离开，即使离开一阵子也还会回来，宁愿一天只吃一顿饭，也不愿意工作。为了维系残存的一丝脸面不愿意彻底挂逼，他们采取间歇性工作方式并对这种方式给出了“合理性解释”，所谓的“合理性解释”都体现了他们的厌倦心态，最终他们只能游离在日结工作、底线生活与挂逼生存的无限循环中。

而且，三和青年在日结工作中得到的劳动保护措施较少，易受到意外伤害，而意外伤害往往也得不到赔偿，这也就是为什么大家不愿意选择危险较大的日结，如上山砍树、搬运建材等。事实上，有些日结的工作环境确实恶劣，如处理地铁施工后的泥浆，泥浆深度已没过小腿，日结工作就是把泥巴装袋扔进车上拉走，工作时间为8～10小时。有位青年在做完一次这样的日结后，一只脚肿得穿不进拖鞋。据他说，管理者配发给他的保护装备仅有一双胶鞋，那是仅用一层人造革做成的鞋，鞋底僵硬。在没过小腿的泥浆中，胶鞋里很容易浸入泥浆，连泥带水长时间从事劳动强度较大的搬运工作本身就非常劳累，日结回来后又没有清洗干净腿上的附着物，导致一只脚严重肿胀。而他没钱去医院，只能去药店随便买瓶药水碰碰运气。

说到看病，去医院显然不太现实，在三和市场对面有一家药店，支付能力有限的三和青年也很少光顾。他们对待疾病的方式是拖和忍，尽可能不花钱。而遇到上文提到的那类工作性损伤后，几天之内肯定无法再接日结，即使再怎么节约，也免不了出现挂逼状态。经常能见到青年在处理身上的伤口，简单的只是用纸巾擦拭伤口分泌物，复杂一点也就是买瓶药水涂抹，除此之外，就只能坐在台阶上休息。这种外伤大多是在做搬运日结时被砸伤或剐伤的，由于没有劳动合同保护，向雇主讨要治疗费几乎不可能，只能找警察或是劳动局立案处理。可是三和青年在深圳周边的社会名声已经“发臭”，即使找到相关部门，也多是不了了之。轻微的伤害只能自己想办法解决，根本不会引起任何人的注意，但这对他们而言几乎是致命的：不仅要承受痛苦，还不能出去干活，只能靠别人的救济勉强熬一阵。可见，在打零工或做日结时受伤是挂逼的一个直接原因。

在外人看来，挂逼状态的生活真是难熬，三和青年也并不是没有离开的想法，这些离开的想法却在犹豫中消磨殆尽，毕竟他们没有技术和学历，没有强烈的工作意愿，对工作挑三拣四，在任何地方恐怕都找不到满意的工作。相比之下，这里有低廉的生活成本、随时可以找到的日结工作、一群意气相投的伙伴。因而，一些人来到三和生活一段时间后试图离开，却没能“战胜”自己，这种想法的形成也有一个不断演变的过程。

初来的打工者的想法多是有趣的，或多或少做着长久、精细的打算。有初到三和的青年说：“没钱可以找两份日结，这样一天就可以挣300块钱，连续做几天就可以当‘大爷’。”反驳他的都是混久了的人：“告诉你，这里的日结都是站着的，晚上站了一晚上，要休息的。一天干20小时，只休息4小时，那肯定不行。兄弟啊，我告诉你吧，钱是挣不完的，但命只有一条。”这些混得有经验的青年对于一些事的看法与其说是无奈，不如说是有自知之明，他们在金钱和生命之间做出权衡，说：“还是命重要，命都没了，钱还有什么用？”所以，即便是有理想的人，到了这里也会慢慢被同化。

有人说，来之前还可以全面思考问题，现在心里所想的就特别简单、特别渺小，就是如何吃上饭、睡上觉，如何过一天、一星期、一个月，对于人生目标不敢多想。甚至有人说三和已经给他留下了阴影，整天就是为底线生存打拼，甚至都不求一天吃三顿，只求暂时消除饥饿感。

很多人也都会有疑问，为什么不离开三和？为什么不换个地方或换个城市？三和青年最常见的答案是“已经适应了这里的生活”。每个人离开习惯的生活环境都会不适应，这对于任何人来说可能都是一个挑战。适应了三和的生活之后，人最大的变化是缺乏融入城市生活的勇气，因为他们已经把自己视作被城市抛弃的人群，他们指责工厂、中介黑心，实际上都是在为脱离社会寻找足够有说服力的理由。也有些青年把不能离开解释为没有足够的钱：“现在主要是先挣点钱，挂逼了都离不开这里了。”实际上，他们只是嘴上说要离开，把没钱当借口，缺乏勇气的矛盾心理才是真实原因。“在这里有钱的时候可以装×，还有很多人可以聊天。离开这里又没地方可去。”正是这种畏惧离开的心理与三和特有的环境相互作用，使得原来的计划一个个落空、理想一点点消磨，有些人已经把三和看成自己的“家”，甚至有人六七年没回过老家，也很少与家人联系。有人调侃道：“回家干吗？在这里很好，天天像过节。”

不回家并不是无家可归，而是不愿意面对家庭给予的压力。有个青年说自己是有梦想的人，现在到了结婚年龄，过一两年回家结婚，就稳当地在老家生活。但是，以他现在的状况根本不可能找到老婆。所以，人们大多不再思考成家的问题。当被问及此事，他们给出的回答是：“结婚？你养得起家吗？”有一个青年是家里的独生子，来三和前还考虑婚姻问题，在三和生活两年多后，已经打消了结婚的想法。据他说，从前每次回家父母都要说某某一年挣了多少钱、某某从外面带回了女朋友等，为了避开父母的说教，他最近两年没回过家。他还说自己是一个特别独立的人，不会理会父母说什么：“如今不结婚的人很多，没什么稀奇。”

可见，虽然有家有父母，但是为了避免诸如婚姻之类的事情给自己带来的压力，尤其是依靠自身能力解决婚姻问题的可能性微乎其微时，他们转而认为父母的思想已经过时，逢年过节也不再回家，主动成为漂泊在外的“弃儿”。

放弃融入社会还有一个典型原因，那便是学习欲望的下降。按照常理，三和青年大多是年轻人，从个人成长历程来看，现在学些技能，以后能有一技之长，但他们普遍对学习技术持抵制态度，且有一套说辞：如果去学技术和知识，首先要有一定的资金，没资金哪儿来的工夫学知识学技术？如果是跟着别人干活学技术，不发工资我们活不下去，倒贴钱让我们学人家肯定不愿意。即使是给我们钱了，干的也都是杂活，根本学不了有用的技术。再说别人跟你无亲无故，凭什么把技术教给你？学会了技术，没有关系，人家凭什么用你？一连串疑虑都是在试图证明学技术、靠能力翻身、逃离三和是不可能完成的任务，由此又坚定了自己没有其他往上走的人生路径，不如混吃等死的执念。“好好干几年，给你个小组长当当。上面的关系你还是联系不到，别人也看不到你做得多好，你还是和流水线工人打交道，有什么出息？有些工作是轻松，工资还高，可我们干不了。人家要操作电脑，我们根本不会，还是找找日结吧。”

考虑到当前沿海地区普遍存在的民工荒，政府在大力推行免费的职业培训，而三和青年所顾虑的部分问题来自培训的费用和机构。这就让人忍不住追问，如果政府或有关机构提供免费培训，他们是否愿意学？他们语出惊人：“自己已经老了”“懒散了这么多年，离开学校就再没学过什么”“培训几天没用，还不如在这里混”。这些牵强的说辞也印证了他们对学习技术的抵制来自近乎根深蒂固的生活态度。因此，在平时讨论如何翻身、如何成功的时候，他们大多把人生艰辛归因于社会的阴暗，抱怨缺少后台、背景和关系，很少有人检讨自己对学习的抵制和妄想不劳而获的态度。

第二节　三和青年之比较

如果没有聚集在这里的年轻男性打工者，三和就只是中国广东省深圳市龙华区的一个地名，有了这些三和青年，三和或许可以载入中国历史，成为透视城镇化、工业化发展中各种问题的一个案例，它背后凝结了经济、社会、企业、城市管理等多方面因素，而三和青年则成为经典问题案例中的主角。三和青年并不是一个模子里刻出来的，而是多样化存在的，甚至可以说，不同的三和青年扮演着不同的角色，每一个角色都为三和的存在提供了功能性的支撑。

案例一："业务青少年"

三和是一个劳动力市场的聚集地，找工作、招聘、进厂是三和市场最常见的事。相当数量的青年的聚集也给三和带来许多劳动力交易之外的事情，比如前文提到的微信号、银行卡、手机号的地下交易。其中，有一位典型人物，姑且称其为"业务青少年"。

幽暗的晚上，经常可以见到一个留着短发、个头不高、身材瘦小的少年悠闲地走过三和人力市场来到人群中，显得那么弱小，那么稚嫩，从外表来看还是一个未谙世事的未成年人。他身穿一件与周围人群格格不入的干净短袖上衣和浅蓝色牛仔裤，脚上是一双人字拖，径直走向一家小超市买一包 1 元钱的瓜子。他没事的时候最喜欢嗑瓜子，手里随时都拿着一小包瓜子是"业务青少年"的标志性特征。他碰见熟人的第一反应是从口袋里掏出烟和打火机，递上烟亲切地聊几句。就是这么一位不起眼的少年，其实已经在社会上混迹多年，早已是三和潜在交易市场的老手，知道他底细的人都会趁他出来买瓜子的时机找他商量"业务"。

他来自广东潮汕某县城，刚满 18 岁。"业务青少年"并不是三和挂逼青年中的一员，也没有一直在三和逗留，只有晚上出现的频率最高。因为要开展业务，他经常在晚上坐在台阶上与人聊天，有时不明就里的人对他说:“这位小兄弟千万不要挂逼，年纪轻轻出去做点正式工作。”很多人看他那么小就在三和混，多少有些怜惜，哪里知道“业务青少年”早已是行家里手。那么，他究竟心怀什么样的想法来到三和？此前有哪些生活经历？是否会被这里的状态影响而放弃自己的目标？

“业务青少年”辍学较早。据他说，初中二年级之后就不再上学，并不是成绩不好，而是不愿意继续上学。学校老师说他聪明，能够很快理解老师的讲解，按照他的学习能力和学业水平，考上一所不错的高中是非常有希望的。尽管父母和老师都劝他继续读书，但他没有读书的心思。那会儿正是网吧流行的时候，“业务青少年”出于好奇就试着去网吧玩网络游戏，自此一发不可收拾，完全沉溺其中。那时候，政府对黑网吧管理并不严，尽管他是未成年人，也没人查验身份证。结果他一有机会就往网吧跑，逃课、不回家，整天玩游戏。

眼见各种规劝已经失效，家长和老师也就默许他离开学校，开始另外一种生活——“闯荡社会”，外出工作营生。他的父母经营着生意，但“业务青少年”受不了父母的唠叨和管教，想孤身一人拼搏一番。在征得父母同意后，他去了广州，因为年龄太小没有达到进厂要求，只能通过同乡关系联系了一家饭店，在后厨打下手。饭店后厨环境一般都比较糟糕，“业务青少年”既难以承受油烟、闷热和劳累，又不愿意过厨房—宿舍两点一线的无聊日子。虽然在父母的社会关系下，可以请厨师收他为徒，传授烹饪技术，希望他能有一技之长，实现经济自立，但“业务青少年”拒绝了这一机会，选择自己继续出去闯荡。这可能是青少年不愿受约束、喜欢自由的特点所致，毕竟那时他正处于叛逆期，他现在聊起这些时还颇有些后悔。他总说自己没有抓住好机会，那时年纪小，既不太懂得如何在社会中生存，也没有思考过未来的发展方向，盲目地离开了可以拜师学艺的饭店。之后“业务青少年”在广州其他地方做过一段时间的搬运工，因为身材瘦小、体力较弱，勉强支撑着挣了一些钱之后，又重新寻找其他挣钱门路。

“业务青少年”自带潮汕人的聪明和敏感，因为偶然的机会了解到收银行卡、微信号和手机卡等可以赚钱，虽然这些事情都是地下黑产业，难以在外部公开运作，但其中却蕴含着不少赚钱的机会，而广州对这方面管理得较为严格，需要向外拓展“市场”。细细打听之下，他发现“三和大神”已经在网络上有了一定知名度，最关键的是三和聚集了一大批挂逼青年，其生活境况决定了他们会通过各种门道获取钱财，且缺乏自我保护意识。“业务青少年”认为深圳龙华三和具有挖掘市场的潜力，便到此拓展“业务”，距调研进行之时已有近半年。果然不出他所料，他揽到很多“业务”，进而发展出一些业务线，即介绍其他人办理业务，从中给中间人抽取一部分提成。从自己“拉业务”拓展到一个业务圈子，生意自然快速扩展，“业务青少年”的称号由此传播开来。

“业务青少年”依靠业务形成了可靠的收入来源，他在三和的生活状态异于旁人，自在许多，完全没有被生活压力和挂逼压迫的约束感，不用每天为吃饭、睡觉发愁。同时，他小心翼翼地处理每笔业务，避免因失败而得罪后面的大老板。

“业务青少年”对住宿有一定要求，认为三和区域内的床位既不安全又非常脏乱，连单间也是如此，与他的身份不相符。他选择在距离不远的出租房内或装有空调的旅馆里居住，这类住宿地点相对卫生并带有独立卫生间。根据他所描述的租住房间的情况，除了没有空调以外，很多设备和酒店的状况相似。有定期更换和清洗的白色被褥，即便是在炎热的夏天也不直接铺凉席，而是铺垫一层床垫，让人睡在上面也不感觉硬，房间内还有一台新的落地电风扇。

因为有其他业务（具体信息不详）时需要去外地，“业务青少年”连续住宿的时间不确定，所以也会按照收入情况选择不同的住宿标准。业务较繁忙，收入较多时，他会选择带空调的房间，一晚的价格在 80 ～ 100 元。业务一般时，他还是以住一般单间为主，一晚的价格在 40 ～ 60 元。因为不喜欢与很多人睡在一起，无论是哪里的床位都不会租住；即便较长时期没有收入，经济拮据，也不会睡“海新大酒店”。他会选择性地待在网咖玩游戏或是睡觉休息，同样也不会选择网吧上网，因为外面网咖的条件在任何方面都要比这里的网吧好很多，纵然价位相对较高，也比单间便宜不少。

由于有相对固定的住宿要求，“业务青少年”每晚 11 点之后就离开三和，前往网咖或是租住房间，从未出现过睡大街的状态。对住宿条件的挑剔给他带来的最大好处是每天都可以换洗衣服、洗澡，收拾得干干净净，一眼看去挺精神，和有的青年几天甚至几个星期不换洗衣服的颓态完全不同。“业务青少年”曾说过非常重视生活质量，衣服也都是在正规商店买的品牌货，绝对不会选择“有衣裤”的衣物，更不会卖掉行李。为了行动方便，他也把行李暂存在行李寄存商店。

“业务青少年”在三和能够做到足够的业务量，生活方面的需求自然可以得到满足，日常饮食基本上不会选择在三和解决。他早上在网咖上网或是在租住的房间内休息，基本不吃早餐，午饭和晚饭都在租住的房间附近的餐馆吃。基本不会发生因为经济问题而一天仅靠一顿饭支撑的情况，更不会选择“挂逼面”“挂逼大水”，在闲逛的时候一般都是用啤酒代替“挂逼水”，并自诩酒量还可以。

他理所当然地认为自己的行为特征不应该和三和青年一样，或者至少在形式上应该和三和青年有本质区别。对于三和青年来说，“业务青少年”的生活状态可能就是他们目前想要追求的目标，但也仅是想想罢了，没有任何行动。“业务青少年”认为三和青年的现状都是懒惰造成的，言语中带有几分蔑视。与其他不务正业的青年相比，“业务青少年”可谓品行端正，从来不参与任何形式的赌博。除了日常生活消费外，他花钱最多的地方就是网络游戏，为了在游戏中升级，寻求刺激以及成功后的心理满足，他经常花不少钱购买游戏装备。但他并未因其耽误自己实现赚钱的小目标而懊悔，因为在他眼里，买装备是一种投资，随时可以转手卖掉，装备的级别越高价位也越高。

尽管在三和发展比较顺利，“业务青少年”却并不满足于现在的生活，他有自己的计划和打算。他说现在所做的“业务”毕竟是存在风险的，为了规避风险，他计划再做一段时间就收手。虽然年满 18 岁就可以进厂工作，而他并没有相应的打算，如前文所述，工厂工作很无聊，没有乐趣可言。再加上工厂内部有种种制度规范，像“业务青少年”这样在外面闯荡惯了的人显然无法忍受。当然，重要的是他家境不差，不需要玩命挣钱。尽管他感觉不到来自家庭的压力，却也担心自己在三和待久了，实现人生目标和计划的意愿都将逐渐消退。所以，等实现心里的小目标之后，他就打算离开。小目标也很简单，就是现在用的智能手机过时了，等攒够了钱换一部最新款手机，出去也算是有点体面。离开之后，他想先去考驾照，再想法子赚钱买车，然后就该考虑婚姻问题了，而更长远的计划得等到成家之后再作打算。估计用不了多久，小目标即可实现，也就到了他离开三和的时候。

“业务青少年”的生活状态与以做日结为生的青年生活状态相比，简直堪称锦衣玉食，其他做日结的青年勉强糊口而不至于挂逼已实属不易。“业务青少年”与他们的相似之处极少，尤其是在有人生目标这一项上，几乎秒杀所有三和青年。或许其他三和青年也有类似的小目标，比如买车、成家等，但基本没有希望实现。“业务青少年”扮演的角色是一些三和青年沦为挂逼青年的助推者，三和青年出售各种物品和信息，包括身份证、银行卡、微信号，以换取少量生活费。三和青年越堕落、挂逼的越多，“业务青少年”的生意就越好，他们完全向两个相反的人生方向发展，一个走向实现小目标的生活，另一个则走向当“大神”的不归路。阻隔他们的不是学历、阅历、能力，而是人生态度。

案例二：“眼镜哥”

在很多人看来，戴眼镜是有文化的象征。三和青年中戴眼镜的却并不多见，当然不是说没文化，而是在工作和生活中用不到，对徘徊在挂逼边缘的青年来说，配眼镜的费用也是一笔颇大的开支。如果在三和碰到戴眼镜的青年，他肯定是有特殊原因的，戴眼镜挂逼被其他人嘲笑的可能性更大，会被戏谑为“文化人”，被讽刺能够找到工资高又轻松的工作，而这显然不太可能发生。可是，三和青年都认识一位“眼镜哥”，他是特殊典型。

巷子尽头转弯处有一家网吧，倚靠着墙壁坐在台阶上的是一位戴眼镜的青年，胖胖的身材，穿着一双拖鞋和一件白色上衣，上衣后面留下了墙上的灰痕。他慢慢地从过滤烟嘴上拿下燃烧殆尽的烟头，又从口袋里拿出一根插进沾满黄亮亮的烟油的过滤烟嘴。他身上总会有一盒“红双喜”或“芙蓉”，有时是一盒薄荷烟，据他说薄荷烟有一定的戒烟功效。一见熟人过来，他立刻从两种烟里选择合适的一种，递上一根以示友好。他在短短几分钟聊天时间里就可以抽完两根烟，可见“眼镜哥”的烟瘾之大，几乎烟不离手。

“眼镜哥”来自河南省的某座城市，只有28岁，生活的艰辛使他看起来要远远大于真实年龄。稀疏的头发和后移的发际线令泛着亮光的宽前额十分醒目，他时不时用手推推鼻梁上的镜架，眼神迷离，一副熬夜之后过度疲劳的状态。无人知晓“眼镜哥”的姓名，别人称他为“眼镜哥”不仅仅是依据他的外貌特征，更多的是根据他的行为特征。

“眼镜哥”来到三和大约半年，与其他人最大的不同是，他是被三和独特的人群、独特的生活方式和独特的生存环境吸引而来，或许还带有一种强烈的体验生活的感觉，完全没有反抗和抵触情绪，反而有点慕名而来，寻找人生乐园的意思。来三和之前，“眼镜哥”有一份稳定工作，是在一家装修材料公司做广告推送，工资虽然不高，却能攒些钱，之所以辞职是因为对这份工作已经没有太大的兴趣。他曾抱怨说，之前那份工作做了很多年，自己勤勤恳恳却没有得到应有的升职机会，直到辞职那天还是普通员工，也没有获得预期的加薪。职位和工资长期处于停滞状态，加上他没有什么创新性技术，身边的人是换了一茬又一茬，很多掌握新知识、有能力的新员工，年龄比他小却很快晋升为公司的管理人员，而他完全丧失了向管理层晋升的机会。最让“眼镜哥”讨厌的是，在辛苦工作了若干年后，居然要被小字辈员工管理。他从内心深处难以接受这种处境，觉得没有脸面，但又不愿意做出改变，于是怀着愤愤不平的心态来到三和，想换一种活法。

既然是慕名而来，“眼镜哥”在来之前就做足了功课，不仅加入了三和贴吧和相关QQ群，在里面聊天、发帖，还对三和的许多往事了如指掌。初到三和的生活是懒散而漫无目的的，“眼镜哥”甚至带着一份热心肠，经常对一些“大神”慷慨解囊，不仅无条件地从兜里掏出几块钱赠人，还从别人手里买来一张证件，借给他人做日结用。如果看到躺在小巷地板上无精打采、面露菜色的青年，他会买一瓶水或给一些钱，有时还会通过三和 QQ 群等渠道为一些挂逼青年“团饭”。当然，他并非救世主，慷慨了一阵之后，他自己也接近挂逼了。

“眼镜哥”接近挂逼的生活状态能从他的住宿情况看出来。刚到三和时，他并没有租住三和内小旅馆的单间或床位，而是在距离三和不远的城中村租了间每月 500 元的房间。虽然仅有一张床和一台电扇，但居住条件比三和小旅馆床位好很多。他每天临近中午才过来“体验生活”，在人群里闲逛，寻找熟悉的人聊天或是独自坐在台阶上吸烟、发呆。“眼镜哥”很快从体验阶段进入真实生活阶段，原因是混迹三和几个月间，他居然没找过一份工作，没有任何收入来源。积蓄基本消耗殆尽之后，他只能降低标准，以接近挂逼的状态活着。他退掉了租的房间，整天泡网吧，晚上也就在网吧躺一宿，只在有需要的时候才在“老三和”按天租床位，而所谓的“需要”一般是指必须换洗衣服或很多天没有真正躺在床上休息的情况。

“眼镜哥”融入挂逼生活的速度之快，或许超出了任何人的想象，大概在来几个月之后，他就可以不铺垫任何东西，直接躺在小巷的地上。见到熟人时也不做任何掩饰，而是干脆地说：“累了就躺下歇会儿，现在也不租房了。”然后大大咧咧地与大伙一起坐在台阶上聊天。花完积蓄后，“眼镜哥”开始做日结，也是只要身上还有吃饭的钱就不去找工作，甚至为了能够与众人一起凑热闹，发展到整晚不休息地围观其他人打牌，要不就毫无顾虑地与他们坐在小超市走廊下待到很晚，甚至在此过夜。

与其他青年相比，“眼镜哥”更喜欢去网吧，经常在中午时分走进小巷内的网吧，一来网络游戏是其生活的一部分，二来也是为了在里面休息。由于网吧内空气不流通，他时不时出来坐在台阶上抽烟，透透气，这才会出现前文描述的状态。除了打游戏，“眼镜哥”还喜欢看新闻，尤其是与深圳、三和有关的新闻，有时为了接触更多的人、听到更多消息，他还去龙华公园的长凳上找人聊天，顺便睡个露天午觉。

一天吃一顿饭对“眼镜哥”来说已经成为一种习惯，“挂逼面”是他毫不犹豫的选择，唯一的区别在于他对吃的要求比其他人高些，总要加一个鸡蛋或一个鸡腿。吃饭的时间也不固定，饿了就去吃，有时甚至很晚了还去巷子里打包一份炒粉。但“眼镜哥”和其他青年的生存状况越来越相似，他不断降低生活标准，有钱时请熟悉的人喝水，价格在 3 元左右，现在手头没钱了也喝 1 元的“挂逼水”。不多久，为能够在不工作的情况下多厮混几天，“眼镜哥”开始寻找可以轻松赚钱的渠道。以前，他总劝别人不要办手机卡，终于在一次窘迫得需要填饱肚子的时候，为了钱放弃了自己的底线，一次性办理了 5 张卡，除了自己用的那张外，其余全部换成现金。过了一两周，“眼镜哥”又计划着卖掉手机。有天晚上，他正和一位收手机的摊贩商谈价格，见到熟人过来，便风趣地说：“只是想看看手机卖多少钱，自己的手机用了几个月，想卖掉再买一部。”语气中带有一丝隐瞒和羞愧，显然，他距离真正的挂逼青年那无所谓的心态还有一段距离。

有人只有选择稳定的工作才有可能跳出去，回归到稳定的社会生活中，而“眼镜哥”恰恰相反，他从稳定的生活跳入三和，这种反向选择实际上已经和稳定的社会生活决裂，因而他不愿再进工厂做无聊的苦工；又觉得日结挣不到钱，就只选择临时性工作。当然，作为一个“文化人”，“眼镜哥”并不愿意从事重体力劳动，而是经常选择不太需要花力气的保安日结。事实上，“眼镜哥”基本上只干保安，他曾这样说过，肯定不会做长期的工作，就是做也不会超过两个月。在聊天中，“眼镜哥”称呼保安工作为“挂逼保安”,别人告诉他可以找份正式工作，他的回答是“现在不可能做正式保安，40岁之后再考虑”。当谈及回家时，他说:“回家多没意思，今年也没打算回家，就在三和过年。”可见，在融入三和生活之后，“眼镜哥”居然不想再离开，他的计划是做一段时间临时工攒点钱，然后回到三和“当大爷”。

不论聊什么，“眼镜哥”都会谈及贫富差距，经常抱怨社会不公，说自己没有资源、没有后台，即便想改变生活也很艰难。他讲述着自己的经历，去中英街（深圳和香港共同管理的一条购物街，可以到里面帮别人带货，这也是一种日结）带货，在他前面的一位美女带的东西比他的还要多、还要贵，却在海关人员不检查的情况下成功带出。到他的时候，海关人员就把货全部扣下了，“眼镜哥”想找人理论，却立刻被边境管理人员以扰乱秩序的罪名警告，只能认栽。由于没能成功带货，他只得到30元路费，还白白浪费了时间。每次谈及这些，“眼镜哥”就抱怨:“这能说我不努力吗？我也努力了，但是没用啊。”当然，这只是“眼镜哥”的一家之言，真实情况如何无从考证。

可见，在没有其他收入支撑基本的生存时，任何人都会改变大众所认为的“发生这样的事情再正常不过”的想法，就会认为自己的努力全部被剥夺了，深感社会不公。三和青年经常受到不公对待，常遇到同工不同酬的情况。曾有一位青年应聘去帮人家装修，他也懂得相关技术，干的活也是一样的，甚至比从其他地方招的人干得还要卖力，但工钱比其他人的少了一半。他也做出了类似判断，说：“因为是在三和招的，就看不起我们这些人，但是我们也有能干活的，就是得不到该得的。”

“眼镜哥”也有与这位青年类似的看法，他可以从自己现在出去做工所挣的工资与有钱人的收入相比差距太大谈起，一直说到社会贫富差距越拉越大，按照这样的状态活下去根本没有意义。在常规的社会生活中，实现富裕自足的愿望在自己身上根本无法实现，自己想要的生活条件得不到满足，即便不甘落后地努力还是达不到维系富裕生活水平的收入要求，由此会产生失落感，社会存在感不断降低，甚至会在与周围人相比较时产生羞耻感。“眼镜哥”认为在三和这样的环境中就有截然不同的感觉，只要有一点点钱，就可以租床位、吃饭、上网等。他找到了很强的存在感，内心燃烧起一种不挂逼的“激情”。

家庭婚姻应该是“眼镜哥”这个年龄的青年考虑最多的问题。当被问及相关问题时，“眼镜哥”又展现出有文化的一面，他可以对国家生育政策和老家的结婚现状侃侃而谈。谈及自己，“眼镜哥”认为自己现在已经没有经济能力结婚，从出来打工开始就基本上没想过要婚姻，找不到老婆就打光棍。现在只求自己过得好点，已经不把婚姻看成生活的必需品，也不考虑父母希望他早点结婚的压力因素。

“眼镜哥”的存在是有几分诡异的，因为他来三和看上去似乎是偶然，是受好奇心驱使来“体验生活”，却发现自己和三和的生活状况非常匹配，起初的好奇心得到满足后居然再也不想离开，留在三和反而成为自愿选择的结果。他说已经喜欢上现在的生活，热闹、有意思，这正是他想要的。

难道三和具有一种潜在的“魅力”和“影响力”，吸引并影响着寻找这种环境的青年在此聚集？还是三和的日常生活潜移默化地改变了年轻人的思想、行为、态度和目标？曾有待了两年的青年这样评价道：

“三和就是一个死人坑，来了就别想离开。”大部分青年都没有了人生发展目标和规划，每次出去工作之后都觉得无路可走，于是就想着回三和。众多青年收入水平低下，即使挂逼、睡大街，一般也不会产生强烈的耻辱感。但这种窘迫生活带来的无耻感仅限于三和范围之内，不能外传，所以在三和有一种不成文的规定：禁止拍照。因为三和青年的生活状态可能会被外来人员和媒体曝光，被熟识的亲朋知晓，那就没脸见人了。

“眼镜哥”只有 28 岁，可他一直说自己老了，很多的事情无法做，这可以算作他不愿意奋斗而寻找的一个理由。而三和正好为他提供了无耻感的环境，提高了他的存在感，乃至于令他错误地认为自己有了继续前进的“激情”。而真实的情况是，“眼镜哥”失去了奋斗目标，失去了进步的动力，他的所思所想或许代表了一部分三和青年的想法。

案例三：“受害青年”

身份证在日常生活中的重要性不言而喻，无论是进厂务工、出行买票，还是办理电话卡、银行卡等，都是必不可少的身份证明。在三和，身份证不仅有证明身份的作用，还承担着诸多“变现”功能，因而，有一些青年的身份证被偷、被卖、被人骗走。由于一些省份的身份证还暂时不能在深圳补办，这就导致了一些青年没法务工、住宿等。

刚到三和的人身份证被偷甚至成了正常的事，因为他们不懂骗取身份证的套路，一不留心就被顺走了证件。比如，有的青年为了找工作，把身份证交给招工者，可是有些招工者是假的，就是为了拿到身份证之后一走了之。而在三和，人们恰恰是能够在没有身份证的情况下继续生活的，因而一些青年在丢失身份证后，第一反应并不是立刻想办法补办，而是选择毫无顾忌地继续厮混，最终只能挂逼。其中有一位典型的代表，他就是“受害青年”。

在人力市场的招聘大厅里，众多寻找工作的年轻人在仔细比较各项工作的有关情况，却也有不少人坐在凳子上背靠墙壁闭目养神，或是趴在桌上睡觉。闷热的招聘大厅里，经常有一个高高的青年靠墙坐着。他骨瘦如柴，留着油腻的长发和长长的胡须，在炎热的夏天还穿着灰色运动长裤和灰白色长袖上衣，因为长时间没有换洗，前胸后背沾满污渍，脚上穿着一双仅露出脚后跟的拖鞋，手里提着一个空空的书包。他屡屡与身边坐着的人交谈，时不时指向众多招聘工作人员所在的柜台，摆出受害者的懊恼怨恨的表情诉说自己的遭遇，因为他的遭遇与招聘人员骗取身份证有关。

“受害青年”来自湖北农村，年龄在二十六七岁，来深圳务工已有三四年，来三和仅几个月。他是家里三个孩子中最小的，有一个姐姐和一个哥哥。在老家，家里人多地少，没有其他经济来源，家庭经济状况不太好，再加上自己学习成绩不理想，“受害青年”初中毕业到技校上了一两年学，也没学到什么技术，就外出打工了。

他第一站去了浙江，本想着在工厂里稳定工作几年，却年少轻狂、异想天开地想体验更多新鲜事物，更换工作是家常便饭。在不断换工厂的过程中，他结识了几个狐朋狗友，在没有家庭约束和管教的情况下，跟着那几个同样是刚出来谋生的青年混。天天有空就吃喝玩乐，花钱如流水，那一点微薄的工资还不够与狐朋狗友山吃海喝，基本属于月光族，很久也没给家里寄钱，父母就猜测他在外面没有好好工作，因此家庭关系也比较紧张。当下外出务工的青年一代农民工在没有约束的情况下，频繁换工作、随意花钱没积蓄、对家庭支持减少都是常见现象，“受害青年”之前的经历只是典型案例之一。

他在浙江打工始终没赚到钱，一次回家过年的时候就跟着一位亲戚去了东莞，在一家灯具厂老老实实做了一阵，收入还算可以，也存了一点钱。由于工厂办理的工资卡由亲戚代为保管，他每个月只能得到少量零用钱，每次和工友出去玩和吃饭喝酒，还受到亲戚的监督，回去晚了都要被打电话询问，甚至有时候亲戚根本不让他出去。慢慢地，“受害青年”觉得老老实实做工没意思，而他除了出去吃饭喝酒闲逛，唯一的爱好恐怕就是和别人打打牌。有一次，“受害青年”正在宿舍里打牌，被亲戚发现数落了一顿，二人大吵一架，年轻人的叛逆性被彻底激发，他下定决心要一个人出去闯荡。他就近来到深圳，在一家电子厂工作了一段时间，觉得工作枯燥乏味就又跑出去找其他工作，这样换来换去时，听到之前认识的同伴说三和有很多中介，非常容易找到工作,就来到了这里。到三和之后,“受害青年”只做过一段临时工，挣了一点钱，加上还有些存款，并没有感受到三和挂逼青年的生活状态离自己很近，后来发生的一些事情就使得他很快“融入”了这里的生活状态中。

“受害青年”主要在人力市场的招聘大厅里找临时性工作，通过比较工作类型和工作状况决定进工厂做一段时间的小时工，需要先押身份证。“受害青年”看到中介手里拿着几张身份证，看上去比较可信，就把自己的身份证交到中介手里押着，以为等到中午 12 点中介就会在招聘大厅内集合打工者一起出发，可是他并不知道这是一种套路。很多冒牌中介手里都会拿着一些身份证或其他证件，装模作样地忽悠务工者，以获取信任，其真正目的并非招工，而是骗取身份证。

结果，临近正午，“受害青年”并未看到招工的人，也找不到中介。在接下来的几天里，他多次找黑中介理论，以求拿回身份证。可是，黑中介既然已经把身份证骗到手，任何讨回身份证的努力都是徒劳，给他的解释是某某工厂在那一天没有招工，且当天一起报名去其他工厂的人数也不够。无奈之下，“受害青年”选择了报警。而警务人员调取事发当天的监控，没有发现他把身份证押给黑中介的一幕，就没办法处理。

直到“受害青年”受骗之后愤愤不平地在人力市场里讲述这段经历时，才有熟识中介套路的人告诉他，骗他的那个人是三和市场中最黑的，很多人上过当。不过黑中介不是天洁集团的正式员工，而是前文提过的“二中介”，天洁集团既不会承担相应责任，对黑中介也缺乏足够的约束力。“受害青年”在报警之后，每天还是坚持寻找黑中介去理论，但是据说最近有段时间没有再见到过黑中介，对此他还不断懊悔：“现在才知道他是最黑的，在三和贴吧上已经众所周知，要是早了解到也不会出现现在的状况。”当然，在失去身份证且没有补办的情况下，进厂的临时工做不了了，只能做日结，慢慢地就进入了挂逼状态。

如果有身份证，“受害青年”可能不至于挂逼。他本可以回家办理新的身份证，但是并不甘心回去。一方面是因为家里其他人出来打工都挣了钱，他非但没有挣钱，还把身份证弄丢了，没有脸面回去。他说，其实自己丢脸倒无所谓，可是老家的街坊邻居会嘲笑他的父母，所以绝对不愿意回去让父母难堪。另一方面，他是在东莞跟亲戚闹翻了才跑出来的，现在回去一定会被亲戚耻笑。

重点观察“受害青年”可以发现，他身上那件灰白色上衣和运动长裤大约超过20天没更换清洗过，汗渍和靠墙睡觉留下的污渍是那么扎眼，显露出他的生活状态十分窘迫。在没有身份证的情况下，一般也找不到地方住宿，连网吧也不允许没有身份证的人开机，他只能屈居“海新大酒店”。睡大街成为生活的一部分，基本生活条件难以满足，洗澡刷牙都有困难。“受害青年”所携带的一个背包里也并没有可以更换的衣服，仅有生活基本用品和一个电插板，为了省出一点钱，他考虑卖掉所有东西。据他所说，他本来是打算找到正式工作后买几件衣服的，可现在只能维持现状。

“受害青年”的积蓄快要消耗殆尽，找不到工作时每天仅吃一顿饭，有时只在小餐馆买一张大饼充饥，甚至还有连续两天不吃饭的经历。加上来的时间不算太长，没有熟悉的人可以依靠，为了维系生活的基本需求已经变卖了手机。他用“已经没有想联系的人了”来解释卖掉手机的行为。

没有身份证的日子异常难熬，一天的生活就是早上等着海心新人力市场的招聘大厅开门，找到一张凳子坐着发呆，直至管理人员清场。下午人力市场关门后，可以在小超市见到他坐在门口与人聊天。晚上他就在人力市场外的走廊下，背靠人力公司卷帘门蹲坐着，旁边放着一个背包，双手交叉放在膝盖上，头整个埋在胸前，看起来姿势极为不舒服。晚上 9 点之后，“受害青年”没有更多的娱乐生活，早早地准备“休息”，先是双腿伸直背靠墙壁坐在地上，与身边的人聊几句天，然后缓缓躺下，把背包放在头下面枕着，蜷缩在人力公司的卷帘门前，没有铺垫任何东西。一直到第二天清早人头攒动的时候醒来，又重复着一天的生活。当与他聊起睡大街的处境时，“受害青年”认为睡在外面没什么影响，就是睡着不舒服，特别是下雨天，潮气重，第二天身体会不太舒服，这也是没有办法的事。

“没睡过‘海新大酒店’就不算来过三和”，这是经常睡大街的青年所说的一句话。三和人力市场为阻止有人睡在外面，每晚都在门口洒水。在海心新人力市场背向街道另一面的走廊上，聚集的人不多，每个人都能找到一席之地，也就成为三和青年较为集中的睡觉地点。

不需要任何证件的工作只有工地日结，“受害青年”想在工地上做较长时间的临时工，既可以缓解经济上的压力，也可以寻求一个提供住宿的地方。可是，工地来招聘的人对打工者的身体条件有一定要求，偏偏“受害青年”身材瘦弱，一看就不像是能在工地干体力活的人，所以很多工地来的招工者都不要他。

由于他逢人便讲述被骗经历，得到不少人的理解和同情，一些人在了解到他的处境后，帮他出主意讨回身份证或补办身份证，“受害青年”有时候会感激地说：“在三和还是有很多的好心人。”终于，有一个人为了帮助他找工作而给了他一张证件，可是，“受害青年”可能是因为习惯，得到证件的第二天居然没能及时起来，又错过一天的日结，只能再多挨一天饿。到了第三天，“受害青年”拿着“证件”心怀忐忑地交到招工者手中，非常担心因使用冒名顶替的证件而被拒绝，招工者拿过证件扫了一眼之后，盯着他嘱咐道：“一定要记住证件上的名字，最后喊上面的名字做日结拿工资。”说着把“受害青年”交上去的证件和其他人的证件叠放在一起，就算是定了他今天做日结的事情。“受害青年”急急忙忙地从人群中跑开，快速地从“有衣裤”买了一双便宜的、既可当拖鞋又可当正式工装的鞋子，再匆匆忙忙跑回做日结的人群中询问他人出发的时间，以免再次错过久违的工作机会。那天的日结是做酒店服务人员（酒店承办大型餐饮业务，正式服务人员满足不了服务所需的人工需要，就临时从外面招聘。工作时间短，多为五六个小时，工资每小时 12 元或 13 元）。到了下午，“受害青年”做完日结回来的第一件事就是到三和外面的餐馆美美地吃了一顿饱饭，然后还是睡大街，又接着连续两天没工作，印证了三和青年“做一天玩三天”的生活状态。

当人们见到“受害青年”，问他这几天有没有出去工作时，他都以没有合适的工作为由来辩解。实际上，“受害青年”虽可凭借假身份证获得做日结的机会，却很难找到正式的工作，加上晚上没有身份证不能住宿或者泡网吧，所以他更多选择在晚上去做快递日结。再后来，“受害青年”越发积极地选择晚间的日结或能够住宿的临时性工作，一直没有离开三和。很难再看到他晚上在“海新大酒店”睡大街了，白天倒是经常能在小超市里碰到他。

“受害青年”一直没有离开，可能与身份证被骗有极大关联，当被问起接下来有什么打算的时候，时间像是定格在这一刻。面无表情、若有所思的他反问一句：“什么打算？”他的表情和话语表明他并没有什么明确的计划。

“受害青年”一直想着能在深圳补办身份证，询问了很多人，却始终不知道具体需要哪些材料。他自己也说过，最好先把身份证办好，再做进一步打算，也不想在三和继续待下去了，这里的“水”太深。再往后，他虽然四处打听办理身份证的要求，却从没有认真准备过这件事情，也没有到相应的政府机构询问需要哪些材料，还是重复着先做一段时间日结或临时工的说辞。再后来，不知道怎么弄的，“受害青年”从其他人手里得到一张有磁的身份证，工作机会越来越多，顺势仿佛又把补办身份证一事抛诸脑后。

还有一个隐情在心理上制约着“受害青年”，他通过别人的手机登录固定网站查询自己名下的公司，输入身份证信息后共显示出 18 家公司，每家公司的注册资本都是500万元。据说，被骗取身份证之前，“受害青年”还卖过银行卡和U盾，眼下别人利用这些信息做了什么已经失控。看到自己名下的18家公司，“受害青年”苦笑着自言自语道：“18家公司，要是有一家搞违法的事情，自己也就彻底完了，运气应该不会那么差吧？”

很多的事情纠缠在一起，致使“受害青年”的想法发生了微妙的变化。一次做日结回来，他在彩票店转了一圈，看到别人买彩票赚了点钱，也想赌几把，但是不知道怎么玩就没有买。他曾向人打听如何买彩票，别人也只是劝他不要把生活的希望寄托在赌博上，还是踏踏实实把身份证办好，找一份正式工作离开三和。

其实，在三和，总会有一些青年简单又中肯地提醒刚来的人：“不要在这里待太久，能离开还是离开，不然你会很难再摆脱三和。没了身份证赶紧补办一张，在这里等有什么用？天上不会掉馅饼。”很多三和青年也有与“受害青年”相似的经历，由于无法找到长期稳定的工作，不能及时离开或不想离开，最终成为“挂逼青年”。

案例四：“三和小鬼”

当一个人在生存线上挣扎，连基本尊严都难以保全的时候，突破法律和道德约束也是自然而然的事情。在这里，偷盗行为是比较普遍的，毕竟偷盗与工作相比是一种更容易获得钱财的路径。从外面来的人常说：“三和根本不能待，偷东西的太多。特别是床位，晚上你睡着的时候，什么东西都会被偷。”还有人补充道：“在网吧睡一晚可能被偷得连衣服都不剩。偷衣服是司空见惯的事情，这里有市场，破衣烂衫也能卖几块钱。”在三和时间比较长的人就反驳道：“租的床铺还是比较好的。里面都有监控，进去的时候递根烟，熟悉了之后就不会有什么问题，偷东西的那些‘叼毛’都是外面来的。网吧不行，偷东西很正常。”很多来到三和找工作的青年就是在网吧被偷了身份证和手机等物件，“三和小鬼”就是其中一员，在网吧被小偷洗劫一空之后，他自认倒霉，逐渐沦为挂逼青年。

“三和小鬼”来到三和已有一年多，在网吧包夜时身份证、手机以及身上的大部分钱财都被洗劫一空，不得不留在三和厮混。他今年 22 岁，身材矮小，性格活泼，像个尚未成年的孩子，正好符合“小鬼”的称呼。

“他应该还在那家网吧，你去叫他吧！”一大早，平日里混在一起的青年找他一起去做工地日结，从言语中可以推断出网吧是“三和小鬼”最主要的生活场所。果不其然，“三和小鬼”躺坐在电脑前，头戴耳机，面带微笑地盯着电脑屏幕，屏幕上显示的并不是三和青年最喜欢的游戏画面，而是网络直播平台的界面。有人过来拍打他，“三和小鬼”拿下耳机打了个招呼，摇摇头表示今天并不想找日结，随后又把目光转向屏幕。

“三和小鬼”来自重庆，曾是一名留守儿童，父母早年外出务工，留下他和弟弟在老家。兄弟俩分别跟着外婆和奶奶生活，和他一起在外婆家的还有舅舅的孩子，舅舅和他父母一起外出打工。作为寄居祖辈家的留守儿童，隔代教育潜藏着很多问题，尤其是在学习方面，缺少了家人的辅导和督促，“三和小鬼”打小就没把心思放在学习上。再加上他是众多寄居祖辈家中的孩子里年龄最大的，还要兼顾家庭内的日常劳作，就更没心思学习了，连高中都没能考上。父母过年回家的时候，索性把他一起带到城市里打工。那一年，他 16 岁，初中刚刚毕业。

每当聊起关于上学的问题，他也可以谈笑风生地讲一些校园趣事，对离开学校似乎没有多少感触。他屡次说没有后悔那么早离开学校，虽然也知道学习的重要性，别人也劝他继续读书，但他发自内心地不想再读，“没有成就感”是他对学习生活的总结。“三和小鬼”还会谈起弟弟的学习状况，语气中带着一丝嘲笑：“他的成绩还不如我呢，肯定考不上高中。”

父母和舅舅是做楼层装修的，“三和小鬼”自然有机会跟着大人们学习各种装修技术，吃住都在工地解决，甚至直接睡在施工现场。遇到工期紧的工程，一套做饭的家伙都带到工地上，全天不离开工地，很少有花钱的地方，收入都由父母掌管，只能得到一点点零花钱。“三和小鬼”跟着父母和舅舅学了近一年的装修技术，因为年龄小又贪玩，总是记不住工作中的要点，活儿做得不好，经常被责骂。其中有一次因为他没有准确测量装修门的具体数据，被迫需要对墙体进行二次改造，费工费钱，被父亲狠狠揍了一顿。之后，“三和小鬼”的青春期逆反心理影响到他的工作态度，工作状态每况愈下，父亲的打骂也日渐增多，家庭关系极度紧张，乃至于到现在他和父亲的交流都很少。

“三和小鬼”在工作过程中染上了一些不良习惯，如吸烟、喝酒，基本上都是受亲人的影响。舅舅经常逗他喝酒、吸烟，他开始还害怕父亲的威严，后来在父亲的默许下就学会了。在跟随父母和舅舅工作了几年后，“三和小鬼”学到手一些技术，也随着年龄和阅历的增长慢慢想要摆脱父母的控制和束缚，在这种心态的驱使下，他决定离开父母，自己去看看外面的世界。听说深圳比较繁华，又偶然听说三和好找工作，长年聚集着很多招工厂家，虽然在这边没有认识的人，但他还是不顾父母劝阻，毅然决然地来了三和。

“三和小鬼”抱着并不是必须找工作的心态在三和外面住了一段时间之后，发现三和区域内的网吧收费极低，便携带行李物品到网吧包夜。不知是运气太差，还是社会经历不足，他躺在网吧座椅上睡了一觉，醒来发现背包被偷了。手机、身份证和衣服都在包里，大部分钱财都被偷走了，所幸贴身放着的现金没被摸走，不找工作也能暂时维持，就没考虑抓紧时间回家补办新身份证。其中怕丢面子是最大的原因，总不能刚离开父母闯荡社会，就灰头土脸地回去吧。可是，没了身份证，找工作、住宿等都会遇到麻烦。

没了身份证，自然就找不到合规的小旅馆住，“三和小鬼”索性常驻网吧。之前说过，三和南北区有近50家网吧，构成了三和青年生活、娱乐、休息的场所，“三和小鬼”开启了在三和“新的生活方式”。他借熟悉的人的证件登录开机，网吧里的一把椅子和一台电脑成了他必备的生活区域，除了中午吃饭时会走出网吧，其他时间一直待在里面，甚至有时候懒得出来吃午饭就直接点外卖。在网上玩累了，他就趴在桌子上睡觉，网吧人少的时候就躺在椅子上休息。“三和小鬼”和其他三和青年一样会玩网络游戏，但各种直播是他最为关注的，尤其是虎牙直播，他说看直播的时候还可以抢一些红包，从中获得更多乐趣。

“三和小鬼”在丢失了身份证、手机、行李后，有一段时间既不关注找工作的事情，也不知道三和市场内部的情况，整日在网吧混日子，现金很快全部花完。为了维持基本生活，“三和小鬼”只能做日结，这才真正走出网吧，来到市场找工作。每次日结回来之后，晚上继续包夜，一宿一宿地成为网吧常客。

谈到“三和小鬼”如何在没有身份证的情况下生活是一件非常有趣的事，可以用“陌生的人际关系”来解释这一类青年的挂逼生活方式。很多人际关系是在共同工作，比如做临时工、做日结的时候建立的。“三和小鬼”和另外几个青年在做日结时结识，在生活中也会相互救济，比如做日结回来后，相互之间会有请吃饭、喝水、吸烟等行为。除了经济上的帮扶，对“三和小鬼”最重要的是利用他人身份证在网吧开电脑和住宿。但是，这样的帮扶很难长时间维系，因为一旦进入挂逼状态，这种互助性的帮扶关系就会变成单向的依赖关系。当一个人出现依赖他人生活的挂逼状态时，身边的青年与其之间的关系链条就会断裂，所有人都对挂逼青年敬而远之，只有再次做日结，才有可能与其他人重新建立互助关系。因此，三和青年为了维系群体关系不断裂，就需要经常一起做日结，互帮互助。一旦工作上的联系减少，特别是出现挂逼状况的时候，他们即刻就会变为陌生人。“三和小鬼”正是利用“陌生的人际关系”维系挂逼生活。

然而，“三和小鬼”一直不认同自己处于挂逼状态，这体现在他对生活品质一直有一定的要求上。身份证、手机和行李丢失之后，“三和小鬼”即使处于挂逼状态也不屑于买老太婆的“挂逼衣服”。他刚开始是随身携带一件换洗衣服，每次晾晒之后都用一个塑料袋提着。随着生活日益窘迫，没有固定的可以放置东西的地方，索性放弃了携带换洗衣服，变为日结回来之后到一些便宜的商店里购买廉价服装，然后直接扔掉长时间没有换洗的衣服。如果有认识的青年做日结之后回来租一个床位，“三和小鬼”就蹭着别人的关系到小旅馆洗澡、洗衣服，有时还趁二房东不注意，偷偷地进去洗澡。“三和小鬼”很少穿着三和青年最常见的拖鞋，一双黑运动鞋是他的标准配置，甚至也是他最值钱的财物。当然，鞋子也是做日结必须要有的，这样还省去了每次出去做日结买鞋的花销。

“三和小鬼”每次在网吧包夜都至少会买一瓶3元以上的饮料、一盒5元以上的香烟，他把饮料和香烟视为包夜必需品。只有实在付不起包夜的钱时，“三和小鬼”才会在“海新大酒店”躺一夜，而选择“海新大酒店”是为了抢到早上的日结。即使睡大街，“三和小鬼”也有一定的要求，绝不会直接躺到地上，必须要有两张大纸片铺垫。有时候，在网吧待了一天花光所有的钱，晚上出来与周围的人聊天，熬到11点之后，人流减退，“三和小鬼”就跑到小巷子内一家小超市门口偷两张大纸片，再回到“海新大酒店”找一个宽敞合适的位置铺好，呈一个“大”字形躺在上面，没有任何可以枕着的东西。一无所有之后，“三和小鬼”也就不用担心东西被偷，但他总说晚上基本睡不安稳，时不时地醒来，有时候还会被“基佬”摸醒。“三和小鬼”始终坚持说，他第一次睡大街的经历并不是在“海新大酒店”，而是距离三和走路需要5分钟的地方，其原因是当时觉得太丢脸，不愿意让认识的人看到自己睡大街。

“三和小鬼”好面子，穷得一无所有，还从来不喝挂逼水。有时候，有人从小超市里买了挂逼水送给他，他一直拿在手里不喝，在别人走开之后把水直接扔进了垃圾桶。一个与他熟识的三和青年说，“三和小鬼”对吃饭、喝水、吸烟都有一定要求，最便宜的饭、水、烟坚决不碰，不管是自己花钱还是他人花钱都是如此。经济拮据的时候，“三和小鬼”宁愿一天甚至两天只吃一顿饭，也不吃“挂逼面”，而是选择“钟爱木桶饭”一类的饭菜，一顿饭的花费在10～15元；无论处于什么状况都不买挂逼水，必须是3元一瓶的饮料；吸烟也是如此，有钱的时候买8～10元一包的烟，没钱了宁可不抽也不买廉价烟。

“三和小鬼”也在践行“做一天玩三天”的人生信条。他曾这样描述自己的状态：“现在变得很懒了。在网吧无聊的时候也想着出去做日结，可每次都在昏昏欲睡中错过时间。”他只有在实在没钱的情况下才会从网吧出来看看招工情况，更多时候，离开网吧只是为了寻找可以聊天的人。

后来，“三和小鬼”摸到了一点门道，从外面办证刻章的商家那里办了一张假身份证，这样就可以“自由”选择做临时工还是做日结。当然，如果进厂查验身份证比较严格，他还是做不成。考虑到晚上要在网吧包夜，“三和小鬼”一般都选择白天做日结，以快递日结为主，这需要醒来很早到三和人力市场上“抢”，而在网吧睡觉容易错过时间，总是遇到抢不到的情况。“三和小鬼”比较聪明，他从多次做快递日结的经验中“总结”了哪家的快递容易混，在哪里等可以轻松地抢先登车，甚至记住了来找快递日结厂家的车牌。在工作中，他能混则混，还发现在装快递过程中，可以趁着没人注意拆开包装，偷里面的东西。当然，他说自己偷的都是水果，当场就吃了。

在三和混了一年多的时间，“三和小鬼”的“资历”不算长也不算短，却足以使一个人产生根本性改变。当聊到是否想回到父母身边继续工作时，“三和小鬼”说已经出来一年多了，没挣到钱，想挣点钱再回去，计划着过段时间离开深圳。但是，三和已经令他心生留恋，即便深知这样的生活就是混吃等死，却不愿离开，内心充满矛盾，不知道究竟应该如何做，倒是觉得如果能够在网吧找一份工作就再好不过了。当被问及“难道你想在这里当‘大神’吗？”，“三和小鬼”说在三和有钱就不是“大神”，有时候不是自己想干活，而是肚子空落落的，催着你干，混到一天只能吃一顿饭，甚至几天吃一顿饭的地步，自然你就干活了。可见，他内心对“三和大神”的看法是负面的，也能认识到只要稍加努力就可以避免挂逼。

避免成为挂逼青年的关键是需要钱，非常典型的是有钱和没钱的青年对三和的看法截然不同。如果一个三和青年并未处于挂逼状态，而是有钱吃饭、上网、吸烟、喝酒或赌博，他对于三和就表现出赞同和正面的态度。有人以调侃的语气说："这里的人好，说话又好听。"反之，处于挂逼状态又得不到他人帮助时，三和青年会咒骂三和是"鬼地方"，表现出厌烦和负面的态度。

在三和做调研的时候，研究者如果视自己为外来人，只能感受到三和生活的无聊与无趣；而如果视自己为内部人，则会逐渐理解人们为什么还要待在三和。一个可能的解释就来自"三和小鬼"，他说中国人与外国人相比的一个特点就是外国人追求独立，而中国人追求热闹，喜欢几个人聚在一起。三和人比较多，比较热闹，又有便宜的网吧，待过一段时间的人不会想要离开。这可能就是社会学所说的小环境影响人和群体意识的形成。"三和小鬼"曾经耐不住他人的劝说，找了一份工地的固定工作——打扫卫生，一天的收入相对日结而言更为可观，却在离开三和一段时间后就计划着回来，最终果然又回来了。

除了"三和小鬼"，也有人说自己在三和待了一年，认识了很多人，经常一起在网吧打游戏、一起喝酒，回到床位还可以一起吹牛，感觉到无拘无束的惬意。反而是进工厂工作了一段时间，实在是耐不住那种拘束、机械和无聊，总想着三和的那几个"叼毛"在干什么，是不是又在上网，是不是还在喝酒，是不是又在吹牛……最终选择从工厂辞职回到三和，就是为了享受在三和无拘无束的感觉。甚至，有时其他人离开一段时间，自己也会想他什么时候回来。可能这就是在外漂泊的年轻人的一种心理认同或情感依靠。

由于三和青年的群体性存在，较多的是同龄群体，更易形成群体意识，尤其是没有工厂制度的约束与严格的管理，没有家乡熟悉的人知道他们境况如何，人在这种没有压力和耻感文化的环境中生存，心态和行为都慢慢改变，放弃了继续努力奋斗的目标，形成了混吃等死的群体性文化。这是很多青年真实的生活状况和内心想法，与工厂拘束、机械和无聊的生活相比，他们的想法又何尝没有道理呢？

案例五："傲慢哥"

在社会结构和社会分层研究领域可以依照不同标准把社会划分成不同等级，对于同一个社会等级还可以进一步细分，三和青年虽然看似一个整体，但也区分出不同梯度的群体。换言之，三和青年内部也存在不同梯度的子群体。

有人把长时间没工作，在彩票店只说不买，天天泡在小旅馆和网吧里，成天累月不洗澡不换衣服的青年称为"挂逼仔"。把可以随时躺在地上，几天不吃饭，翻垃圾桶，拿到点施舍钱就喝得烂醉如泥在地上来回翻滚，几个月甚至一年不换洗衣服的青年称为"三和大神"。

他们之间普遍相互看不起，有时候只是为了突出自己比其他挂逼仔强，即使所处的现状相似，也总想着调侃他人，以喊他人"挂逼仔""大神"为乐，这也显露了他们内心的空虚。如果被人反驳，这些调侃他人的青年根本不会据理力争，他们默默地在心里承认自己的处境，却仍旧一有机会就在他人面前表露优越感。在彩票店，曾有青年这样说："三和这个地方都是挂逼人待的地方，有钱人除非傻了才会来，在家吹空调不好吗？在这里的就不要瞧不起任何人了，大家都一样。"那些看不起他人的青年优越感来自何处，始终是研究者的一个疑问，直到遇到一位自带天然优越感，习以为常地讥讽和蔑视别人的青年，我们称之为“傲慢哥”。

“厉害吧！今天光吃饭就花了几十块，我抽的烟都是十几块钱的。”这是一位个子高高的青年经常在人群中炫耀时所说的话。他一手拿着一部苹果手机，一手拿着充电宝，在三和青年中显得有些鹤立鸡群。“傲慢哥”有时穿着牛仔短裤，有时穿着浅色长裤，每天头发都向后梳着，发型固定，像是打了发蜡，显得非常时尚，脚上穿着一双白色安踏运动鞋，走起路来趾高气扬，一眼看去明显不是挂逼青年的模样。不仅仅是穿戴，“傲慢哥”试图用种种生活表现增加优越感，对挂逼青年尽显蔑视。“挂死你，怎么不早点挂死你，活该！”这是他对挂逼青年带有仇恨似的诅咒。与之相处过的人都在背后骂他“傻 ×”“小气鬼”。只是后来因一连串事件的发生，他的生活方式和待人态度随之改变，尤其是经历了一段挂逼生活之后，傲慢减弱了许多。

“傲慢哥”在三和的种种表现都与之前的生活经历和家庭背景有关。他今年 29 岁，来自重庆的一个县城，是家里最小的孩子（两个姐姐已经结婚），又是家里唯一的男孩，从小备受优待，不仅不需要做家务，连学习也是吊儿郎当，成绩基本处在班里倒数的位置，还经常打架，和社会青年混在一起，最后还没完成小学学业就早早离开学校。他在手机上与人聊天时使用手写输入法，用的大部分词汇都是极其简单的。后来一件事情验证了对他文化水平的猜测，一次“傲慢哥”要出去找工作，需要用高德地图软件查附近的一个地铁站，地铁站名中一个字的笔画比较繁杂，他只知道念什么而不知如何拼音和手写，在他人的帮助下才得以完成，他甚至连地铁的“铁”字都写不对。看来，文化水平彻底限制了他的工作选择，只能靠出卖体力过活。

“傲慢哥”说自己从十几岁就外出打拼。刚开始是在老家跟着亲戚在工地上打下手，积累了一些经验后开始走南闯北，一个偶然的机会跟着在工地认识的人去了新疆。那时候正赶上新疆大开发，机遇和工程都很多，可选择的岗位也多。据他讲，在新疆也是做日结，但与三和的日结不同，能够选择想要做的工作，做完一天即刻结算工资。在新疆那一两年，他挣了不少钱，工作的地方也几乎没有可以消费的场所。但是他实在无法忍受长时间见不到其他人的生活环境，接受不了工地无聊的日子，回老家闲待了一阵子。

此后，他在不恰当的时间遇到不恰当的人和事，又和之前认识的社会青年混在一起，受到社会不良习气的影响，与他人合作搞“事业”。所谓的“事业”，据他含糊的说法是帮地下赌场看场子，一步就踏上了犯罪的道路。赌场出事，其他人全部逃跑，只有他一个被抓，成了替罪羊。当时恰巧赶上重庆严打，看场子的“傲慢哥”被判了6年（但是据认识他的三和青年判断，他是因为犯强奸罪被判刑的）。“傲慢哥”在老家县城被逮捕，在监狱里度过了本应最美好的青春时光，出狱后与社会发展完全脱节。

“傲慢哥”有案底，很多工作都做不了，在家人的帮助下去北京投奔姐姐、姐夫。姐姐在北京开化妆店，有稳定的事业，“傲慢哥”谈及姐姐总是不停重复“厉害吧，厉害吧”，可以看出他以家人为骄傲，这也从一定程度上奠定了傲慢态度的基础。在北京的一年多里，在姐姐和姐夫的帮助下，“傲慢哥”试着做过服装和水果生意，但他能力有限，只赔不赚，不愿继续拖累姐姐，于是南下深圳。虽然深圳也有家人能帮衬，但是“傲慢哥”不愿受约束，加之喜欢尝试新鲜事物的习性未改，想要独自创出一番事业，就选择了三和。据他自己说，来深圳三和仅有半年，来之前在网上看到过三和的状况，觉得自己能适应三和的工作和生活，属于自愿选择的行为。由于有案底，他也做不了正式工，当然主要是“傲慢哥”压根没有想要在工厂寻求一份稳定工作的计划，索性就找日结做，其中最多的是工地日结。因为工地日结既不需要证件，工资又高，虽然劳累却比在监狱里劳动轻松，他完全可以胜任。就这样，半年之后，“傲慢哥”就处于在生活和生存（挂逼）之间游离的状态。

实事求是地讲，“傲慢哥”是一位有头脑、有胆量的青年，他最初在三和那一段时间的生活虽不能用花天酒地形容，但与其他人相比，简直有天壤之别。首先，努力工作是维持较好生活状态的主要原因。无论是小工地，还是大工地，都曾出现他的身影。他还有不辞劳苦的特点，很多次他报名的日结都因为没人愿意承受高强度的体力付出，招不够人数就此作罢，由此他都会谩骂一些不愿意做体力活的三和青年堕落。他认为只有挂逼仔才做快递日结和保安日结，自己根本不会触及这些低收入、低回报的日结。“傲慢哥”选择的工地日结工资都在160元以上，工期3天以上，因而每次工作回来，他手里都至少有500块钱。而且，他每次在工地上都老老实实干活，经常“打混”的青年背地里叫他“傻子”。

“傲慢哥”的认真负责很容易得到招工者的认可。在打了几次交道相互熟悉后，包工头索性把招日结工人的任务交给他，这样他就成为三和的兼职中介，收入比自己做工地日结更可观。根据他曾经参与的一次招工计算，工地包工头给出的价格是每天220元，招5人，工期7天。他在招工时许诺的工资是每天160元，还承诺报销往返地铁费10元。简单算一笔账就可以知道这一次招工的收入，他可以从一个青年一天的工作中赚50元，人数工期算起来可以赚1750元。得到这样一笔收入，他可以说是绝对的“富人”，可以“挥霍”相当长的一段时间。就这样，

“傲慢哥”很快从做日结的打工者成长为小中介，生活得有滋有味又不需要干体力活，整日游荡、玩耍。据说，他还有胆量去做一些别人不敢碰的工作，如代人要账等，做一次的收入也在300元以上。

较高的收入满足了“傲慢哥”在三和生活方方面面的需求。他在穿衣上面要求很高，所有衣服都是在品牌专卖店里挑选和购买，从不关注周围没有任何品牌的服装店，对老太婆“有衣裤”里的挂逼衣服更是嗤之以鼻。所谓的品牌服装店即安踏专卖店、李宁专卖店等。“傲慢哥”每次买衣服的消费金额多在300元以上，有时候还会买200元左右的T恤，这也是他炫耀的资本。不过，即便穿着“贵重”的衣服，三五天不更换也很正常，大多数衣服对他来说是一次性消费品，只有在没钱的情况下才会自己清洗晾晒。脚上穿拖鞋本就不符合他的“身份”，无论晴天雨天，他一直穿着一双运动鞋，几乎没见他穿过其他类型的鞋子，自然鞋袜也很少换洗，近距离与之接触就能闻到臭味。

在三和见到他吃饭的概率很小，偶然能看到“傲慢哥”拿着一瓶啤酒和几小包零食坐在台阶上和人闲聊。他自己说吃一次饭至少要有一份炒菜、一碗米饭、一瓶啤酒，再加一些四川榨菜，花费在20元以上。经常还能见他从外面带回肯德基的炸鸡、汉堡。有时为了满足生理需求，他还出入三和青年的“娱乐会所”，据说他经常找“小妹”（类似于站街女），每次都要花百余元。

与穿着相比，“傲慢哥”对别人看不见的住宿条件没有太高要求，有床位休息足矣。在住宿床位区每天都可以洗澡，又可以梳洗头发、打理发型。每天早上收拾好之后，“傲慢哥”径直走到市场内，或闲逛或寻找工作。至于为什么租床位，他解释说在监狱服刑期间都是很多人住在一起，非常习惯现在和很多人一起租床位的状况。之所以没有租住外面的单间是考虑到一次性需要交三个月房租，并且那里远离三和，缺少和人交流的机会。由于和二房东早已混熟，床位租金都是一天一交，他的行李箱一直寄存在一家小超市里，财物从未丢失。晚上也跟三和青年一样坐在台阶上，一直待到很晚（通常是 12 点左右）才回去。

喜欢炫耀是“傲慢哥”惹三和青年反感的主要原因。“怎么样，厉害吧？有头脑吧？比那些‘大神’强吧？”这都是他聊天时自夸的话。他逢人便吹嘘自己一顿饭吃了什么、一件衣服花了多少钱、一次日结挣了多少钱、现在又找到了哪些赚钱门路等。在与人聊天的过程中，他时不时拿出烟，是 26 元的芙蓉王，面带微笑地把烟伸到别人面前，问:“见过这样的烟吗？”当别人请求来一支时,他又说一支烟要 1 块钱，边说边把烟装回口袋，还补充一句:“你们都没吸过这样的烟。”

彩票店是“傲慢哥”表演的舞台，他也非常享受在彩票店里成为众人焦点的感觉。他会在那里尽情“表演”:先把一张百元纸币直接扔在地上，大声问:“谁的钱掉了？没人要我捡起来了！”一句调侃过后，他顺手把捡起来的钱在手里来回翻看，说:“你们都没见过这么多钱吧？”接着又从钱包里拿出几张百元纸币，蘸着口水吧嗒吧嗒点一遍。在彩票店休息的人都眼睛发直地盯着他,有人起哄让他买几瓶啤酒，给兄弟们分一分。他哈哈哈大笑，谁也不搭理地扭头走出彩票店，不一会儿又带着一瓶饮料回来继续炫耀。

可是，“傲慢哥”的炫耀生活时间并不长，几次经历使他陷入挂逼状态，最主要的是因为他迷上了买彩票。某个雨天，“傲慢哥”在闲逛中走进彩票店吹牛。看到一个初到三和找工作的人连续中了几期，虽然没有高额奖金，但这些经历如果发生在他身上就可以成为“炫耀”

的资本，并且买彩票比做日结来钱快又轻松，在闲聊中吹着空调就可以挣钱。从没接触过彩票的“傲慢哥”像其他人一样，凑到柜台前关注着显示屏上的数字，若有所思地指指点点，在其他人还没开始买的时候就已经让老板打出了第一张彩票。没有中奖让他心有不甘，连续下注，当然越陷越深，在第一次买彩票的当天就达到废寝忘食的程度。他一直没有离开彩票店，直买到晚上 11 点。

第一天的悲壮经历使他着了魔，转天一大早，“傲慢哥”就到彩票店门外等着开门，然后第一个冲进店里又买了一天，再也没有考虑找工作的事。连续三四天买彩票不仅使“傲慢哥”输光积蓄，还使他丧失了“炫耀”的资本。“兄弟帮忙买一个咸鸭蛋，输光了，今晚床位都没的住了。”“傲慢哥”见到熟悉的人之后放下了架子，央求人家帮忙，还发誓不再买彩票。可换来的都是冷嘲热讽，这更加刺激了觉得丢失面子的“傲慢哥”，往后他每次日结回来之后就一直或坐或蹲在显示屏前。由此，“傲慢哥”与炫耀生活再无关联，挂逼生活没有激起他的工作热情，而是引导着他走向了另一个极端。天长日久，“傲慢哥”不再只满足于买彩票，居然还加入了晚上的扑克阵营。由于他是新人，很容易输牌，理所当然地迅速再度挂逼。

做日结、买彩票、玩扑克的生活方式虽然令生活“充实”起来，但是“傲慢哥”整个人的精神状态发生了反差式的变化，伴随着熬夜而来的黑眼圈和萎靡不振也更加符合挂逼青年的模样。经历了一段时间的挂逼生活，“傲慢哥”不再傲慢，也不再以轻蔑的眼神审视周围。有时，他会表露出不愿再留在三和的想法，计划着回老家做生意。

“傲慢哥”最牵挂的是母亲，在他犯罪被抓之后很长一段时间内，母亲都被家里人瞒着并不知情，只是由于他长时间不露面，母亲追问其他亲戚才获知真相。他说出来这两年没怎么给母亲打过钱，只是去年在北京工作时攒了些钱汇给母亲，现在没法给母亲钱。母亲最挂念的是他的婚姻问题，坐牢的事在老家已经传开，在本地娶老婆几乎没有希望，他想着自己工作的时候认识女孩，还想着再去投靠姐姐姐夫重新来过。

有一次，“傲慢哥”笑着对人说：“下个月你就见不到我了，还不离开三和啊，要在这儿做‘大神’啊！”虽然有了跳出三和的想法，“傲慢哥”却没有了之前的行动力，在工作上，他本可以联系之前去过的工地，无论是做中介帮忙招人，还是直接做日结都是有可能的。然而事与愿违，“傲慢哥”只是嘴上说说，丝毫不见行动，还依旧出入彩票店。当人们再与他谈起目标计划的时候，“傲慢哥”总是岔开话题不愿多说什么了。

案例六：“三和酒鬼”

从农村来到深圳的务工者都会成为家庭的牵挂，他们心里也会非常牵挂家人。三和则不同，大部分三和青年与家庭只保持着若有若无的联系。经常听到三和青年说很少与家人联系，即便有联系，基本上也都是家里人打电话过来询问他们的近况。有个青年说，接到父亲打电话问“工作怎么样，不要在外面混着玩，要好好工作”，他直接关机了。虽然明白父母的苦心，可自己常常处于挂逼状态，无法与那些在外打工赚到钱的人相比，不好意思回家。或许家庭是他们最后的生存底线，但很多人不回家、不与家人联系，其背后的原因比较复杂，家庭生活经历会对一个人在社会上的发展产生深刻而难以消除的影响。

“砰、砰”两声清脆的响声吸引了众人的目光。“酒鬼又在耍酒疯。”一句调侃表现出这样的事情经常发生。一位醉醺醺、留着油腻打结的长头发、瘦高身材的青年斜卧在人来人往的“海新大酒店”台阶上，言语含糊、不知所云，白色上衣搭在肩膀上，手里依然握着一瓶开了盖的啤酒，不时地拿起酒瓶在空中摇摆。大多数围观者脸上露出嘲笑、冷漠的表情，像是在观赏动物表演，也有好心的三和青年试着拉起躺在地上的“酒鬼”，反而被他挣脱。他坐起来之后把手中的空啤酒瓶扔向空中，瓶子随后落到地面又发出“砰”的一声脆响。而后，他把上衣直接扔向地面，径直走向一家小超市，又拿出几瓶啤酒和一包花生，继续喝起来。人们把这些经常喝醉的人称为“酒鬼”。酒鬼们虽没有共同的生活经历，在这里却有着极为相似的生活状态。我们先从来自广西的“酒鬼”的过往经历谈起。

据广西“酒鬼”说，他已经三十七八岁了，结过婚，老婆已离他而去。他育有一儿一女，孩子全都在老家由老父亲照顾，已经上了小学，都是留守儿童。广西“酒鬼”是家里老大，有一个弟弟和一个妹妹。因为是老大，他很早就承担起家庭的负担，初中辍学后就出来打工挣钱，为的是能让弟弟妹妹上学。现在他们有出息了，都在深圳有正式工作，自己倒是很落魄，但他并不后悔，觉得把弟弟妹妹照顾好是他当仁不让的责任，也是件很荣耀的事。

广西“酒鬼”之前因为在家里做了一些违法的事，好像是飞车抢劫，不仅因此摔伤脑袋，至今仍有缝针遗留下来的印记，还被警察捉住。为了不让他在牢里受罪，家里拿出仅有的十几万“赎”他出来，之后妻子就跑到外地音信全无，差不多等于离婚了。据他说，到如今和妻子有没有联系都无所谓，可怜的是留下两个孩子无人照顾。由于感情上受到刺激，看到孩子就难过，他想换一个新环境重新开始，于是孤身一人来到深圳打工。来三和是因为这边可以找到更多的工作，遇到更多的人，避免一再想起往事。

来到三和之后，广西“酒鬼”一直在工地上工作。这一方面是因为他文化程度太低，找不到什么别的工作；另一方面是工地工资高，能多赚点钱给家里寄去，让孩子过得好一些。他说为了老父亲和孩子，自己辛苦点都没问题，来三和就是想要挣钱的。可是，不久后发生的一件事，反而加重了他的哀怨。

一次，广西“酒鬼”在和一个老乡做完搭舞台的日结后在租住的单间洗漱，洗漱完就发现老乡不见了踪影，自己的钱包被偷走，里面有身份证和刚结的工资，手机也被拿走了。“酒鬼”本来正在承受感情的打击，现在又遭他人偷盗，一连串背叛使他不再信任任何人。经历了这么多坎坷，为了麻痹自己，他染上了酗酒的毛病，又因为在工地上喝酒扰乱了施工秩序而被辞退。之后广西“酒鬼”只能待在三和，做工期较长的非正式工作。

广西“酒鬼”经常感慨自己的人生非常糟糕，由于还要抚养孩子、顾及老父亲的感受，倒是没做出什么出格事。每次出去做一段时间的临时工之后，他都会回到三和，其中一个重要原因就是在这里认识了几个酒鬼，可以聚在一起喝酒，有共同的话题。广西“酒鬼”清醒的时候常说，并不是自己多喜欢喝酒，只是心里难受、压抑，他也并不想发酒疯，只是心里的苦无从宣泄，只能借酒浇愁。广西“酒鬼”每次必然回来的另一个原因是想找到偷钱包、手机的老乡，不是要报复老乡，而是想问清楚那个人为什么这样对他。

没有身份证可以在深圳补办，只是需要把家里的户口簿原件或扫描件发过来，但是广西“酒鬼”并没有这样做，他怕父亲和孩子看不起他，也怕别人说闲话。弟弟和妹妹就在离三和不远的地方生活，可他从不求助，他说："有钱、有工作的时候什么事情都容易办，什么话都可以说。混得不好了，即使别人没有嘲笑你，也总感觉自己失败，没有脸面见人。"由于没有身份证，也不愿意求助他人，广西"酒鬼"改变现状的难度相当大。

而且，广西"酒鬼"因为经常喝醉酒，随时随地躺下睡觉，有时候也被人称为"三和大神"。他一直说不在乎别人怎么看待自己，但是每次心里难受，唯有喝酒才可以摆脱这种痛苦。或许离开三和是更好的选择，但是广西"酒鬼"并不想离开，他曾说过其他地方更没有容身之处。在这里还可以找到别人喝酒聊天，倾诉内心的苦痛，如果没人说话会更压抑。从某些方面来看，广西"酒鬼"是比较倔强的，还有一种"在哪里摔倒，就在哪里爬起来"的想法。他没法跳出之前的感情和所经历的事情带来的伤害，但他并没有怨恨家庭，也没有抱怨社会不公，而是把责任全部归咎于自己没有较强的能力和幸运的机遇。

广西"酒鬼"最喜欢找的酒伴是江西"酒鬼"。他拿着做日结的钱去小超市买两瓶 3 元一瓶的啤酒、两瓶白酒（一般是小瓶二锅头或江小白，有时还从外面带来些不知名的药酒）和一小袋花生，在台阶上席地而坐，推杯换盏。他们喝得很慢，酒量却很大，喝完再去买，而下酒菜只有花生米。两人慢慢喝，喝到晚上 11 点多才结束，然后就在"海新大酒店"睡觉，当然中间还免不了发一次酒疯。

江西"酒鬼"40 多岁，有着和广西"酒鬼"相似的人生经历，和妻子离婚，感情上受到不小的打击，有一个女儿，现在也在深圳打工。江西"酒鬼"来深圳已有 20 多年，来到三和仅一年，主要做临时工和日结，不过看上去明显入不敷出。据说江西"酒鬼"工作的时候就在一旁看着，能偷懒绝不动手干活。

江西“酒鬼”家里有四个兄弟姐妹，他是老幺，老母亲跟着哥哥生活，基本不用考虑给母亲养老的问题，母亲对他的要求就是把自己照顾好。而他平时也不和母亲或者兄弟姐妹联系，从不告诉家里人自己现在的状况，只在过年时回家一趟。不联系家里人的主要原因是平日里不好好工作，回去也没钱买东西，感觉很丢面子。

实在穷极了，江西“酒鬼”就向在深圳打工的侄女借钱，有时候还在三和找认识的人借钱买酒。久而久之，大家都知道他醉酒后的窘态，不再借钱给他。江西“酒鬼”喝醉之后的行为是没有任何收敛的，有时候就在彩票店的地板上躺着，把随手提着的衣服枕在头下边，双腿在空中来回摇晃，活脱脱一个流浪汉。

晚上睡大街时，江西“酒鬼”也有不同于旁人的洒脱，从来不回避他人，完全把大庭广众之下的“海新大酒店”当成私密的家里一样，脱得仅剩一条内裤，躺在地上，上衣裤子随手丢在一边，在人来人往的走廊上任意翻滚。路人习以为常，并未显露诧异的神色。

另一位河南“酒鬼”更出名，他连续两年没有离开过三和。灰黑色的上衣磨出些许白色，浓密的胡子长时间没有修剪，一头很久没洗的长发脏乱发臭，一般人都不敢靠近，不到30岁便尽显沧桑。河南“酒鬼”经常穿着一双不知道从哪里捡来的破拖鞋，拿着一张写有“收购微信号”的纸板在人群中来回穿梭，帮给他买酒的“业务青年”拉客户。

河南“酒鬼”虽然年龄不大，但已经来深圳工作了很长时间，之前也存了一些钱，却因为赌博输了个精光。他为了翻本通过一些渠道借贷，最终还不起债躲到三和。来三和后，怕要账的人找到他，也不敢出去工作，每天喝酒解愁。

由于欠债，河南“酒鬼”和家里人存在较大的矛盾，身上的财物、手机、身份证早已卖掉，和家里人几乎没有联系。他喝醉酒会疯言疯语，行为也变得不正常：脱掉上衣直接躺在地上，捶胸顿足；时不时用拳头和脚狠踹人力公司的卷帘门；把空瓶狠狠摔在地上；还经常故意挑衅他人，打架、受伤在所难免。

发完酒疯，河南“酒鬼”会跑到后面的小巷子里找别人晾晒的席子或其他可以遮风避雨的东西，随手拿来作为露宿“海新大酒店”的铺盖。每天早上还会随着找日结的人流起床，却不参与任何形式的工作，当然以他现在的样子，任何一个招工者都不敢惹他。他从上午到下午就在人力市场晃荡，傍晚回来与众多挂逼青年厮混，两天能吃上一顿饱饭已经是比较走运的了，所以他从来不对食物有任何挑剔。

河南“酒鬼”曾说过现在只有一条命了，对未来丧失了希望，早就不想活了，还询问他人有没有一起去死、离开这个世界的想法，并且在说这些语言的时候用手比画剖腹的动作。当有人对他的说法露出嘲笑表情的时候，河南“酒鬼”反讽周围的人没有胆量。寻死的话听起来有点耸人听闻，却不失为其内心真实的想法，并且河南“酒鬼”是在清醒状态下说出寻死的语言和做出剖腹的动作，就更让人感到惊恐。

有时候，河南“酒鬼”求助他人帮忙买酒：“兄弟，在三和有人欺负你吗？你给我买瓶酒，我帮你摆平。我现在什么都不怕，反正都是要死的人了。”这些言行或许透露出他真的是不想在世间再多活一日，借贷人的逼债、父母的厌恶、周围人的嘲笑，不知道他有没有后悔过陷入赌博的那一刻。“赌博就不可能发财。”这是河南“酒鬼”在醉酒时经常自言自语的一句话，或许只有醉酒的时候，他才能感受到一丝清醒。

案例七："福建佬"

任何人在三和待上一段时间之后，都会有着相似的生活体验和工作态度，并且大多也认为自己已经"挂逼"。宣称"挂逼"没什么不好意思的，从某种意义上讲，"挂逼"也是一种防御机制。如果你宣称自己"挂逼"了，就不会有认识的人找你借钱、蹭烟，可以以退为进地减少金钱上的无谓损失。

有意思的是，三和青年通常并不认为自己是社会败类，不赞同网络上把他们定义为"废人"的观点，不认为自己比其他人地位低下，反而觉得自己是弱势群体。三和青年即使处于挂逼状态，也还在积极追求平等，正如在做日结时如果遇到老板故意拖欠工钱，一定会不依不饶地与老板斗争到底。用他们自己的话说："我们又不比你低贱多少，也不要以为我们好欺负。干活就要给钱，我们之间是平等的。"或许，这种积极的态度只有在找老板讨要工钱时才会出现，毕竟日结收入就是他们维系生活的救命钱。更多的时候，他们脑子里都充满了"能吃饱饭，再找找工作，感觉挺幸福"之类的想法，看似无欲无求，实际上是无可奈何。

他们觉得自己考虑的事情很少，能够"温饱"就已知足，不思考额外的事情，也不追求高档的事物。大概是他们只能够为了生存而生活，"不求发大财，只求简单生活，或是维持基本生存"是仅存的生活理念。维持基本生存的手段很多，即便是"三和大神"也有维系生存的方法，曾经有人指着一个真正的"大神"，说他晚上会出来捡瓶子，每天捡瓶子能卖十几块钱。至于其他人，大多也喜欢把自己的生活描绘成"无欲无求"，"这样挺好，逍遥自在，已经看淡一切"。可是，当人们看到早上 5 点钟的三和汇集了几十人甚至上百人，为了争抢日结疯狂地挤成一团时，或许就能理解这“无欲无求”仅仅是企图令窘迫的现状“合理化”的虚妄说辞。对他们而言，生活中最真实的事情就是日结，因为他们有生存压力，行动稍慢根本抢不到名额，错过了早上的日结可能就错过了一天的生活本钱。然而对于那些来了十几年甚至二十几年、已经四五十岁的大叔来说，生活轨迹和心态便又不同了。

上午，众多青年围在“有衣裤”挑选衣服，一位皮肤黝黑、有点驼背的大叔站在边上侃侃而谈，簇簇白发和暗黑的脸颊出卖了他的年龄，看起来怎么也要超过 45 岁，而真实年龄是刚 38 岁。他总是把脱掉鞋的双脚踩在一张凳子上，身体向前倾斜地蹲着，像是蹲坐在门前的石狮子，手里还拿着“红双喜”。坐得无聊时，他就开始在一家小超市里溜达，然后又跑到老太婆的车子边上走来走去。老太婆警惕地盯着，而他并不是想偷衣服，只是为了哄逗老太婆，故意吸引她们的注意力，从中获得搞怪的乐趣。其实他已经在三和生活了十几年，见证了三和的变迁，与老太婆们早已是熟人。

中年大叔长时间穿着黑长裤、白 T 恤，从未见他像其他三和青年一样光膀子，他并不是不想，而是患有皮肤病，身上一片白一片黑。中年大叔来自福建，与人交流时说着不太标准的“胡建话”，不知道其姓名的三和青年就喊他“福建佬”。提到“福建佬”，很多人自然而然地就会想到他。这里没有任何歧视，只是人们习惯的叫法。

由于“福建佬”资格老，很多青年尊称他为“大神”，而他给自己定了一个称号，叫“包打听”。他说在三和没有他不知道的事，别人评价“包打听”都是吹牛吹出来的，但和他深入交流一段时间后，会发现“福建佬”所说的事都有一定的依据，虽然某些细节有所夸大，总体上也并非子虚乌有，可以算是半真半假。

“福建佬”很早就辍学到深圳打工，当年进工厂是比较好的选择。那时候的三和人力集团是一家规模尚小的劳务派遣公司，“福建佬”虽然没有高学历，却年轻又肯吃苦，就通过中介公司进了一家食品加工厂打工。食品厂对食品卫生及员工健康等条件的要求越来越严格，过了没多久便以担心皮肤病影响食品卫生为由开除了他。从那时起，“福建佬”就因为皮肤病产生了严重的自卑感，直到现在依然害怕别人看见他的皮肤，很少穿短裤或脱掉上衣。

被辞退后，他换了一家工厂，跟人学习焊接和电工，还考了电工证，就这样回到老家做了相当长一段时间的电工。那会儿家里还比较穷，经常寅吃卯粮，而按照老家的规矩，哪户人家没钱了都可以找当地的寺庙借钱，但是逾期不还者就要在村里公开姓名，是一件很丢人的事。而他恰恰由于种种原因未能及时还钱，就成了一个被村里公开姓名、丢尽颜面的人。据他讲，一旦被公开姓名，即使以后还了钱，在老家也抬不起头来，索性再次出来务工。

由于有电工证，还会安装和组装各类电器，“福建佬”找工作非常容易，工资也较高。他先是在深圳的一家工厂做电工，据他讲述，在做电工时，为了架接电线和修理电器，每天都站在高高的架子上，昂着脖子连续工作数小时，稍不留神就会有生命危险。因为还会焊接，厂里的很多事情都由他处理，尽管当时拿着比较高的工资，可是劳累程度高、安全系数低，最终他离开了。直到现在，他手臂上还留着当年受伤落下的疤痕，是在做电焊时伤到的；手上也有很多小裂口，都是安装电线或修理电器时留下的。虽然“福建佬”不愿意再吃苦受累去工厂做电工，却经常鼓励身边的人考电工证，并不断强调有一门手艺混饭吃不难，不过绝口不提他本人的选择。

“福建佬”做电工期间存了不少钱，在老家建了新房。他发现随着三和人力市场和海心新人力市场的搬迁，以及多家人力公司的加入，三和汇集了很多外来人口，自然也就产生了较大的消费市场，其中手机、耳机等电子产品就是可以开发的一类。他凭借对深圳和三和的熟悉程度，开始在三和附近摆地摊，买卖手机等电子产品。据说他还是三和第一家倒卖电子产品的，当时经营电子产品比做电工还要挣钱，一部手机就能赚 100 ～ 300 元。

之前电子产品的生意都集中在三和附近河边的一棵大树下，需要时刻提防城市管理人员，他们只要见到有摆地摊的，就会冲过来没收全部商品，“福建佬”的商品就被没收走很多次，只有拿钱去赎才可以取回自己的家当。现如今，随着倒卖电子产品的摊贩越来越多，利润越来越薄，他的收入也就王小二过年——一年不如一年了，卖商品的场所也从三和外搬到了三和内，唯一不变的是他在经营生意时仍然注重信誉，从不卖便宜却没有质量保证的挂逼机，因此得到很多青年的信任和认同，与他熟识的人也越来越多，他这才得以自诩为三和的“包打听”。

“福建佬”生活品质的转折与电子产品买卖的好坏有直接联系。最初他凭借摆地摊、卖电子产品获得了比较理想的收入，慢慢养成了懒惰的生活习惯，白天四处玩乐，晚上把电子产品拿出来卖卖，轻轻松松赚生活费。后来，市场上商家越来越多、产品价格越来越低，相互竞争之下，日子就不那么好过了，尤其是他完全适应了这里特有的能不工作就不工作的生活节奏，自然离挂逼越来越近。

电子产品生意好的时候，他在小旅馆租有床位，喜欢帮助他人。一位小超市的老板评价道：“嘴上说话不饶人，其实内心很善良。”见到几天没工作、没饭吃的青年，他都会拿出几元钱救助，以致后来自己挂逼了，但只要兜里有钱，还是会这样。有一次，政府管理人员来为三和青年登记办理临时身份证，他跑了很多地方寻找某个“大神”，告诉他这个好消息，帮他补办身份证。

还有一件事让他多了个“狗哥”的称号，那是他在外面睡觉的时候遇到了一条老狗——一条患有疾病被主人丢弃的牧羊犬，四处游荡，瘦得皮包骨。“福建佬”把它牵回三和，先是找一家小饭店要了一些剩菜剩饭喂它，之后的几天里一直精心喂养。自己洗澡就顺便给狗洗一洗，还为了给狗买肉和狗粮央求他人帮忙。他专门为狗准备了一大桶纯净水，一手提着水、一手牵着狗，背上还背着一个双肩包，这是他在三和人群中独一无二的形象。于是，他的善心换来了“狗哥”的美名。老狗在悉心照料下情况有所好转，甚至有三和青年愿花几百元买狗，他毫不犹豫地拒绝了，并不是不想要钱，而是知道“卖给那些叼毛之后，老狗肯定会被卖到屠宰场，一条流浪的狗和人一样可怜，宁愿送人也不卖”。于是，他和狗无论睡觉、吃饭都形影不离，可是他连自己吃饱饭都成问题，何况照顾一条老病狗。终于有一天，他把狗送给了两位看上去还比较体面的愿意养狗的女性。

虽然早先存了一部分钱，可以在三和无忧无虑地生活一阵子，但是生意每况愈下的“福建佬”突然开始痴迷于网络，甚至连续几天吃住在网吧。他不爱打网络游戏，喜欢浏览网站和观看不雅视频，还下载网络小说看。这种状况持续了相当长的时间，以至于直到现在，他在一家网吧的消费积分都排在前列。

积攒的钱花完后，他很少出去工作，挂逼是迟早的事，甚至在挂逼之前就被小旅馆的二房东给赶了出来。这件事的起因是在他租住床位的楼栋有个青年死了，他非但没有隐瞒，反而见到认识的人就“宣传”一番，严重影响了二房东的生意。一气之下，二房东就把他赶了出去。当然，这可能只是二房东的借口，因为那时恰巧他基本身无分文，付不起租金了。自此以后，他开始流落街头。

露宿街头是他晚上最主要的住宿方式，但他并不睡“海新大酒店”，他说那里太吵太脏。过了晚上 10 点，他就一个人离开三和，去外面寻找睡觉的地方，有时睡在“会海大酒店”的椅子上或水泥台子上，有时睡在附近天鸿商场旁边一家银行的外廊上。这几处都有人打扫卫生，比“海新大酒店”干净很多。

与其他青年相比，“福建佬”露宿街头的装备是独一无二的，他存放行李的商店每天不到 9 点钟关门，他帮商店老板收拾好所有东西后，从店里拎出一个装有一条薄毛毯和一件破旧衣服的袋子，睡觉时就把毛毯铺垫在下面，破旧衣服搭在身上。若是没有来得及取装备，他就会拿两张纸板铺垫，身上再套一件别的衣服。之所以保留睡觉装备，并不是说他对睡觉的要求有多高，而是防止直接睡到地上弄脏衣服。有一段时间，他还从附近某个城中村的大型垃圾中转站捡回一大块沙发坐垫，升级了一下睡觉装备。

露宿街头最为糟糕的事情是遇到下雨天，露天公园仅有两个亭子可以避雨，届时就会人满为患，睡大街的青年不约而同地拥过去抢位置，而“福建佬”为了避雨，索性就去租一天床位。冬天的时候，他也是睡在外面，虽然有被子可以铺盖，但晚上躺在地上总归不太舒服。有认识的人过来问：“怎么混成这样了？好歹也要住个床位。”他没有不安，也没有愤怒，反问一句：“混成这样怎么了？这不挺好吗？有吃有喝，还有地方睡觉。”他似乎并未感觉自己潦倒，还强词夺理道：“睡大街比床位舒服，有铺的有盖的，还没有臭虫咬你。”

在基本生活方面，“福建佬”比其他露宿街头的人讲究许多，即使睡大街也基本保证每天洗澡。晚上 11 点后，他会在三和附近的一处公厕洗澡，说是洗澡，其实就是打开消防栓简单冲洗身子，天气渐渐变凉后，他偶尔租住床位洗澡。不知从哪里得来的小包洗发水和一次性牙刷，洗衣、洗澡都是依靠小包洗发水；洗好的衣服夜里就晾在睡觉的台阶上，早上来到三和，拿出没干的衣服用衣架晾在小超市外。寄存的行李箱内存放了四季的衣服，所以无论何时见到他，他身上的衣服都干干净净的。

进入挂逼状态之后，他一天只吃一顿饭是正常现象，时常还是在他人帮助下才能吃上饭，因为人缘好熟人多，几天不吃饭的情形倒并不常见。他自己调侃道：“现在还得去抢给死人上供的吃的。”这是指在三和一旁的小土丘上有一些坟墓，清明节前后有祭奠亡人的贡品，很多青年就去偷贡品吃，这其中也包括“福建佬”——他甚至可能是始作俑者，毕竟最熟悉三和周边情况的就数他了。香烟对他来说是生活必需品。“宁愿不吃饭也要吸烟。”当然，挂逼时，他能买得起的肯定是最便宜的“红双喜”。

他每天早上象征性地在招聘人群中溜达一圈，却很少真正找工作，然后就跑到小超市坐着吹牛。中午会到周边的公园或商场内晃荡一下午，晚上就找地方睡觉。原先，在看似单调、无聊的生活中，还存有一丝乐趣，他每天拿着自己的挂逼机上网看小说，但是一天夜里，挂逼机被小偷偷走了，这最后一丝乐趣不复存在。

很多人都奇怪，为什么他有技术却不去找个正经工作，至少可以到离福建老家近一点的地方找个工作。他至今仍未娶妻生子，不愿意回到家里过孤独的生活，家里只有80多岁的母亲，现在还自己动手劳作，而兄弟和妹妹都在深圳工作。其实，最让他难以接受的是，之前找庙里借钱没有及时偿还的经历，至今仍会被村里人嘲笑。至于出去工作，他解释道："也不是不想干，还能干，但就是不想再重复以前劳累的生活经历。现在想再卖手机等电子产品也没有本金，有本金也很难赚到钱。"既然没心思找正式工作，日结就成了他生活的一部分。"福建佬"更多地选择工地日结，奇怪的是很少看到他把日结工作坚持做完，有时刚过中午，他就穿着水鞋、戴着安全帽回来。他调侃道："招工的时候是说打扫卫生，到了之后要做很多脏活累活，不给他做了。"据说，他甚至做过在太平间抬尸的日结，工资很高，还能"顺"死者的财物。

"福建佬"不喜欢做日结，如何获得生存所需要的经济来源是一个疑问。有时候见他从外面闲逛后回来，手里总要拿着一些破旧的东西，都是从外面回来的路上捡的破旧衣服等玩意儿，拿到老太婆处卖几元钱维持生活。或许这是他仅有的谋生手段，而能拖一天就拖一天可能就是其当下的生活态度。

对于未来，"福建佬"似乎没有任何计划。他曾直接说："要那么多钱有什么用？都没处花。一个人过，连老婆都没有，40岁了，没希望了。"他还讲述了表哥的事情，说表哥特别有钱，但是没孩子，他认为不能传宗接代，有钱也没用。聊到回老家时，他说流浪狗都知道回家，自己肯定也知道回家，每年回去一两次，家里还有母亲呢，她都快入土的人了，每年一定要回去看看。

他总说自己老了，别人也会拿这一点调侃他："你在这里养老也挺好啊！"他给出的回答是："你是不是傻啊？在这儿养老，我家里面都盖了房子。福建不比深圳好啊？不回家死在外面都没人问。"可见，即使在外漂泊十几年，“福建佬”还是有强烈的叶落归根的家乡情结，然而如果熬到年老的时候回老家，究竟什么能作为他最后的保障呢？

案例八：“吹牛哥”

三和——一个被媒体称为“瘫痪圣地”“废人村”的地方，一群“三和大神”一手打造的“黑色桃花源”，这是一个在外界看来与中国现代社会严重脱轨的地方，却包容着不被主流社会欢迎的各种行为、态度和人群。三和以其特殊性而受到某些青年群体的喜爱，也由三和青年和“三和大神”的聚集而扩大着其影响力。现在的三和以其特有的“魔力”吸引着更多类似的人群聚集，包容各式各样的行为、态度和群体，他们或许是中国现代化和城市化进程中一些难以被城市容纳的群体的缩影。

一位个子高高的、有点驼背的青年在四处张望，眼神中透露出迷离和犹豫，看上去像是刚来三和不久，对这里的一切都还比较陌生，尤其是他穿着一件干净的短袖衬衫、一双黑皮鞋，更是与整体环境有些格格不入。他走路的姿势很奇怪，身体向一侧偏斜，却能走得很快，在人群中来回穿梭，并不关注任何人力公司关于工作岗位的宣传，由此可判断他并非来此地找工作，倒像是在寻找什么人。初到三和时，他就用有些结巴的话语四处询问“三和大神”的情况，已然是对三和有一些了解，八成是“慕名”而来。正是这位“慕名”而来的青年人，在三和生活不到一个月，就把三和青年一年或几年才做完的堕落事全部完成，当下俨然是名副其实的“三和大神”。他最引人注目的地方就是与其他人聊天时表现出一副“吹牛 ×”的姿态，说出来的事情滑稽可笑，如他讲述已经与三四个挂逼女在宾馆发生关系，并且有挂逼女主动联系他。这显然与他在三和没有身份证、睡大街的状况严重不符，我们暂且称之为“吹牛哥”。

“吹牛哥”第一次来到三和就被一项业务所吸引——利用身份信息做法人，不用干活、有吃有住，还有3000多元的收入。他主动找到做业务的几个青年去挣快钱，甚至怀揣着自己的梦想和计划，说：“一个月做一次法人就赚3000，还不用干活。一年12个月每个月在不同城市做法人，一年轻轻松松赚他个3万多。”有人向他讲述其中的危害，他说：“我已经一天没吃饭了，快饿死了。你考虑到的危害我也考虑到了。”一副满不在乎还理所当然的态度。“吹牛哥”还计划着办手机卡，看到别人一次性办理了5张卡，几分钟就轻松赚到了钱，比任何工作来钱都快，他羡慕得不得了。

当他游手好闲地晃悠时，就有人问他怎么不做日结。他振振有词地答道：“我就喜欢吃，喜欢睡觉，不喜欢干活，也干不了，丧失劳动力了，日结也做不了。”有人在他离开后说：“这个傻×，到时候就知道里面的危害了，都是他自找的。”因为他是主动找业务青年做业务，又不懂得业务的套路，所以很容易上当。办理完业务的他，每天在一家小超市（做法人的业务青年的根据地）等着，以期拿到应得的“工资”和取回身份证，这也就可以解释他为什么在人群中用迷离和犹豫的眼神四处张望，原来他是在寻找“希望”。当然，他并不知道在主动找上业务青年的那一刻就已经被骗了，不可能取回身份证，也不可能拿到一分钱。果不其然，现实情况按着套路发展下去，几天过后，业务青年依然没有任何消息，手机号码已变作空号，“吹牛哥”的希望就此彻底破灭。

做法人的青年已经碰见了很多问题。曾经有一次众多青年围在一位大腹便便、老板模样的中年人周围，这位中年人是来寻找替他代领营业执照的青年，据说寻找这位青年的目的是让他签字从银行贷一笔款。为了找到那位青年，老板开出2000元的“天价”酬金，有经验的青年认为他是个便衣，因为公司出事需要找到法人代表，实际情况是否如此则不得而知，反正那位代领营业执照的青年早已躲藏起来，不敢露面。

“吹牛哥”为什么要来到三和，真的是一般人很难理解的问题，慕名而来必然知道三和的情况。而他自己说：“流浪呗，就到了三和。明天可能你就会在广州见到我。到处流浪。”他停顿一下，接着说：“现在哪里都去不了，被骗了身份证。等那个中介再露面，肯定打他一顿。”他从主动来三和，主动做业务，变为被迫留在三和，确实是颇具戏剧性的转变。

有人说“吹牛哥”身体看着这么壮，不是不能干，而是不想干；丧失了劳动能力，为什么还到处流浪？老家有很多针对丧失劳动能力者的保障性政策，可以申请补助。于是，“吹牛哥”讲述了自己的情况：他是村里的单身汉，因为懒惰不劳动又喜欢赌博而不受家里人待见。政府拆迁改造，家里的房子和土地被征收，政府补助分为两种，一种是重新分配一套房子；另一种是直接发放现金，一次性结清。他在未与家里任何人商量的情况下选择了后者，拿到了十几万元现金补助。因为土地和房产对于农村人是非常重要的，这样的选择更加重了他与兄弟和同族人的矛盾，他受到了家里人的挤对，而获得的补助又在赌博时输光了。他说：“在家里混得不好，没有脸面待下去，不如啥都卖掉，到外面混。”诸多问题累积在一起，迫使他离开家乡流浪，虽然这里没有家人的挤对和同村人的歧视，但被他人称为“大神”难道不是一种耻辱？或许跟许多陌生的“大神”混在一起可以掩盖他内心的耻辱感。

“吹牛哥”来到不久，“海新大酒店”的晚上就又多了一个“抢”睡觉位置的人。“吹牛哥”刚到时把行李寄存在小商店，因为被骗，没钱吃饭而又不愿意干活，终于卖掉了所携带的行李箱、衣物和其他财物，现在随手提着的一个红色编织袋里装着全部“财产”——几件衣服、几个衣架。原本带来的那部手机，在睡大街的时候也被偷走，寻找无果也就放弃。只见“吹牛哥”娴熟地把手枕在头下，侧身睡在一家人力公司的台阶上，没有任何铺垫，红色编织袋和一瓶挂逼大水放在头的一旁。看到有人坐在身边聊天时，他时不时地坐起来攀谈几句，主要内容自然是吹捧他在三和的“光荣事迹”，似乎要显示他对三和的认识和了解是一件值得骄傲的事情。

“吹牛哥”在进入“三和大神”状态之后，已经没有任何工作意愿，每天为了打发时间、找点乐子，就在龙华公园和三和之间来回溜达。他总是异想天开，等着天上掉馅饼：“如果一次性中几百万彩票就发财了！”“现在可以把做法人代表公司的转账的钱全部提到自己银行卡上，然后直接跑路！”这些幻想不知道还能支撑他在三和流浪多久。有时候，他会在快餐店外伫立很久，想进去却没有钱。

家里的房子和土地都没了，以后作何打算？“直接被抬走烧掉就行了。”这是“吹牛哥”下意识的回答。可见，他的未来必将是一条不归路。

案例九：“大神”

电子游戏中一般都存在着最后一个极难解决的怪物角色，它们体积最大、能量最多、战斗力最强、最难对付，打游戏的人都称之为“大

BOSS”。三和的人们巧妙地把电子游戏中的“大 BOSS”翻译为“大神”，用来形容一批不进厂做正式工作、偶尔做日结、沉迷网吧、食不果腹、露宿街头、没有身份却可能身背债务、热衷赌博的三和青年，他们与电子游戏中的负面角色“大 BOSS”一样，也是最厉害的负面典型，故而被称为“三和大神”。

据说，“三和大神”的名称来自一次某个工厂来三和招聘的老板，他为达到短期内提升产量的目标，从三和招了一批青年做临时工。工厂内提供的伙食和住宿环境没达到招工时所承诺的水平，而且工作的劳累程度较高，工资却没有达到预期，一些三和青年便罢工不做。老板为了能及时完成产量，只能央求他们先完成当天任务，而三和青年磨洋工似的完成了一天的工作。在他们离开时，老板说了一句被传诵为经典的话：“你们这些人真是‘大神’啊！”自此以后，“大神”这个词就被带回三和，成为形容三和青年反面典型的称号。在国内外网络媒体的曝光和宣传下，“三和大神”被更多人知晓和使用。现在三和甚至还发展出“大神”的升级版——“大仙”，有的青年用“得道成仙，看空一切”形容“三和大仙”。

另外，在三和，“大神”或“大仙”也被用来形容青年中有突出能力或突出事迹的人，比如连续几天持续做重体力劳动且获得比较多的工资，买彩票中了 500 元以上的奖金等。更多情况下，“大神”这个词都无可避免地包含着“丧”“懒”等深层次的意涵。当然，意涵背后也包含着屈辱和嘲笑，因此，几乎所有的三和青年都极其反感被他人叫作“三和大神”。那么真正的“大神”又是什么样的呢？

在三和四通八达的巷子内，很多青年或坐或躺在楼栋底部的石板上。他们穿着拖鞋，脏污的双脚搭在台阶边，脸紧贴着地面朝向墙壁内侧，身上沾满了灰尘，鸡窝似的杂乱长发不知沉积了多少尘土，也不知道多久没有清洗。细看可以发现，似睡非睡的人不时地用手抓挠头发，一般人或许还可以体会三五天不洗头的感受，但成年累月不洗头恐怕是绝大多数人都难以忍受的。发硬的蓝色牛仔裤表面完全可以揭下一层油腻黑亮的结块，白色的上衣长久没有清洗或者替换，早已变为另外的颜色，甚至背后还印有“收驾照分”的模糊字迹，这并非为广告宣传特意制作的衣服，而是躺在地上睡觉时把他人贴在地上的广告印在了衣服上。一副流浪汉的模样就是三和青年眼中“三和大神”的状态。

真正的“三和大神”的生存之道是什么呢？第一个生存手段是靠别人救济，他们会博取他人的同情，获得一点点物质上的救济，这种救济极为有限，并带有屈辱性。有人闲聊时说：“救济过一些人，但是被救济的人还是什么都不干，只会继续挂逼，睡‘海新大酒店’。”并补充道：“有时那些‘大神’还会形成依赖心理，就等着你送东西。”“三和大神”的第二个生存手段就是偷盗。偷盗行为一般很隐秘，即使是熟悉的人也不会说。有一位“三和大神”，已经“瘫痪”了三四年，熟识的人说他经常在三和外面混，偷盗骗拿是常有的事，一旦搞到手就开溜，把偷来的东西变卖掉，继续回到三和“瘫痪”。三是靠社会救济，社会救济也仅限于寺庙斋饭等，他们会到寺庙里吃斋饭，或者偷拿贡品。当然，如果上述几个方面都没有的话，“三和大神”就只能在饥饿与疾病的累积中死去，但是这样极端的情况很少发生。

日本有个机构曾拍摄制作过一部有关三和的纪录片，片中主角是公认的“大神”。因为他做过法人，名下有数家公司，“资产”达数千万，因此，三和青年叫他“宋总”。“宋总”技校毕业后被安排到深圳一家小工厂做普工，劳动强度大，经常加班，工资又不高，他干了几个月就离开了。之后在富士康工作过一两年，因为流水线工作更无聊，就辞职到三和寻找临时性工作，至今已有三年多。

他离开工厂之后，还通过直播平台做过一段时间的网络直播，虽没有多少粉丝，但也赚了一点钱，不至于到无法生存的地步。因为三和比较热闹，追求热闹也是年轻人常有的一个特点，“宋总”就带着做直播赚的钱到了三和，同时也是为了寻找到更好的发展机会。“宋总”因为来的时候有些钱，可以有吃有喝住床位，还做过其他的不光彩的事（找“挂逼女”），一段时间都没有找工作。钱花完之后就也去做日结，彻底丧失了再进工厂做正式工作的动力。

受到三和环境的影响，“宋总”开始整日整夜沉溺网吧，在那里打游戏、看电视。因为没有足够的钱升级游戏装备，就尝试了网贷，一次性贷了几万元，其中相当一部分都花在了游戏上。到期没有钱还贷，就进一步沦落到去做业务：开手机卡、卖微信号和银行卡，还走向了更重要的人生转折点——做法人。“宋总”的身份证在做法人过程中被骗走，因为抹不开面子，他没有告诉家里人自己的真实情况。或许是因为留守儿童的经历，他与父母的感情很淡。

由于没有身份证，“宋总”轻易不再离开三和了，时间长了逐渐变得懒惰，彻底不去工作。因为内外有人为“大神”“团饭”，有时候他们还能得到其他人施舍的饭钱，这样一来慢慢就更懒了，不再思考其他的事情。没钱继续租床位就睡大街，直接躺在被很多人踩过的地上，很脏的衣服变得更脏，在别人看来这是成为一位“大神”的必要条件。“宋总”曾经5天内只吃了一顿饭，还自嘲道：“几天就吃一顿饭，仅依靠一瓶挂逼水活着，也没感觉饿，精神状态还行。”

“宋总”接受采访也是被骗了，是为了能够生存下去。一位中国人找到他们询问是否愿意赚钱，而且保证所拍视频只有在日本才能看到，直到一些青年戏谑他已经火了的时候，他才知道自己上当了。很多人见到他就像在动物园见到动物一样，却有不少人可怜他、为他“团饭”，所以“宋总”很长时间都是在他人接济下活着。被采访之后，有更多的人来找他，比如一些做网络直播的人想要他在直播平台露面。做网络直播的人也会给予“宋总”一些报酬，他又似乎重新觉悟，通过直播这个途径，慢慢地获得一些粉丝，人生再次发生变化，他抓住机会在三和淘到一部挂逼机，在网络上做直播赚钱。再见到他时，他完全变了个人，刮去了浓密的胡子，修剪了头发，换了一套新衣服，按照三和的话来说，他已经“上岸”了。但是“宋总”一直没有离开三和。

“光头哥”是因为经常和“三和大神”一起厮混才被称为“大神”的，但他并不属于真正的“大神”，尽管有时他在贴吧上发自己的照片时也自称“三和大神”。之所以说“光头哥”不是真正的“大神”，是因为真正的“大神”需要彻头彻尾地麻木，而“光头哥”不是，他可以找到工作，也愿意工作。

“光头哥”说自己刚出来打工时什么都不懂，只知道卖苦力赚钱。后来在他人引诱下参与赌博，几年打工挣的钱输了个干净，心态也被打乱了，嘴上说没什么事，可之后就没有以往那么高的工作热情了，知道钱不好挣，也不想再去拼。赌博输钱后他还有埋怨家里的意思，说落难的时候要是父母帮一把，他也不会走到今日的地步，现在还有点恨父亲。

“每个人的想法都不一样”，“光头哥”评论他人时说，“有钱之后直接离开三和，赌博只能输，只会挂逼，再等一段时间绝对变成‘大神’。”他没有什么动力去找工作，却经常做日结维持生活。“光头哥”还说三和的床位不能长待，有些人一天到晚拿着手机玩，常和他们在一起也就不想工作了。可见他还是很清醒的，换言之，虽然“光头哥”不想随波逐流，想做出改变，却缺少足够的资源和动力，最终也只在嘴上说说而已。

围在招工者周围的众多青年中，一位个头不高、留着短发的青年疯言疯语地询问：“几块钱一小时？他们是骗人的。”其他人看看他，笑而不语，有人用嘲笑的语气叫他“大仙”。他在三和生活三四年后似乎丧失了正常人的心智，因为当有人问他自身的情况时，他的回答一直是“不知道”,所以有人叫他“我是谁”。和其他“大神”一样,“我是谁”穿的那条黑裤子不知多久没换洗，泛着油亮的光泽。躺在“会海大酒店”的时候，他和熟悉的人说自己从不穿内裤。只有在天气非常热的情况下，“我是谁”才会在熟人的要求下到公厕冲洗，由于没有可换的衣服，洗完也只能套上这一身脏衣裳，或坐或躺地在石台阶上静静发呆。

“我是谁”来三和之前,自己经营一家小饭店。前几年物价涨得太快,员工工资涨得也高,给厨师提高了工资后,无奈只能获得微薄的盈利了。随着街上开饭店的越来越多，他的小店没有竞争力，只能关张。与此同时，他和家人也开始出现矛盾，做生意时经常因为经济问题和父母争吵，饭店关门之后受不了家人的各种责怪，于是外出打工来到三和。“我是谁”在他人诱惑下做了法人，被骗走了身份证，还曾经被骗进传销组织，很多事情全部压在一个人身上严重影响了他的心理，造成了现在的状况。

连续几天不吃饭对他来说已毫无影响，“我是谁”在特殊的情况下有特殊的解决方法。到寺庙吃斋饭是他得以生存的一个方式；还有一家小店做素食推广，在特定的时间段对外免费，他经常过去吃，虽然仅有稀饭和炒粉，但足以满足最基本的果腹需求。喝水基本上是挂逼大水，并且还可以无限续水——在公厕或公园接自来水。晚上，人们又可以见到他走在三和的小巷子内，见到垃圾桶就在里面翻找可以食用或是可以拿来卖的东西。有一次他找到一张消了磁的身份证，卖了5元钱。

“我是谁”在他人的帮助下可以满足生存的需要，还会对他人的帮助表示感谢，只是有一个坏毛病——小偷小摸。路过网吧见有人睡着，就把桌子上的烟顺走，不过他很少偷拿贵重物品。他还有很大的烟瘾，实在没烟吸的时候，甚至会捡他人吸剩的烟头。人们很少见到他工作，据说“我是谁”已经丧失了工作能力，挂逼生活对他的身体产生了永久性的伤害。

这些年轻人带着各不相同的故事开头来到三和，却演绎了程度不同但结局相似的故事结尾：他们怀揣梦想奔赴三和，在与招工企业、市场中介的三方博弈中，历经争抢日结、繁重劳动、微薄收入以及证件被骗、博彩失利等大大小小的挫折后，陷入了失望、怠惰、沉沦的恶性循环。而充分的市场机制为他们的底线生存提供了依托，尚能使他们在收入极低的状态下“做一天玩三天”，甚至由此衍生出共同认可的价值取向以及表征这一价值取向的词汇，如“挂逼”“瘫痪”“大神”等。

三和乃至深圳以特区特有的开放、包容接纳了这些青年，使他们无处安放的灵魂有了暂栖之地。从更广范围看，在百度“三和大神”贴吧中，全国各地有着相似境遇的年轻人用三和青年特有的词汇描述着自己的现状，同时也关注着三和及三和青年的动向，其中一些人因此直接奔赴三和。这表明，三和青年的遭遇并非孤例，其中所包含的青年劳动就业、家庭婚恋、消费文化、娱乐休闲以及价值取向等方面的社会问题有较大的普遍性。三和只不过在特定的适宜条件下，以自组织的方式自发演化出三和青年应对上述问题的行为及心理模式。三和青年潇洒自在的表象之下，是他们茫然无助、自我麻痹和轻度的社会对抗意识，而受到损害的是他们的身心健康以及正确的价值观念。

第六章　三和“事件”

第一节 “兄弟别去，那是黑厂”

“兄弟别去，那是黑厂，我们去上网。”这是三和贴吧中流行的一句话，也是很多青年在经历过进“黑厂”、与“黑中介”打交道后总结的经验，还是“有经验”的三和青年对初来乍到的年轻人的善意提醒。“黑厂”是很多青年选择不进厂的冠冕堂皇的原因，按照他们的描述，“黑厂”具有下列特征：管理严格，无福利保障，经常加班，无故克扣工时、工钱，不签订劳动合同，住宿环境和工作条件差。与“黑厂”相关联的另一个概念是“黑中介”，指的是压榨三和青年的劳动成果，层层克扣工资，骗取务工青年身份证，诱骗务工者进入“黑厂”的中介公司。“黑厂”与“黑中介”是三和青年对深圳周边广泛存在的劳动密集型企业和中介公司的一种蔑称，体现出三和青年与工厂和中介之间的紧张关系。

大多数的人力公司都被三和青年称为“黑中介”。初到三和的青年多是为了寻找一份正式的、稳定的、赚钱多的工作而来，他们在各人力公司的工厂岗位招聘宣传栏中寻找心中向往的岗位，急不可待地向人力公司工作人员询问关于工作的各种问题，以求尽快找到符合自身条件和预期的岗位。“× × 工厂招普工，工作轻松，工资 × × 元一小时，一个月加班可以赚到4000元以上，已经是很高的工资了。体检简单，没有文身就行。不用面试，免费接送，进厂就安排宿舍。去的话先交身份证，录入工厂系统，办理厂牌。”这是中介对青年务工者套路化的宣讲介绍，“很多人都报名了，别犹豫了。如果不想去这家工厂，还有很多的工厂可以选择，都是一样的条件：空调车间，空调宿舍。”看着来咨询的年轻人犹豫不决，中介又施展出另一套小把戏。有一些人力公司都是以蒙骗的方式，夸大工厂的优越条件，就是为了招到更多的人，获得更多的提成，至于务工者在工厂里究竟境遇如何，中介并不关心。

很多年轻人被看似优渥的住宿条件和工资水平诱惑，选择通过人力公司进厂，进厂后发现很多条件没有达到中介说的标准，工资也未达预期。更有甚者被安排到“黑厂”，工作强度大，收入还没有保障。有时务工者通过一些中介选择临时工还会被无故克扣工资，或者是被骗走身份证，回到三和与中介理论显然于事无补，即便报警也没有办法真正解决问题。

为了寻找合适的工作，年轻人只能反反复复尝试接触不同的中介和工厂，若干次受骗后，还没有找到合适的、稳定的工作，自然就会懈怠和焦虑，转而为了能够维系生活等待合适的工作留在三和做日结，成为三和青年中的一员。当三和青年不再相信中介的宣传和推荐时，便很少再次通过中介找工作，他们之间的关系变得紧张，人力公司被定义为“黑中介”。有经验的三和青年还会提醒其他初到三和的务工者，不要相信人力公司列出的那些条件优越的岗位，那都是骗人的把戏。

尽管三和青年与“黑中介”的关系变得紧张，在很多情况下却又逃不脱中介的掌控，毕竟中介公司掌握着就业资源，而三和青年为了糊口必须找工作，自己的命脉掌握在中介公司手里。即使做临时工也必然受到人力公司的“压榨”，所以又有很多三和青年把挂逼的原因归咎于“黑中介”的压榨。

三和青年和“黑中介”之间的矛盾一直在积聚，这种矛盾虽然很少直接表露，却会在三和青年遭遇不可忍受的情况时迸发出来，比如没钱吃饭、身份证被骗的三和青年会不顾一切地与“黑中介”爆发冲突。据说，一家极为过分地克扣和欺骗三和青年的“黑中介”一度引发他们之间的肢体冲突。在众多三和青年的围观与声援下，中介公司的老板和员工毫无还手之力，藏在办公室不敢出来。在受到举报而被查封那段时间里，“黑中介”租赁的办公场所夜间还遭到三和青年的打砸和火烧。当然，这是极为罕见的三和青年占据优势的例子，绝大多数情况下，占便宜的还是人力公司，三和青年只能默默吞下苦果。

与招聘工厂岗位的中介相比，三和青年和日结的中介关系则要缓和得多。招聘日结的中介也是“黑中介”，被定义为“黑”是因为出现了层层克扣工资的情况，且工作强度大，付出与收获完全不相称。由于外来招工者到三和招日结的数量和时间都不固定，做不到每天招人，即便招人每次数量也较少，在三和垄断日结工作的“黑中介”主要是由中介公司的人来兼职，如招快递日结和保安日结的“海新四大金刚”白天就是在中介公司招常规工人。考虑到做日结是最重要的谋生手段，即使“黑中介”克扣工资，为了生存也还必须依赖他们，所以二者之间的矛盾不会那么明显，有时还展露出关系温和的一面。

“今天你们几个去做快递日结吗？还差几个人，要去一起去，大巴在那边等着。”“海新四大金刚”之一在招日结，“穿短裤也没问题，你带他们几个把身份证交到我办公室。”几个三和青年在另一个青年的带领下，把身份证交到“四大金刚”的办公室，那个领头的青年是经常跟随“四大金刚”去做日结的、关系熟络的人。

前文曾提到，有的青年通过“黑中介”大帅的通融，借钱买一双鞋才得以出去做日结，他们之间既潜藏着矛盾，又相互依存。在某些特殊情况下，三和青年还可以从一些熟络的日结中介那里以抵押证件的形式借支一点钱，也说明由于相互依存度比较高，他们之间的关系是较为缓和的。

实际上，他们很难真正有什么手段和中介较劲，更多时候只停留在“口诛”阶段。为更好地推广素食和宣传相关理念，一些素食主义者到三和免费发放食物、药品和书，在附近居民和三和青年的哄抢下，所发物品很快被争抢一空。三和青年发现所发的书讲的是因果报应，便说笑道:“应该把这些书发给那些中介，他们太黑了，赚的钱太多，欺骗‘三和大神’要遭雷劈。”这虽是一句说笑，却显示出他们对“黑中介”既愤怒又无奈，常常私下谩骂和背后指责。根本不掌握社会话语权的他们，又能做什么呢?

深圳属于经济发达地区，三和青年处于社会底层。从社会学研究的角度来看，底层社会群体的话语权非常有限。有限的话语权使得三和青年表达自身经济利益和权利诉求的渠道极为有限，因而他们的声音被隐匿，成为沉默的大多数。他们的生活状态又何尝不是社会变迁的产物，只是他们的境况之差超出想象，进而社会地位和话语权更无从谈起。在关系资源不足、维权能力弱小、正式途径难以妥善解决问题的情况下，他们只能通过把事情推向极端的发声方式，采取非正式的途径解决问题，比如说能够引起轰动的跳楼。需要强调的是，三和青年跳楼并非真想自杀，而是在寻找一条解决问题的路径，一种处于卑微生活境况的人群最强烈的抗争模式，一套获得社会关注和话语权的无奈无力之举。

上午的三和人流涌动，数以千计的外来务工者聚集在各个人力公司大厅寻找合适的工作岗位。在这个“繁忙”的时段，只见大批务工青年快速地聚集在一家人力公司门口，他们并不是奔着良好工作条件和较高薪资待遇的岗位而来，而是被坐在三楼窗户外的一位青年所吸引。

一句“有人要跳楼了”，打破了无精打采的“正常”的生活，他们纷纷走出彩票店、小超市和小巷子。不到 10 分钟，至少有三四百人在楼下仰头围观。此刻，跳楼青年的一举一动都成为三和的焦点，了解一些内情的人也开始七嘴八舌地炫耀自己的谈资。

事件的起因是跳楼青年通过一家中介（人力公司）的介绍，选择了一份工期为 15 天的临时工作，按照约定，做满工期就可以以最高小时工资标准结算薪资，回到三和与中介结算工钱。跳楼青年回来后，先不说工厂内的生活和工作条件没有达到中介所夸大的标准，在工资结算方面也未按照所约定的最高小时工资标准发放，中介给出的解释是工厂给他们的工时工资就是这么少。可想而知，是中介克扣了工时，又在工资标准上欺负跳楼青年。跳楼青年自然不肯吃亏，与中介理论，因为没有任何劳务合同或书面证明，也没有工厂内的工时记录，最终的结果只能是跳楼青年被“黑”，而中介的蛮横无理加剧了冲突。跳楼青年并不甘心，情急之下做出了跳楼的选择。他通过二楼的公厕爬到三楼，坐在一扇窗户外面，做出要跳楼的姿势以吸引市场管理者、中介和务工者的注意，目的显然是期待着有利于自己的处理结果出现。

随着三和青年和务工者的迅速聚集，伴随着他们兴奋的喊叫声，市场管理人员和中介都赶过来查看情况，并迅速报警交由警察处理，因为一旦发生跳楼事件，市场和中介就要承担一定的责任。随后市场的几位协警也前来关注情况变化，而对于这样的事件他们无能为力，只好控制住围观的三和青年和务工者，让他们不要靠近，以免出现更加混乱的状况，虽未拉出警戒线，却也预留出一些警戒空间。

跳楼青年坐在窗边，不停地向下探头观望情况，并时不时地做出想要跳下来的动作，引得楼下聚集的人群议论纷纷。三和青年幸灾乐祸地关注着跳楼青年的一举一动，不时地有人躲在人群中大喊一声“跳下来”，内圈的协警立刻喊道：“谁叫的？出了问题全是你的责任。”跳楼青年自然是一直不为所动，他在等待更好的处理方式和结果，这也说明他并没有跳楼的想法，而是在寻找解决问题的非正规途径。

终于有一位穿着正规警服、佩戴着警号的警察来到现场，他先是了解情况、布置任务，协调其他部门帮忙。不久，紧急救护人员和消防队也来了，事态进一步扩大。就连在网吧里厮混、不愿意出去做工的青年也被叫喊声吸引到现场。“很长时间没出现过这样的场面。”一位刚从网吧出来、眼里布满血丝的青年感叹道。

当所有可能发生的隐患和针对性的预防措施全部就位，警察也向相关人员了解了事情发生的原因后，接下来就是上楼与跳楼青年谈判，询问他遇到的问题、需要满足的要求以及可能的解决方案。经过协商，跳楼青年同意先下来到警务室谈判，进一步核实相关情况。随后，看热闹的人都快速散去，就像什么都没发生过一样，只在吹牛时，才又把这件事津津乐道一番。至少在接下来的一个星期内，跳楼事件都是他们的主要谈资。

“事不关己，高高挂起”是他们对人对事的惯常态度，“唯恐天下不乱”又是他们热衷选择的行为方式。他们围在一起讨论工作时，常提及“黑中介”，跳楼事件则成了佐证“黑中介”不法行为的有力证明。当然，更多的是戏谑的语言，有的人说：“从三楼往下跳肯定摔不死，应该到中国银行大楼上去跳，那样动静才大。”还有人说：“‘三和大神’这么多，这样的事见怪不怪，真死了也没啥。”更有甚者，拿着地摊上摆卖的弹弓比画着说：“要是昨天你过来，可以拿着弹弓打他，把跳楼的打下来。”有一位年龄稍大的人说了句让人心寒的话：“就是三和的人死光了，我也只会笑哈哈的，不会伤心。”诚然，他们的状态确实很难博得他人的同情，他们对于周围人的死活似乎也不再关注，唯一关心的是自己的生存问题。

在跳楼事件中，他们也会有一些理性的讨论。有人拿国外劳工保护的案例做对比，讲述国外的工人如何得到工作时间和工资上的保障，而三和青年又是如何受到“黑中介”的剥削压榨。不过他们也找不到解决途径，最终又把问题归结于没有社会资源和技术能力，“自己老老实实工作还被骗，没有能力没有资源，只能继续在这里挂逼”。归根结底，跳楼事件像是一场表演，跳楼青年被“黑中介”坑了之后，缺少解决问题的有效途径而被迫采用极端手法。在整个跳楼事件的发展过程中，跳楼青年从一开始就是想要钱又想要命，在三楼的窗边坐了好久，吸引了大家的关注。而警察上楼之后一直劝说青年保持冷静，只要下来就帮忙解决问题，显然也是害怕事件处理不当，真的出现自杀事件。

关于跳楼青年被带走后的处理结果，有人揣测说：“肯定要挂逼了，这又给三和增添了不好的事。他肯定会被送到救助站，如果有身份证的话可能还会被遣送回老家。”之后据协警等传出的消息说，对跳楼青年给予补偿之后教育一番，就直接放他走了。由于跳楼青年没有受到惩罚，又解决了被“黑中介”坑的问题，这件事情为其他人解决问题提供了参考，三和青年似乎找到了一种可供复制的解决问题的途径，这也成了他们在无望时寻求救助的一种方法。不久，三和就再次上演跳楼闹剧，这对于长久待在三和的人来说并没有什么稀奇，只是每一次发生都会给无聊的生活增添一点乐趣，大家还亲切地称这些跳楼的人为“跳楼哥”。

前一次跳楼事件发生后，市场管理者就封闭了从公厕到三楼的通道，这次跳楼青年只得坐在二楼的露台上，不停地指着另一家中介喊叫着：“××× 中介是最黑的中介，骗了我的身份证，把身份证还回来！”从他的喊叫声中可以得知事件的起因是身份证被骗。原来，“跳楼哥”通过中介选择了一份合适的工作，交了身份证，被告知中午 11 点半在某家人力公司集合点名。等到 11 点半过了，他才赶到集合处，没发现有人点名，又找不到招工者，遂以为身份证被骗。在受到他人蛊惑的情况下，他跑到人力公司二楼的露台，以跳楼姿态吸引市场管理者和警察的关注，认为只有这样才可能妥善解决问题。后来得知，事件真相是招工者在规定时间内没有找到“跳楼哥”，他自己也没找到招工者。跳楼事件发生之时，招工者正带着报名去工厂的其他青年上车，也在找他。

一个误会又导致了一场跳楼闹剧。可是，这次“跳楼哥”的表演性质极强，他一只手紧紧抓着二楼露台的护栏，另一只手挥舞着，指着人力公司大喊：“××× 中介是最黑的中介。”可他的喊叫声完全被淹没在人力市场的嘈杂声中，路过的人很难注意到他，直到站在对面的三和青年指着他喊“有人跳楼了”，大家才纷纷顺着指示的方向看去。

有三和青年发现跳楼哥所处的楼层只是二楼，又没有表现出真正想跳的姿态，就说：“我在老家从二楼高的地方跳下来很多次，什么事都没有。”转身绕过驻足观看的人群，走开了。此时，正值中午时分，人力公司门前聚集了很多携带行李、准备进厂的务工者，他们准备被点名、安排车辆奔赴各大工厂的岗位，在无聊的等待中，观望闹剧的人并不比上次的少。

率先匆匆赶来的还是巡逻的协警，来到之后观察周边情况，疏散站在楼下的人群。见到协警跑过来，彩票店和小超市里的青年和上次一样跑出来凑热闹。警察也从警务室赶来了解情况，有了上次的经验，这次警方并没有安排任何防跳楼的设备，也没有联系急救人员，更没有惊动消防队。在处理事件的过程中，还不时地有人从窗户下经过，并不知道发生了什么，只是抬头看了看，说了句“别跳下来砸到我”，之后迅速离开。只见聚集的三和青年中有人拿出手机拍了几张照片，说：“又是他。”然后微笑着走远了。

由于料定事态不会有什么重大发展，聚集的人群渐渐散去，不一会儿，仅有不到 50 人继续围观。这时，一位协警带着一个矮矮胖胖的中年男人走过来，这正是“跳楼哥”口口声声喊的那个“黑中介”。警察陪着中介上楼与“跳楼哥”交涉，“跳楼哥”见中介拿着身份证过来，主动离开了二楼露台边的位置，跟着警察一起去警务室说明具体情况。随后，围观的几十个青年也有说有笑地各自散去，又一场跳楼闹剧就此落幕。

三和青年对于跳楼事件的看法与其说是无奈，不如说是有一种自知之明，反正除了跳楼之外，他们能够发出声音的渠道实在有限，屡次的跳楼成为一种闹剧，成为无奈之下的三和青年以极端抗争方式进行的表演。这次跳楼闹剧之后，一名协警说，被带走的“跳楼哥”本是不愿意跳楼的，只是在别人怂恿下才做出了这样的事，还拿了别人

30 块钱。警务室在中介归还身份证后，又给“跳楼哥”买了一顿饭，就放他走了。

可能是为了杜绝此类事件再次发生，龙华街道的办公人员到三和青年跳楼的地点了解情况，给出的意见是尽快给能进入楼层的通道、走向跳楼窗户的道路设置障碍物，封死出口，并没有想到如何通过治理“黑中介”来从根本上解决三和青年的问题。

连续发生跳楼事件之后，跳楼哥的表演为其他挂逼青年带来一些“启示”。他们调侃说，如果连续几天没做日结没钱吃饭，就可以上演跳楼的戏码，不会受到任何处罚，警察还给买饭吃。即使被拘留几天也挺好，有地方睡觉，有地方吃饭。比如下面这段三和青年间的对话：

“叼毛，请我吃饭吧，三天没吃饭了。”

“还没到饭点，等到了饭点咱们一起去跳楼，不用花钱就有饭吃。”

简单的调侃体现出跳楼闹剧对三和青年的影响是多方面的：一方面，他们明白混吃等死的人不会引起社会的关注，要想引起关注必须采用极端手段；另一方面，跳楼只是表演，而不是真的拿命讨公道，所以有三和青年这样评价跳楼的真相：“我们只能靠跳楼活着。”

第二节 “欺骗是常有的事”

在三和生活久了的人说：“人与人之间没有真心，都是相互利用。特别是在三和这种地方，欺骗是常有的事。”“百度上说在三和交不到真正的朋友，”一个躺在小旅馆床位上的青年说，“其实在哪里都一样。”有句“名言”可以很好地总结他们所理解的人际关系，那便是“没有永远的朋友，只有永恒的利益”。

在三和能够接触到的最经常聚在一起的人群是业务青年，他们是为了共同利益聚在一起，即拉人头得提成。为了忽悠更多三和青年或初到三和的外来务工者来完成收手机卡、收微信号和“做法人”的工作目标，他们貌合神离地在一起活动，遇到利益纷争就会为分“人头费”而起冲突。不过与业务青年和三和青年之间难以调和的矛盾相比，内部的冲突只能说是小巫见大巫。

三和青年与业务青年以及中介之间积蓄着难以调和的矛盾：一方面，三和青年依靠业务青年的“业务”和中介提供的就业信息生存；另一方面，业务青年和中介从业务中盘剥三和青年的劳动成果。尽管三和青年多是苟且生存，但被盘剥始终是引发矛盾的导火线，忍无可忍之时就会发生更加恶劣的事件。

有一起恶性打架伤人案件就发生在业务青年和三和青年之间。根据网上的报道，三和市场内的一家人力公司外发生了恶劣的持刀伤人案。起因是一位三和青年通过业务青年的介绍去做法人，双方商定价格之后，做法人的三和青年却被业务青年无端欺骗，被扣掉了较大一部分本应属于三和青年的报酬，三和青年难以忍受心中的怒火，或是已经被生活逼迫得无路可退，一时冲动就用美工刀划伤了业务青年的脖子。

实际上，这位招人做法人的业务青年原本就是在三和专门坑害三和青年的黑中介。由于事件发生前没有任何征兆，以致现场较为混乱，业务青年被划伤之后鲜血直流，上衣沾满鲜血，用手按压脖子迅速逃离。与受伤者同行的青年反应迅速，将伤人的三和青年摁倒在地，帮助闻讯赶来的协警一起将伤人者制服，捆绑双手后带离现场。伤人的三和青年在划伤业务青年之后并未做出任何反抗，伤人的作案工具——一把廉价的美工刀还留在案发现场。

案发时，现场围了众多青年，他们依旧冷漠地看待这一切，没有一个人上前制止伤人行为。伤人者被警方控制后，一些围观者甚至露出微笑，更多的是一种嘲笑，在仍有血迹的地方谈笑风生，仿佛什么也没发生过。据警方通报，受伤的业务青年迅速被送往医院医治，暂无生命危险。

虽然他们之间由于利益上的冲突可能会产生一些小矛盾，但主要的冲突还是爆发在三和青年与外部人士的利益冲突上。有一次，一个青年举起一辆单车扔向买卖电子商品的摊贩，这一举动立刻引起周边无所事事的人的注意，他们纷纷过来围观。事情的缘起是摊贩在收手机的过程中，正在与三和青年商谈价格，围在一旁的三和青年说“可以把手机卖给某某商家，他出的价更高”，卖手机的青年犹豫之后放弃了这次交易。

本是一句对卖手机的人有益的建议，却令这名摊贩失去了一次赚钱的机会，那人恼怒之下说了几句不中听的话。提建议的三和青年就上演了“举车砸人、发泄怒火”那一幕，幸好并没有伤到人。而围观的三和青年则群情激愤地煽风点火，说:“动手打啊，不打不是‘大神’，丢三和的脸！”举车砸人者也在围观者的鼓噪下动手推搡。此时有协警值班巡逻，却只是站在一旁看着。据说，协警在等二人真打起来，之后就可以把打架的人带回警务室，从中获得一定奖赏。由于青年仅仅是发泄心中怒火，并不愿把事情闹大，举起的单车并未砸到任何人，两人相互推搡几个来回后，事情便不了了之。

在三和屡见不鲜的打架事件中，几乎都能看到三和青年冷漠、麻木的一面，他们习以为常地凑热闹、围观起哄、鼓噪煽动，难道他们在日常生活中都是互相孤立、毫无情感的木头人吗？俗话说，在家靠父母，出门靠朋友，对外出务工的青年而言，人际关系理所当然是重要的，不论是为了维护自己的利益，还是为了摆脱心理孤独。可是，在三和生存底线的压力环境下，人际关系往往不稳定。有三和青年举例说："前几天还和你关系特别好，可以聊天，互相递烟。过几天就偷你的水，骗你的钱。"

三和青年建立人际关系的方式很多，来自同一省份的老乡可能聚在一起，他们说同样的方言，有着共同的地域文化和生活习惯，聚在一起可以摆脱无聊和无助的感觉。一次，一些属于同乡群体的三和青年都躺在一处体育活动场所内休息，走过来一位穿着肮脏衣服，看似已经是"大神"状态的青年，冲着躺在一起休息的同乡们随口说了一句："×× 挂逼仔、×× 狗。"这些同出自 ×× 省份的青年不约而同地与"大神"状态的青年对骂起来，可见通过同乡联系可以在三和建立一定的人际关系网络，但同乡关系网络缺少足够的维持系统，更不能过多涉及经济利益。

同乡们见面打招呼最常用的几句话是："去工作了吗？做的什么？几天没工作了？"如果你说"好几天没有工作，快挂逼了"，他们有时会告诉你可以在哪里一起报名。这时一个本来不想去做工的青年也会参与进来，这也表现出了同乡的小群体意识，他们可能会对一些工作有相同的偏好，或是喜欢与认识的人一起工作。这样，既可以摆脱在工作中的无聊，还能更多地交流，加深关系，而相互熟识的人在遭遇不公正对待时也会一起维护共同的利益。

熟悉的人际关系有助于在日常生活和工作中相互照顾，但这种相互照顾也是不稳定的，只有在所有人都获益的情况下才能较长时间地维系。一旦中间发生什么变故，便会对相互照顾的关系造成极大破坏，比如其中有一个人不去工作，仍要求他人帮助，那么双方关系就会出现裂痕，甚至会背后互相拆台。又如，在日结工作中结识的两个青年，在双方都没有出去工作又没有钱的情况下，一个青年把手机抵押在商店里。虽然他自己不想抵押，本来可以去做日结，但是另一个青年在旁边“打气”，劝他抵押手机，别去做日结。于是，在这种言语蛊惑之下，他把手机押在了店里，并与人共享了抵押手机的收入，然而赎回手机的担子就压在了自己身上。一旦出现这类情况，这两个青年的关系就难以为继，他们会在对方不在的情况下相互诋毁，关系很快就会断裂。

三和青年建立人际关系的另一个途径是互相救济。只要一个三和青年帮助过另一个青年，受助者每次见到施助者都会主动打招呼，看似和谐的人际关系背后却暗藏危机。因为受助者会习惯性地在没钱时求施助者帮忙，不时地借钱，但这与其说是“借”，还不如说是“要”，施助者几乎不可能等到受助者还钱的那一日。有的人在陷入这种关系后十分烦恼，说：“再也不能借钱了，昨天借给那个叼毛钱了，今天都见不到他的人影啦。我今天也没饭吃了，还想让他救济我呢。”

还有的青年说：“很多人会找人借钱，借完全都跑路了。过几天再见到他，过得比我们还惨，我们也不好意思再向他要。”其实有些经常求助于人的人，在有钱的时候也会爽快地给其他人买东西，偿还欠下的人情，但仅限于便宜的挂逼水或挂逼面。更多时候，一旦施助者减少或停止救济行为，双方的关系即刻断裂。有三和青年讲述，有一次他帮了两个人，请他们上网，但是第二天，其中一个人直接去做日结了，也不叫上他一起，以后就不联系了。

在同乡和互相救济关系之外，还有几个小场景说明还存在着另外一种建立关系的可能，如青年之间的吸烟、喝酒、聚餐等，但前提是这只有在同质性较强的群体中才会出现。

吸烟是日常生活中的一大开支，对于有烟瘾的人而言，吸烟可能比吃饭还要重要，他们说："有了钱的第一选择是买烟，之后才是吃饭，最后才考虑住宿。宁可一天不吃饭，也不能一天不吸烟。"而对于已经没有经济来源，甚至连几毛钱的散烟都买不起的挂逼青年来说，向熟人讨要是获得香烟的另一种途径，有时还会带有乞求的语气。

从香烟的交流中也可以发现三和青年之间的远近关系。彩票店门前出现过这样一个场景：几个青年在聊天，此时从彩票店里走出一位青年，说自己挂逼了，问另一位曾经在日结时认识的人有没有烟。青年拿出一个已经压出褶皱的烟盒，里面有几支压扁弯曲的香烟，而他并没有立刻递烟给"借"烟的人，反而用哭穷的语气说自己烟也不多了。那人再三恳求，他才爱搭不理地拿出一支，点着后吐出烟圈，仍然没有"借"的意思。"借"烟的人当时表情极为尴尬，面部扭曲，像吸毒者毒瘾发作，表情中还掺杂着被羞辱的愤怒。这时，边上有人调侃："给人留点尊严。"有烟的青年这才开始散烟（每人一支），之后把烟盒随处一扔。

香烟也是打开话题的非常有用的工具，给不认识的人递上一支烟就可以寒暄几句，从而打开聊天话题、建立关系。有时又会发生尴尬的一幕：在与人聊天的过程中，与他人熟识的青年走过来递上一支烟交流几句，唯独没有给你递烟。这说明他根本就不认识你或视你为无物。此外，从香烟的价格上可以看出他此时的经济状况，因为他们会衡量自身经济水平，购买不同价格的香烟；而从相互递烟的主动性方面，可以判断彼此之间关系的远近。

除了递烟，喝酒聚餐也体现着人们之间的关系。没有高朋满座，几位穿着破旧衣服的挂逼青年，因为有着相同的生活经历、相似的日结兴趣以及共同的娱乐爱好而聚在一起；没有山珍海味，几瓶啤酒或几小瓶白酒，一包花生或从快餐店买来的简单菜品，就是他们的“满汉全席”；没有圆桌和椅子，在小巷子内、市场内或小超市门前找一小片空地坐下，没有任何东西铺垫，在醉酒中分享人生经历。

喝酒聚餐的时间是不固定的，因为他们连最基本的三餐都无法保证，有时从早上喝到晚上，最后在没有任何下酒菜的情况下都能坐在一起聊很久，但大多数是晚上才开始聚餐。晚上的三和，聚餐的三四位青年坐在一家小超市门前的台阶上，等着外出买菜的青年回来。只见从一家快餐店内走出来一位青年，提着一个大饭盒，几个青年动身从小超市拿来几瓶啤酒围坐在一起，围着饭盒内一个荤菜和两个素菜开启晚上的聚餐时光。三两个菜、几瓶啤酒就可以把一顿聚餐持续到深夜，然后他们会在昏暗的灯光中各自走开。与其说这是聚餐，还不如说是互相取暖，摆脱内心的寂寥感受。

在人力市场内，几位以“海新大酒店”为家的青年有时也聚餐，那更多是为了填饱肚子，而不是为了喝酒。从外面拌一两个凉菜，买几个馒头，放在铺在地上的凉席上就是一顿大餐。聚餐者通常同质性比较强，如果遇到其他熟悉的人，虽然已经挂逼，也会被邀请参与其中。关系紧密的程度也可以用消费价格衡量，啤酒或白酒比香烟更贵，只有关系紧密的人才会出现请喝酒的情况，并且请喝酒也更能体现一个青年此时的经济水平。加上酒又是打开交流话题的催化剂，请一个人喝酒表示愿意与之建立紧密关系，或者推动关系向更紧密发展。在喝酒的过程中可以相互讲述人生经历和感悟，更能了解他人内心深层的感受。

第三节 “又没有什么结果，还闹什么？”

“没有永远的朋友，只有永恒的利益”，三和青年都在追求自身利益最大化，特别是在解决涉及多人利益的冲突的过程中，这种追求则更加明显。人力市场内最容易发生的问题当属劳资之间的矛盾，在特殊群体聚集的三和，形成了一种以做“日结”和“临时工”为主要工作方式的特殊就业环境，其下一直潜藏着矛盾。因为做日结和临时工不需要签订劳动合同，只需要达成口头协定或遵守共同默认的规则（参加日结先交证件，完成工作回来领证件、发工资），但有时他们的劳动报酬没法保证，就会激发矛盾。怕被骗也是三和青年对日结有一定要求的原因。他们会选择自己既熟悉又不是太“黑”的老板做事，对于那些坑人的老板则嗤之以鼻，甚至暗中实施报复。在更多的情况下，由于能力、资源有限，加上有些人没有身份证或有犯罪记录，遇到不公也表现出无奈、妥协甚至退缩，最终成为吃亏的一方。他们只在实在无法忍受的情况下，才会选择非正规方式解决问题，比如前文描述过的跳楼。除了个体性的抗争行为——跳楼之外，群体性的抗争行为比较罕见，在为数不多的案例中，为寻求误工费补偿的群体性事件是非常典型的。从事件演变过程中可以看到，即使有共同的利益追求，他们在事件中也并没有产生相互协调、齐心协力的意识，也就难以真正维护自身的集体利益。

那天的事是由下午3点多的招工引起的。午后，青年从各处“奔赴而来”，短暂的午休带走了他们的萎靡不振。一个老板模样的中年男人吸引了三和青年迅速聚集，“老板”是招日结的小工头，来三和主要负责招在深圳南山区地铁修建工程处打杂的日结，大概需要80人，工资每天220元。很少遇到这么高工资的工作。面对这一诱惑，有经验的三和青年并没有不理性地提交证件，反而质疑工头的身份和工作性质，工头一番解释后，看到还是有青年不信，索性提出不用交证件，先登记姓名。这时人们才开始积极报名，因为人数众多，报名者分为两批，一批是交了身份证做了登记的，一批是在工头的解释下没交证件，只登记了姓名的。当时约定的出发时间是下午6点，在“海新大酒店”集合。

下午6点，没见招工者到来，这时有人说在小巷子里的麻将馆看到了工头，于是十几个人把工头“请”到市场内。招工者解释说由于工地情况有变，要等到7点出发。到了7点，招工者又说工地上已有从其他地方招来的工人补足了空缺，不再需要人去了。他们感觉受到了欺骗，被放了鸽子，对这种解释和结果极为不满。人数众多的三和青年为了获得补偿，共同把招工者扭送到警务室，交由警察处理。

晚上7点，招工者被三和青年扭送到警务室之后，经过短暂交流，需要从三和青年中选出一位谈判代表说明缘由，并代表三和青年与招工者协商出解决方案。聚集在警务室的三和青年立刻发生混乱，都在向后退缩，其实是不愿意当谈判代表，怕引火上身，在三和待久了的人都有一种不安全感。警察见无人主动做代表，表示如果不能说明缘由和需求，只能就此作罢。这时，一位高高胖胖的青年站出来，表示愿做代表，他属于做了登记的一员。大概晚上8点多，在了解完情况之后，警察和代表走出来，说是招工者在联系大老板，等到晚上10点可能会有工作。

随着夜晚到来，三和青年越聚越多，最多时达到200多人。晚上10点后，大老板给出明确答复：没有工作，招工者也很难补贴那么多的误工费。这激起了三和青年的愤怒。三和青年代表走出警务室，与聚集的青年交流接下来应该商谈的事情，即补偿问题。三和青年的态度是必须付一定的误工费，希望几方（警察、代表、通过电话联系的劳动局办事人员）努力协调，要求得到妥善解决。此时并没有人冲撞警务室，所有涉事的三和青年都在警务室外等待。

在谈判过程中，三和青年代表不时地出来和外面的人交流进展和利益诉求。晚上11点多，代表告诉在外等候的三和青年："招工的时候签了名的，可能会有一些补偿，但是没签名的，就不要再在这里等了。"这时人群中就有人反驳道："我们也耽误了时间的，要不是这么多人在这里，警察才不会去解决。"还有人高喊着："没签名也是工头不让签。耽误了时间，就得给钱。"此时，一些人直接把矛头指向了三和青年代表，说他谈判不利，一定是从中得了好处。有人提出再派一个代表去讲条件，当大家推搡当时叫喊声音最大的人去时，他却拼命往后退。边上就有人解释说："身份证都没有，还有案底，谁敢去啊！"

谈判此后僵持很久，接下来的结果比之前的更糟，招工者明确表示没有任何补贴，大老板也不会给出任何补偿。面对这样的结果，三和青年全部围堵在警务室门口，有人试着去推警务室的门，可见随着时间的推进和事件的发展，三和青年与警察的关系也变得紧张，不再信任警察的处理方式，将矛头直接转向警方。有人说："全部堵在这里，给政府施压，政府就会给他们的大老板施压。"警务人员解释说："不要在这儿围着了，都先离开，我们会处理好。”有三和青年大叫道：“我们就在这里等着，反正都已经挂逼了，就等着这次日结挣点钱，饭都没的吃了。”此时，警察似乎感觉到事态有点不对劲，拉起了警戒线维持秩序。三和青年大多乖乖地待在警戒线外，老老实实地遵守着警察定下的规矩。

在事件发生的过程中，过路的两个胖子驻足观看了一会儿，询问发生了什么，知道大概情况后给三和青年提出了“建议”，让他们给相关媒体打电话，曝光这件事。这提醒了三和青年，他们各处询问谁有手机，很多有手机的青年不想惹出更多麻烦，不愿意使用自己的手机拨打电话，以手机没电了、欠费等各种理由拒绝。

终于，其中一位青年拿出手机，首先拨通了区公安局的电话，以报警的名义说明这里发生的情况，之后却没得到任何回应。又有三和青年连续拨打各报社等媒体的电话，没有任何一家接通，毕竟时间已近午夜。最后，他们通过网络查询政府热线，拨打之后依然没有接通。三和青年打电话的目的非常简单，通过媒体曝光把事情闹大，给警务室处理问题的人员施压，从而获得务工补偿，却没有任何结果。

转眼过了零点，招工者走出警务室向大家致歉，希望求得原谅。只见数十位青年一拥而上，不但不接受任何道歉，反而试图对招工者拳打脚踢。在警员的护卫下，招工者才没受到伤害，手忙脚乱地退回警务室。

深夜 2 点，大老板过来了解情况之后准备离开，三和青年受到警察的指点和暗示，明白大老板才是有可能给补贴的人。几位青年迅速包围了大老板乘坐的即将离去的车，三位青年站在车前，一位青年拿了两辆共享单车放到车下，并拍着车要求大老板下车。大老板无奈之下只得下车解释，核心意思是没有干活又没有签订劳动合同，就等于没有任何证据和理由给补偿。

在整个群体性事件的进展过程中，三和青年表现出两个重大弊端：一是没有领导者和组织者，甚至在选代表的时候都没人敢于出头；二是缺乏合理合法的抗争手段，一味地聚集并不能真正解决问题。当然，还必须考虑三和青年在群体性事件中如一盘散沙是有一定自身原因的，毕竟“他们的身份证都是假的，警察再查他们的身份证，那麻烦就大了”。

夜里3点多，只剩下十几人没走，他们大多没钱租床位，索性直接睡在警务室窗下，还戏谑地说只要把窗户稍微打开一点，就可以享受警务室凉爽的空调。很快，他们席地而卧地睡着了。早上5点多，在警务室外睡觉的青年都已离开，到三和市场去找日结，没有人再追究误工补偿，连招工者也不知道什么时候悄悄离去了。

回顾此次事件，参与的青年可以分为四类：第一类是在招工者那里签了字的，可视为有一定证据证明雇佣关系；第二类是与招工者达成口头协定却没有签字的青年，拿不出证据证明存在雇佣关系；第三类是浑水摸鱼的，也就是受到事件吸引，来到警务室外面假装达成口头协定，想从中获得一部分经济补偿的青年；第四类纯粹是围观看热闹的。

这几类人在事件发展过程中表现出不同的态度。签了名的三和青年，他们的主要目的不是要招工者道歉，也不接受道歉，因为道歉解决不了接下来一两天的吃饭住宿问题，他们就是要求补偿误工费。这一部分人推选出代表，去警务室与多个政府部门及招工者协商谈判，表明三和青年的态度，他们表现得最为活跃，坚决维护自身利益。没有签名却达成了口头协定的三和青年，他们据理力争是因为工头没让签名，导致他们拿不出相应证据，因而态度也比较坚定，认为这耽误了他们做其他日结，想靠着把事情闹大而获利。第三类混在其中假装达成口头协定的青年由于心虚，只是在外围叫喊几句，甚至有人鼓动没有签名的三和青年说：“签了名的是人，没签名的就不是人了？是老板不让签。”试图把事情扩大化。当出现“补钱也只补给签了名的”这一初步谈判结果时，他们中很多人悄悄退出，而真正达成口头协定的三和青年抗议更加强烈。看热闹的三和青年则唯恐天下不乱，他们出主意支着，说是可以通过媒体、通过热线往上反映，“不行就直接砸呗”。他们还怂恿别人道：“你们百十号人冲进去，连警察一起打了。”显然不是为了真正解决问题，而是忽悠参与事件的人闹事，借机取乐。

警务站和警察是此次事件的关键参与者，他们根据证据和法律规章办事，承担着与各方协商沟通的工作，尤其是在事件进行过程中，警察一直安抚和控制三和青年的情绪。可是，由于三和青年未与招工者形成真正的劳动关系或雇佣关系，补偿的确认是十分困难的，最终只能对招工者是否非法招工进行调查。

早上 5 点多，警务室外的三和青年已经离开，没再纠缠此事。有一位瘦高的青年在三和市场寻找参与事件的利益相关者，想要再次聚到警务室要求解决问题，但却无法继续把其他参与者组织起来。

这次的事件很快就成了“历史”，从中反映出三和青年自身力量弱小，也不懂得如何合理合法抗争的境况。他们没有发声渠道，即便出了问题也根本不会有人关心。三和青年是社会底层，是弱势群体，还背负着生存压力，或是背后有不愿意透露的生活经历，他们所经历的事情也已经消磨掉他们的活力，当自己无法组织起来合理合法抗争的时候，谁又会真正关心他们？

三和青年因趣缘而聚，在看似一致的价值取向背后，实际向往的是三和所给予他们的所谓闲散和自由。尤其当身处生存底线的时候，他们会本能地将求生欲和利益置于首位。其中久留三和不愿“上岸”的人，本身就是为逃避社会及家庭责任而来，除了务工和厮混外，他们没有了任何社会关系。松散的日结工作和窘迫的生活状态也难以使他们之间建立相互信任且稳定的合作关系，连看似高尚的互助行为实则也只是等同于赊账。因此，个体的抗争方式往往由于某一个人能够自己掌控而屡屡见效；相反，群体的抗争方式则因阵势远远超出个人的掌控范围，而难以有所收获。当他们将一切挫折归结于自己缺乏社会资源时，事实上，他们没有意识到正是由于自己摆脱了对社会、对家庭，甚至是对自身的责任要求，才真正陷入无援之境。三和终非青年们长久避世的世外桃源，稳妥、有效地回归社会、回归家庭，才是他们登达“彼岸”的正途。

第七章　探讨三和青年的出路

在深圳，三和并不是一个神秘的、与世隔绝的地方，或许很多人每天都坐着公交车路过三和周边的街道，他们很少把熙熙攘攘的人力市场和“三和大神”联系在一起。或许，三和青年是一群神秘的、与世隔绝的年轻人，或许迎面走来，也不会有人为了躲避绕道而行。如果需要对三和做一个较为准确的界定，那就是低工资收入、低生活成本的流动人口聚居区，而不是被描绘为近乎与外部社会隔绝、充满暴力犯罪、社会生活混乱的贫民窟。换言之，想要预测三和青年的走向，先要搞明白三和距离真正的贫民窟究竟有多远。

第一节　三和不是贫民窟

三和最接近贫民窟的地方主要有三个方面：低工资且不稳定的收入来源、低成本存活的可能性和与外界有一定程度的隔离。

深圳市 2019 年最低工资标准是每月 2200 元。如果按照每天收入

150 元，三和青年只需要做满 15 天就可以超过最低工资标准。对一个普通的工薪族而言，每月工作 15 天以上只是常规操作，但对处于挂逼状态的三和青年而言，每月工作 15 天并不是一件很容易的事情，否则在他们中间也不会流传着“干一天玩三天”的说法。

按照“干一天玩三天”的说法和每天 150 元收入标准计算，三和青年每个月的收入大约只有 1200 元，比 2200 元的最低工资标准还要整整少 1000 元。在深圳生活过的人都知道，2200 元的最低工资标准根本无法保证生活质量，更不要提月收入水平处于 1200 元的三和青年们了。想象一下，三和青年在生存底线上挣扎的生活是普通人所不能接受和忍耐的，他们存活的依托除了日结工作之外，就是吃挂逼面、喝挂逼大水、露宿“海新大酒店”，以及使用各种廉价的商品。

各种挂逼商品为三和青年提供了低成本生存的可能性。所谓的低成本生存也可以用穷困潦倒来形容，按照一天 40 元的生活成本计算，一天可以吃两顿挂逼面，喝一瓶挂逼大水，加上一张 15 元的床位，还能有几块钱余钱用来买彩票。如果把床位换成网吧的包夜，那么既能够满足娱乐需求，又可以在疲惫不堪时在椅子上百态横生地睡一觉，看上去也是不错的选择。“有衣裤”的两位老太婆源源不断地提供着一次性的二手衣服，馋起来还可以买 1 元钱一块的西瓜或者 1 元钱一袋的零食解解馋。

粗略算起来，三和青年挂逼一个月的生活成本真的也就在 1200 元左右，低收入工作和低成本生活之间近乎完全匹配。只要肯隔三岔五地去做做日结，活下来不是什么难事，难的是忍受普通人无法接受的生活条件和形成乐在其中的生活态度，乐在其中就意味着三和青年圈子里的境况与外界是不太一样的。

三和与周边最格格不入的地方就是存在的目的，某人力公司的“黑妹”说“出来就是赚钱的”，对来到东南沿海的绝大部分打工者而言，赚钱虽然不是唯一的目的，但赚不到钱一定是回老家最重要的理由，赚不到钱又不离开的可能只是极少数。毫无疑问，三和青年就是这极少数中的一部分，毫无目的地生存让他们逐渐与外部的社会产生了一些隔阂，他们会讥笑那些兢兢业业的务工青年，会把流水线上的小工称为“富士康奴隶”，用特定的话术来抵御普通人习以为常的工作和生活，却又不得不接受中介的日结，有时候还得觍着脸去找中介借钱。也许，他们会有与外部普通人世界隔离的想法，不过这只是一厢情愿，要吃饱肚子生存下去还得依靠离开三和去做日结，他们就像摇摆人一样切换自身的生活状态。

三和充其量只能算作贫民窟的雏形，今日的它缺少了贫民窟所需要的诸多要素，比如暴力、犯罪、职业和家庭。小偷小摸在三和倒是常见，暴力行为并不多见，极少有暴力案件和流血事件发生，更不要说人们在影像中看到的根植于贫民窟的帮派和团伙。倘若把团伙的界定放宽一些，倒卖身份证、银行卡、电话卡、当法人背后都有一点点相似，但又很难把这些事情准确界定为犯罪行为，反而更像是打擦边球，人们都知道这些行为背后的种种可能，却无法单单据此给人定罪。这些掮客也不是三和独有的、稳定的职业群体，他们与其他国家贫民窟里的职业化特殊人群相比，显然还有比较大的差异。既然三和青年的生存之道依然是常规手段，没有滋生其他的特殊产业和特殊职业，也没有出现空间上的排他效应，他们就是社会可接受、可接触、可接近的人群，社会重新接纳他们也是顺理成章的，只不过三和青年自己在有意识地逃避社会，或许是逃避社会给予他们的角色，或许是逃避社会要求他们承担的责任。

如果有人追问：三和真的会成为贫民窟吗？答案一定是否定的。因为贫民窟并不是短时间内形成的，形成贫民窟至少需要两个内部条件：一是人群具有相当高的稳定性，二是出现明显的群体代际接续。就研究中的观察来看，三和青年并不是一个稳定的群体，不断有人口的流动和替换，在生活方式上也与其他群体差异不大。而从经典的社会学定义来看，社会群体的共同特征包括：①有明确的成员关系；②有持续的相互交往；③有一致的群体意识和规范；④有一定的分工协作；⑤有一致行动的能力。显然，这5个特征三和青年都不太具备，或者说只是在一些特定情景下才会出现一丝社会群体特征的征兆。而从群体的代际接续来看，三和聚居的青年几乎清一色是男性，没有出现一点点家庭化痕迹，一丝一毫代际传承和长期维系的可能性都没有，也就很难诞生出西方社会中出现代际延续的典型贫民窟。

第二节　三和青年眼前的出路

就目前调研情况来看，三和成为典型意义上的贫民窟的概率几乎为零，那么三和青年作为参与主体，他们的出路究竟在何方？其实对三和青年而言，他们的出路几乎是没有选择的，如果说有选择的话，就是选择如何离开和何时离开。对一般的进城务工者而言，他们的流动带有强烈的周期性，每逢过年都从务工地赶回老家，过完年又会从老家匆匆赶回务工地。三和青年中有一部分人也会遵照过年回家的传统习俗，有的人过完年也就不再回来，毕竟这里无法实现他们的梦想，更不要提他们的家庭责任和义务。但有一些三和青年是与老家断了联系，常年赖在三和不离开的，他们的出路则是一个不太容易解决的问题。

如果从一个研究者的视角去揣测不回家的三和青年，他们的出路更多地依赖于自我意识的觉醒。在三和生活久了，或多或少会有一种感觉，那就是自己和身边的一些人就像行尸走肉一样，对外部世界的变化没有感知，每天都可以周而复始地混迹于网吧、彩票店、人力市场，没钱的时候才去做日结，根本不知道外面的世界有多大的变化。除了做日结外出之外，他们很少接触外部的世界，而外部的世界对他们也毫无感知。在生活窘迫的情况下，几乎没人会关心别人的生活状态，在外来招工者、小旅馆的老板、做法人的代理眼里，三和青年就是用来赚钱的工具，而非一个活生生的生命。在三和青年中，不是没有人对三和的生活产生极度的厌倦，不过他们并没有摆脱行尸走肉状态的底气，没有工作技能，没有吃苦耐劳的精神，离开三和就要抛弃现在“轻松”“闲适”的混日子生活，过上辛苦劳作的“苦日子”，而他们是为了逃离辛苦劳作的“苦日子”才来到三和混日子的。所以，三和青年的自我觉醒更需要他们内心改变生活态度，但这对初来乍到的“新人”兴许有用，对厮混已久的老油条效用就要大大降低了。

因为个体性因素和自我意识的唤醒，比如找到一份“合适”的工作，或者对三和的生活方式产生了极度的厌倦，而选择逃离三和的可能性之外，影响三和青年出路的第二种可能是社会生态链的断裂。三和社会生态链是构成三和青年低成本存活的一系列生活条件，其中任何一个生活条件的消失都可能造成社会生态链的断裂。

三和社会生态链总体上可以分为资源获取和生存维系两个环节，资源获取包括人和收入两个方面。一方面，三和青年是一个不断流动的群体，必须要有人源源不断从外部输入方能维持群体规模，社会生态链中其他环节的参与者才有获利的可能。比如，如果没有足够的人去大风面馆吃饭，面馆老板就不得不亏损经营，直到坚持不下去离开。维系三和青年群体规模的是正规经营的人力市场，虽然三和青年不会到正规经营的人力市场里去找工作，两者之间看似没有直接联系，但正是人力市场的存在让大量外来人口来三和求职，其中一部分由于种种原因会在三和附近短暂生活一段时间，或许其中另一部分就成为三和的常住民，成为三和青年的一员。故而，正规的人力市场在维系人群规模上的作用不可忽视，乃至于起决定性的作用。在正规的人力市场之外，以日结为主的地下人力市场就成为三和青年找到工作和获得收入最重要的途径，这也是获取资源的另一个方面：收入。可以想象，一旦失去日结工作机会，三和青年必然会被迫改变工作节奏，最典型的“做一天玩三天”的生活方式也必然会被改变，由此依附在生活方式之上的相关环境也会随之改变。现实的另一种可能是，如果没有日结作为收入来源，三和青年会转移阵地到有日结的地方重新聚集。

与获取资源相比，生存维系环节的构成要素要丰富很多，吃穿住行都可以与之相关，但似乎又都没有一击致命，导致低成本生存无法维系的可能。需要看到在城市治理方面，人们常常低估了低收入人群的耐受力，三和青年的低成本生存具有非常强的弹性和替代方案，拿住宿来讲，他们钱多的时候可以住便宜的单间，钱少的时候可以住大屋的床位，没钱的时候在“海新大酒店”打地铺也是能够熬过去的。对生活质量的低需求与市场化的丰富供给相比，除非出现生存维系环节整体性和长时期的变化，他们想必都能够找到替代性解决方案，这与生态系统中任何一个物种的消失都必定导致生态系统瓦解有着天壤之别。如果非要在生存维系环节找到一个缺口的话，那就是三和区域整体租金的上涨，只有租金全面上涨才会真正影响生活的方方面面，小旅馆、面馆、网吧的经营者是外来人口，也都会受到租金上涨的影响，进而整体性、长时期地提高生活成本。

事实上，租金全面上涨的可能性并不大，与周边区域相比，三和并不是真正的租金洼地，那么有可能提高租金的方式就是寄希望于城市社区改造。城中村与社区改造是深圳经济社会发展不得不面对的现实问题，2019 年，深圳著名的城中村——白石洲改造的消息刷爆了网络，那里曾经是房租的价格洼地，也是很多“深漂”落脚的第一站。白石洲的存在可以说是深圳这座移民城市开放包容的体现。2018 年，深圳出台了《深圳市城中村综合治理 2018—2020 年行动计划》，提出到 2020 年 7 月底前要完成全市 1600 多个城中村的综合治理，消除城中村各类安全隐患。王石在为万科的城中村改造计划“万村计划”站台时曾说：“深圳 1044 个城中村里居住了 60% 的城市人口，为四面八方来到深圳追求梦想的人提供了第一落脚点，他们是特区活力与竞争力的基石。”调研期间已有传言，万科即将进入三和开展城中村综合整治的改造工程，首当其冲的影响就是小旅店的老板们无法继续租用城中村的房子。

无论主动还是被动，三和青年的离去有三种可能：个人觉醒、底层社会生态链断裂、城市社区改造。如何在城市改造更新的过程中保持城市包容性或许是国内很多大城市需要思考的问题，北京的封墙堵洞和上海严控农民工子弟小学都是为了实现城市改造更新和疏解人口的目的，大幅降低城市包容性的社会政策。对于三和青年以及与之相似的农村出生的青年所带来的问题而言，更好的解决方案应该是防止农村出生的青年成为三和青年。

第三节　另一种防患未然的可能

就研究而言，与其说三和青年是一个社会群体，不如说他们是一个时代变迁的人群具象。在中国快速工业化、城镇化和市场化的发展过程中，出生于广大县域和农村地区的青年总是需要到大城市寻找出路，无论是在工厂流水线上当机械化的工人，还是做奔波于街头巷尾的快递小哥，都是农村出生的青年来大城市找出路的一种工作和生活方式。

从某种意义上说，在大城市里，农村青年的工作和生活方式并不是由自己决定的，而是由城市发展和产业更替的特点决定的。如果将时光倒退 20 年，21 世纪初是深圳外向型经济和劳动密集型产业最为鼎盛的时期，一些工业园区下班的时候，从工厂流水线下班的多是 20 岁出头的青年人，他们像蜜蜂一样从各个工厂大门蜂拥而出，瞬间把整个街道堵得水泄不通。那时来深圳的外来务工者的生活是经典的两点一线，从宿舍到流水线工作，再从流水线到宿舍睡觉，超时加班工作、没有医保社保，甚至连上厕所和吃饭都要被严控时间。20 年后，深圳经过一系列腾笼换鸟的改革发展，工厂、流水线和密密麻麻的“人头经济”业已离场，即便在一些存留工厂里，还在工作的大都是大叔大婶年龄的工人，老板也会不停地抱怨现在“90 后”“00 后”工人留不住、管不住，工厂宿舍里不但要有空调，还必须有 Wi-Fi。

这个时代既产生了不愿意上流水线的青年一代打工者，也产生了既不愿意在工厂里挣重复劳动的血汗钱，又没有足够知识和技能赚取更高收入的三和青年。往大处说，三和青年的出现，是中国在融入全球化过程中处于产业链底端，备受国际资本剥削形成廉价工厂的仍在延续的负面后果之一。往小处说，是中国经济增长与社会发展滞后之间的矛盾在青年代际人群身上的显现，且社会发展的滞后还会存在下去。

社会发展滞后最大的体现是教育，中西部地区和农村地区无论是高等教育，还是义务教育，都与东部地区和超大城市形成了差距。看看曾经辉煌的兰州大学，看看日渐低调的西安交通大学，再看看一些地方村里早已破落没有学生的小学和分布在偏远乡镇连农村家长都嫌弃的中学，就不难知道中国的教育体系在生产什么。一方面是充满中产焦虑和精英焦虑的“海淀家长”，培养各种“学霸”；另一方面是源源不断地通过薄弱农村教育走出的数以亿计的没机会接受高等或职业技能教育的廉价劳动力青年。

恰恰中国的现实是东部沿海地区和超大城市都早已摒弃了低端产业的“人头经济”，不约而同地追求高质量的经济增长模式，无论是腾笼换鸟，还是机器换人，廉价的劳动力不再是经济增长的必需品。同时，作为廉价劳动力的青年人也陷入了更多的迷茫，现实很残酷，即便是一个人在生产线上累死累活，收入也就和餐馆里的服务员差不多，甚至远远不及那些终日来回奔波的快递小哥。谁还会选择进入血汗工厂，成为生产线上随时可以替换的“零部件”。时代进步了，产业升级了，青年选择更多样了，教育却严重滞后，或许有人会提及职业教育和终身教育。是的，职业教育应该是解决三和青年问题最好的路径。可是，当在一个西北小县城看到若干家依靠地方人社部门“活着”的培训机构，当了解到一个大叔反反复复进了七八次各种职业培训班却只是为了地方政府完成“指标”时，你一定能够想象到，指望政府某些部门的职业培训解决问题，十分困难，难有效果。但良好的教育，确确实实是切断一代又一代青年人成为廉价劳动力和走向血汗工厂的关键，这方面需要做的事情还很多。

另外一个解决三和青年出路的方式，或许是来自家庭的力量。传统的中国人都有比较浓厚的家庭观，调研也发现不少三和青年有一个理想是回到老家安居乐业，这一点也符合中国早期流动人口个体生命周期的特点，结婚前可以浪迹天涯、外出务工，成家之后就安分守己、留在老家，尤其是在女性身上较为明显。对新一代外出务工青年而言，这一规律能否发挥作用是存有疑问的，因为很多新一代外出务工青年曾是留守儿童，他们从小对父母和家庭的情感和依赖并不强烈，虽然父母为了给他们挣学费、盖房子、娶媳妇不得不持续地外出务工，可是他们并不一定领情。实际上，在广大中国农村的土地上早已出现了恶性循环：“撤点并校”之后，农村家庭的父母为了孩子能够去县城或者中心镇上学必须外出务工，因为来自土地的收入根本无法支付学费、住宿费等一系列费用。父母外出打工，缺少亲情陪伴，由此导致家里的孩子对父母感情淡漠，对家庭缺乏责任感和认同感。这一点在三和青年身上有所体现，一部分三和青年就是曾经的留守儿童，他们外出并不是为了家庭，也不想履行家庭义务，甚至长期不和父母联系，无责任感的生活又进一步演化成无羞耻感的生活。作为缺乏责任感的社会孤体，他们的生活会让家庭蒙羞。大多数三和青年不愿意照相，他们最担心的不是照片曝光，而是照片曝光之后会让老家认识自己的熟人耻笑。所以，如果想通过家庭途径减少未来的三和青年，恐怕先要解决留守儿童的问题，至少要让他们从小与进城务工的家人共同生活，也更有利于他们在城市中学到有益的知识和技能，成年之后融入城市社会。

每当说起农村务工青年，都有一个无法回避的话题，那就是社会融入。从20世纪90年代开始，农民工的社会融入就被广泛关注，地方政府并不是不欢迎农民工融入，但地方政府希望的是农民工融入工厂流水线成为廉价劳动力，并不是让农民工真正融入当地社会。2019年，很多大城市和中心城市出台了吸引人才的优惠政策，这些政策几乎都针对高端人口，而罕有针对务工农民工的。这存在两方面的暗示：第一，大部分大城市和中心城市仍然存留着歧视外来人口，拒绝农民工社会融入的态度；第二，大城市和中心城市的城市发展和经济增长或多或少减少了对普通外来劳动力的依赖，进而转向依赖具有较高知识和技能的人才群体。2019年年末，《关于促进劳动力和人才社会性流动体制机制改革的意见》出台，对于备受媒体关注的“全面取消城区常住人口300万以下的城市落户限制”，农村的网友“自嘲”：房子卖不掉了，又忽悠我们进城买房。

上述现象都意味着中国业已错失解决农民工社会融入的最佳时机，在地方政府需要农民工作为廉价劳动力支撑产业发展时，在老一代农民工累死累活想在城市里安家落户时，社会没有做出有利于农民工的政策选择，使他们在经济社会发展中处于被牺牲的地位。当新一代进城务工的农村青年不愿意被“牺牲”时，他们身上呈现出的逻辑恰恰与地方政府的逻辑相反：三和青年愿意融入城市，却不愿意融入工厂的流水线。这是另外一种与西方人口迁移理论选择性社会融入截然不同的选择，是对大城市五彩斑斓的渴望和对工厂机器异化的厌恶。因而，如果想要从社会融入角度给三和青年留一个出路，那就是不能再牺牲进城务工的农村青年的利益，让他们不仅有机会融入工厂，还有机会融入城市生活。同时，要尽快缩小城乡和地区经济发展差异。人们都知道，中国城乡间和区域间的经济发展差异在短期内难以拉平，即便政府不断强调城乡间、区域间均衡发展，推动产业的梯度转移，但效果不尽如人意，其背后的原因并非只在于经济层面，而更主要是在于社会层面。东部沿海发达地区和少数超大型城市已经成为人才、资源的黑洞，越来越多缺乏教育、知识和技能的农村青年会随之被吞噬在不平衡的发展过程中。

第四节　被时代遗弃的“零部件”

2010 年，自中国经济总量超过日本成为世界第二大经济体之后，中国的经济发展就已经进入超高速增长的后期，在人口红利助力下，过度依赖投资、出口以及盘剥廉价劳动力的发展模式进入尾声。根据国家统计局数据，从 2013 年到 2018 年，规模以上传统劳动密集型行业法人单位有 6.4 万个，减少 5000 多个，从业人员下降 29.5%。2017 年，深圳依赖劳动密集型产业的来料加工贸易出口占出口总额比重仅有 0.4%，比 1993 年下降 47.7 个百分点。当中国经济开始追求高质量发展，当深圳的产业开始向价值链高端延伸，先进制造业和高技术制造业成为内涵式增长的主动力，没有产生太大变化的或许只剩下农民工。三和青年的产生，也可以说是一个时代行将终结时仍存留的社会“遗产”。

如果只是立足解决生活在深圳三和地区的三和青年，那并不是一个难题。当然，使用强制力驱散、收容和遣返三和青年这类群体的做法，在当下的深圳恐怕难以真正施行开来，其引发负面社会反响的风险极大，不宜作为主要选项。最直接的做法是关闭一些不规范的人力资源市场，同时加强对重点行业用工单位的日常监管，禁止类似日结的用工形式，这样就可以从经济来源上掐住三和青年的命脉。如果没有立竿见影的效果，还可以以消防安全作为理由，关停一些小旅馆和网吧，减少三和青年的栖息之地和娱乐之所。进一步的工作就可以是对三和内外部的商业设施进行升级改造，增加商家的成本，进而提高三和青年的生活成本，比如引入万科的“万村计划”，对三和地区进行整体性的改造。

这对于驱散三和地域内聚集的三和青年都会是有效的方法，但这些方法并不能真正消除三和青年现象。想一想，当在三和无法栖息时，流离失所的三和青年会不会在另外一个相似的“三和”重新聚集起来？如果把三和青年的后备军，即农村出生无法获得优质教育、习得知识和技能的青年人都算进来，驱散三和地区聚集的青年就会显得毫无意义，因为只要教育模式、区域差距依然存在，一代代没有知识和技能的农村青年被源源不断地制造出来，就只能被作为廉价劳动力使用，而经济社会发展又行将跨越依赖廉价劳动力的时代，农村青年中有相当一部分人注定要成为被时代进步抛弃的“零部件”，他们又该何去何从？

事实上，从社会学视角来看，自工业化以来，教育体系不断完善，教育日渐普及，社会中的每一个人都不可避免地成为工业化所需要的“零部件”，教育最直接的目的就是生产符合工业和产业发展的劳动者和职业群体。在严重滞后于时代发展需求的教育体系下，广大农村青年能够选择的出路并不多，而此刻需要做的是通过教育系统的全方位改革，让农村青年有更多的机会选择命运。一个好的教育体系需要与社会经济发展相适应，而不是生搬硬套的舶来品，义务教育如此，高等教育、职业教育也应如此，也只有这样才能真正让教育帮助人们改变命运。换言之，三和青年的出路不在于别人给他们画定什么路线，而在于他们改变人生轨迹的意志和能力。倘若每个人都有意愿且有能力改变自己的生活，又会有多少人在花样年华里去三和“混吃等死”？所以，教育是为数不多的社会能够帮助农村青年选择人生的最重要手段，也是一劳永逸解决三和青年问题的关键所在。

后记

三和人力市场是使得整个参与式观察研究成为可能的基础。人力市场在农民工流动过程中发挥着重要作用，在早期农民工拥入城镇寻找工作的过程中，最关键一环就是信息流的影响，人力公司在掌控了就业信息后，通过人力市场实现供需双方匹配，因而人力市场是中国城市化和工业化进程的产物。三和青年的出现与人力市场的发展演变息息相关，三和市场是深圳龙华区主要人力市场之一，它的形成既给无数务工者提供了便利，也给三和青年提供了足够的生存空间。

人力市场的参与主体可以简单地归纳为市场管理方、人力公司和求职者，三者相互依存。没有市场管理方，就不会出现人力公司的工作场所，也不可能出现求职者获取信息的渠道；人力公司需要依靠名气较大的人力市场获得稳定客流，求职者也希望在大型人力市场中尽快获得就业信息，尽量减少求职成本。应当说，人力市场具有较强的聚集效应，市场越大，人力公司越多，工作岗位供给越丰富，求职者就越会蜂拥而至。

在市场管理方、人力公司和求职者相互依存的关系链条上，市场管理方与人力公司之间是长期的、稳定的合作关系；而由于务工者流动不可控，市场管理方与求职者之间、人力公司与求职者之间的合作关系是临时的、不稳定的。在长期的、稳定的合作关系下，人力市场和人力公司容易产生互惠机制，而在临时的、不稳定的合作关系下，无论是人力市场与求职者，还是人力公司与求职者之间都难以形成真正的互惠机制，缺少互惠机制形成的前提条件。作为管理方，人力市场更有利的选择也是与有长期稳定合作关系的人力公司合作，而非保护临时的、不稳定的合作关系，即求职者的切身利益。因而，人力公司与求职者之间如果只是一锤子买卖，就难以避免人力公司利用其信息不对称的优势盘剥求职者，求职者也不得不接受盘剥，其利益总会或多或少受到损害。

进而，在三和市场可以看到有一些不成文的规则：押身份证、口头协议、赚取中介差价，等等。这些不成文的规则大多形成于早期劳动力市场供大于求、务工者能够忍受苛刻条件的情况下，老一代农民工就是为了赚钱而来，只要能赚到钱，他们可以忍受诸多不合理甚至不合法的要求。如今的青年农民工与老一代明显不同，虽然他们在深圳仍然处于局部地区劳动力供大于求的环境之中，却对人力公司的盘剥有了更多抵触。最重要的是，由于制度性障碍的存在，外来人口融入大城市的难度依然很大，而大城市对农民工的社会保护基本上停滞不前，两者之间的错位就为底层社会的出现提供了可能。

三和青年脱离家乡社会网络和家庭支持，来到城市打拼，自身力量难以抵挡来自城市社会的压力，不得不建构一个区隔于主流社会的城中村圈子，逐渐形成新的社会空间。“90后”和“00后”农民工在城中村的社会空间中持续互动，形成了与主流社会文化相异的工作生活状态、社会交往形式和人生态度，这些社会性要素持续进化并被不断再生产，从而结构化为一种归属于底层社会的亚文化，姑且称之为“三和文化”。

在三和文化下生存的三和青年群体的形成，并非一蹴而就。每一个三和青年都曾与他人一样，怀揣梦想和憧憬来到大城市寻找机遇，希望有朝一日出人头地，然而现实无情地打碎了他们的梦想。在缺少必要的经济资本、社会资本、文化资本和权力资本的情况下，他们即便竭尽所能地卖力工作，也只能游走在城市边缘地带，稍微懈怠和懒惰都会让他们轻易滑落到社会底层，并逐渐与主流社会产生断裂。其背后的原因，从小处讲是三和特有的文化环境和三和人力市场日结工作带来的客观后果；从大处讲，离不开中国社会最近一二十年的新变化，以及社会转型期，一些政策的不充分、不到位。

英国社会学家保罗·威利斯的《学做工》一书写到“家伙们”洞察了学校的个人主义和精英主义，看透了未来没有选择的生存状态，从人生发展的角度决断出最有利的身份和行动，从而衍生出抽烟、喝酒、旷课、打架等反对学校权威和社会不平等的“反学校文化”，进而逃离学校。与“家伙们”不同，在儒家文化影响下，中国家庭学而优则仕的观念始终存在，恰又赶上中国经济起飞的窗口期，“知识改变命运”成为恒定的真理，“只有认真学习，才能出人头地”成为家长们的信条，“反学校文化”对于中国家庭似乎很遥远。但不能忽视的是，中国农村存在着数以亿计的从未接受高等教育，甚至从未进入高中的青年，他们远离学校成为进城农民工大军中的一员，三和青年就是其中一个极端的案例。

如果说“家伙们”是通过对人生轨迹的洞察主动逃离学校，那么，这些延续父辈轨迹的农村孩子则是在毫无希望的学校生活里被动离开学校，这一现象的出现与中国农村教育的没落有非常紧密的联系。

三和青年中“90后”非常多，甚至一些“00后”也逐渐加入其中，他们成长于社会转型期，多元文化的产生和新奇事物的出现改变了他们的思维方式、学习方式和生活方式。网络的兴起和普及是农村青年成长过程中面临的新奇事物，网络在带来虚拟空间种种享受的同时，也使他们沉迷其中，影响他们的学业和个人发展。“业务青少年”就是出于好奇才去网吧玩游戏，自此一发不可收拾。当逃课和放学不归家成为一种常态，他原本不错的学业成绩直线下降，最终自我放弃，无奈之下选择闯荡社会，虽没沦落为“挂逼青年”。调研中发现，三和青年大多来自偏远农村，当地经济落后、资源匮乏、信息闭塞，他们难以享受优质教育资源，学习成绩显然达不到知识改变命运的要求。“受害青年”就是由于家庭条件较差，学习成绩落后而辍学进入工厂，这也是很多三和青年的共同经历。

当城市发展为农村劳动力提供就业机会和发展机遇时，由于城乡分割的户籍制度限制，他们的孩子只能留在家乡，成为留守儿童。留守儿童寄居祖辈身边，辍学现象早已屡见不鲜。“三和小鬼”就曾是一名留守儿童，也是寄居在祖辈家庭中年龄最大的孩子，他要兼顾家庭的日常劳作，没有时间和心思学习，没能考上高中，只好随父母外出务工，与父母产生矛盾后便到三和谋生。这些活生生的例子反复证明了中国经济发展、社会进步过程中被丢弃的人群难以逃避的晦暗人生。

农村青年较早离开学校，丧失了通过学习提高社会竞争力的机会，只能在城市中依靠出卖劳动力过活，从事高强度、低保障、低报酬的低端工作。正如电影《摩登时代》中描述的场景，他们在流水线上日复一日重复着相同的动作，不仅身体受到伤害，个体精神也不断被侵蚀。三和青年似乎洞察了工厂“剥削”的性质，产生了一种异乎寻常的相对剥夺感，认为自己被牢牢束缚在底层，缺少劳动技能和高等学历，丧失了向上流动的可能性。为避免被持续“剥削”，他们纷纷逃离工厂，出现一种“干一天玩三天”、做日结、跑路的“反工厂文化”。与老一辈农民工相比，“90后”和“00后”务工者缺乏吃苦耐劳精神，不愿承受单调、乏味、沉重的流水线工作，也不用承担过重的家庭负担，他们视劳动为束缚和压迫，逃离工厂成为某种必然。

“宋总”和“眼镜哥”的经历生动阐释了逃离工厂的过程。技校毕业的“宋总”离开学校后，被安排到深圳的一家小工厂，由于劳动强度大、工资低、频繁加班，数月后选择离开。之后又在另一家工厂工作数年，因为流水线工作更为无聊，受到外界社会环境的影响，辞职来三和寻求机会。“眼镜哥”来三和前也有一份稳定工作，然而，他却感受到一种被剥夺与不公，认为随着技术更新换代，掌握新知识、能力更强的年轻员工逐渐“剥夺”他向上流动的机会，他认为被后辈员工管理是一种耻辱。于是，“眼镜哥”带着愤愤不平的心态，想换一种活法，受到三和独特的人群、独特的生活方式和独特的生存环境吸引，带着强烈的体验生活的意图来到三和。

“三和”的出现并不是偶发孤立现象，而是和经济社会发展变迁、“三和”系统环境以及青年人群特点的变化紧密相连。“留城无望，回村无意”是三和青年群体面临的两难困境，农民工在大城市的生存空间不断被压缩，开拓新生存空间的可能性微乎其微，只能依托于城中村这一特殊环境，实现三和式生存。

三和以较低的生活水平吸引着处于社会底层的年轻人。无论是挂逼床位、挂逼网吧，还是挂逼面、挂逼大水、挂逼衣服等，都以极低价格满足着他们的需求。即使处于挂逼状态，或是成了“大神”，三和青年也能无拘无束地睡大街，通过他人“团饭”满足基本生存需要。有人可能会想到外界社会的关注会带来政府对三和的整治，进而使三和青年彻底失去生存空间，确实存在着这方面的可能性。进一步想，三和青年群体的形成不就是人力市场潜规则与政府有的部门放任自流态度共同造成的结果吗？人力市场里众多的中介、“二中介”为三和青年提供就业信息，目的是获得廉价劳动力，却给三和青年提供了充足的日结工作机会。在不稳定的就业关系下，“干一天玩三天”既是一种工作态度，又是一种生活态度。政府管理部门的态度是“只要不闹事，大家就相安无事”。

三和的地下经济和灰色交易活动使得一些青年被迫滞留，逐渐适应、融入。做法人与身份证交易中的“受害青年”的经历是一个例子，沉迷彩票的“傲慢哥”也是一个例子。“挂逼面馆”、“电子一条街”和“有衣裤”，为三和青年的生存提供着必要条件。青年在融入三和后，最大的变化是失去了挑战命运的勇气，在这样的环境中，不用努力工作，也不会失落无聊，没有羞耻感的生活让他们失去了奋斗动力。其实，三和青年的底层化倾向，既是由群体行为建构的，同时又是为群体生活行为所认同和依赖的。底层文化是处于边缘社会地位的群体对现实社会所做的调适与回应，它表示一种应付无望和失落感的努力，是对现有建制没有解决的问题尝试寻求就地解决，是一种由社会条件决定的“理性”选择。

“话语”是对社会事实的一种反应，是对底层文化以及底层地位的一种社会性生产。三和青年在社会互动中建构了特有的语言体系，在既相互熟悉又彼此陌生的环境中，能准确叫出他人姓名的人少之又少，反映在语言上就是把“叼毛”这个词扩展使用。“叼毛”是对社会其他无法准确确定其姓名和职位人员的一种称谓，也是对三和青年生存状态的表述，词义本身包含着轻蔑。除了“叼毛”之外，“挂逼”是很难从学术研究角度精准定义的口头词汇，“挂逼”有时还包含着自嘲和自我保护的意思，其目的是掩饰和伪装自己，但更多时候体现出一种社会关联：凡与三和青年相关的事物都可以被冠以“挂逼”的称号，如挂逼水、挂逼面、挂逼保安、挂逼快递等。

三和青年群体的出现背后凝结了经济社会制度、城市管理模式、代际文化差异等多方面因素的影响。当研究者想要通过参与式观察深入三和青年群体，实际参与他们的日常生活获得系统性资料时，不得不隐藏研究者身份，以完全沉浸式的体验去观察和感受，这种方法容易使观察者被所观察的环境同化，不再将某些问题理解为问题，容易忽略一些重要的事物。在参与观察的同时，进行非结构式访谈，其目的也是验证所观察到的内容，由于不能完全涉及每一个三和青年，只能根据他人的评论和自我观察选择访谈对象，可能对于一些问题还不能全面细致地分析。所以，我们的研究不像是一个研究成果，更像是一份研究笔记。凯玄的付出和努力是此书得以完成的关键，也是整个研究最宝贵的部分。

或许，就希望它是一份研究笔记。

在研究笔记中记流水账……

在研究笔记中道听途说……

在研究笔记中发挥想象……

在研究笔记中似是而非……

不要高屋建瓴，不要鸿篇大论，来一点点简单的事实和描述，记录和分析之后，写一些看得懂的浅薄文章。总而言之，希望拙朴的研究能够唤起更多学者和政策制定者的关注。